Regina Stürickow

Mörderische Metropole Berlin

Authentische Fälle 1914–1933

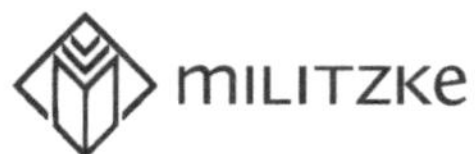

Bibliographische Information der Deutschen Nationalbibliothek:
Die Deutsche Nationalbibliothek verzeichnet diese Publikation in der deutschen Nationalbibliographie; detaillierte bibliographische Angaben sind im Internet über http://dnb.ddb.de abrufbar.

Erstauflage: Militzke Verlag e.K., Leipzig 2004
Lektorat: Caren Fuhrmann, Monika Werner
Umschlaggestaltung, Layout und Satz: Ralf Thielicke
Umschlaggestaltung: unter Verwendung zweier Fotos von istockphoto
Schrift: ITC Legacy Serif
Druck und Bindung: CPI books GmbH, Leck

Printed in Germany
ISBN: 978-3-86189-860-3 (Buch)
ISBN: 978-3-86189-973-0 (E-Book)

Besuchen Sie uns im Internet unter: www.militzke.de

Inhaltsverzeichnis

Die dunkle Seite von Berlin

»Wünschen Sie einen Blick in die Unterwelt zu tun?« fragt Curt Moreck in seinem 1931 erschienenen Führer durch das »lasterhafte« Berlin und lässt eine ausführliche Beschreibung der sogenannten Berliner Verbrecherwelt folgen, eine Beschreibung jener heruntergekommenen Stadtviertel mit ihren einschlägigen Kaschemmen, den angeblichen Treffpunkten der Kleinkriminellen und der gestandenen Berufsverbrecher. Kaum ein Berlinführer der zwanziger Jahre verzichtet darauf, den Mythos vom »dunklen Berlin« zu bedienen und eine mehr oder weniger sachkundige Schilderung der Berliner Unterwelt oder dessen, was man gemeinhin dafür hält, zu geben. Die von einer Aura der Romantik umnebelte Verbrecherwelt ist zur Touristenattraktion geworden und die Neugier des Publikums kaum zu bändigen. Gierig verschlingen die Leser die Polizei- und Gerichtsberichte in der Tagespresse. Kriminal- und Gerichtsreporter sind, ganz gleich, ob sie ihre Artikel kolportagehaft im lockeren Plauderton oder im gepflegten Feuilleton-Stil präsentieren, die Stars ihrer Zunft.

Einer jener populären Gerichtsberichterstatter ist der Schriftsteller und Journalist Paul Schlesinger (1878–1928), der unter dem Pseudonym »Sling« seine gleichermaßen brillanten wie amüsanten Gerichtsreportagen für die altehrwürdige *Vossische Zeitung* schreibt. Reportagen, in denen nicht nur Schlesingers demokratische Gesinnung, sondern mehr noch seine humanistische Grundhaltung zum Tragen kommt. Demzufolge betrachtet »Sling« den vor Gericht stehenden Delinquenten nicht nur als »Täter«, sondern – je nach den gegebenen Umständen – gleichsam als »Opfer« der sozioökonomischen Verhältnisse. So zeichnet Schlesinger in seinen Gerichtsberichten ein Gesellschaftsporträt, das das Legende gewordene Gold jener Jahre als verrostetes Blech entlarvt.

Zur Touristenattraktion avancierte das »dunkle Berlin« jedoch nicht erst in den Jahren der Weimarer Republik. Schon um 1871 führte Heinrich Zille, gerade dreizehn Jahre alt, Touristen aus der Provinz durch die verrufensten Gassen der preußischen Metropole und vermittelte ihnen mit wahren und geflunkerten Schauergeschichten eine Verbrecherwelt, dass es den unbedarften Provinzler nur so schauderte. Mehr als zwanzig Jahre später, in den 1890er Jahren, begleitete Kriminalkommissar Hans von

Tresckow neugierige Einheimische wie Zugereiste in die bekanntesten Verbrecherkaschemmen des Berliner Ostens und Nordens; freilich nur in jene, die ihm vertraut waren und in denen er, jedenfalls wenn er privat kam, ein mehr oder weniger gern gesehener Gast war. »Na, Herr Kommissar, wieder mal als Bärenführer unterwegs?« lästerten dann die Ganoven.

»Bärenführer« nannte man, nach den seinerzeit berühmten Reiseführern gleichen Namens, die Kriminalkommissare, die Fremde durch die Verbrecherviertel führten.

Die Faszination des Verbrechens geht weit ins 19. Jahrhundert zurück; ein Phänomen, dem letztlich die Romanfigur Sherlock Holmes und als französische Antwort auf den britischen Meisterdetektiv der Gentleman-Einbrecher Arsène Lupin ihre Existenz verdanken. In den letzten Dezennien des 19. Jahrhunderts entstanden die ersten Detektivzeitschriften, die in aller Ausführlichkeit über authentische, zuweilen aber auch, um die Auflage zu steigern, über allein der Phantasie entsprungene Verbrechen berichteten. In Frankreich erreichten Tageszeitungen wie *Le Petit Journal* oder *Le Matin*, die in reißerischer Form Verbrechen schilderten, Auflagen in Millionenhöhe. In Deutschland verschlangen vor dem Ersten Weltkrieg besonders Kinder und Jugendliche die von den Pädagogen verdammten Nic-Carter-Geschichten.

In den zwanziger Jahren werden die von Kriminalkommissaren verfassten Milieuschilderungen zu Bestsellern: so die Publikationen von Kommissar Ernst Engelbrecht und dem Kriminalschriftsteller Leo Heller, die mit Neugier weckenden Titeln wie »Berliner Razzien«, »Bilder und Skizzen aus dem Verbrecherleben«, »In den Spuren des Verbrechertums« oder »Kinder der Nacht« erscheinen.

Bis zu Beginn der dreißiger Jahre bleibt es eine Attraktion der besonderen Art, sich von einem der populären Kriminalkommissare durch düstere Stadtviertel und einschlägige Kneipen führen zu lassen. In erster Linie sind es Künstler, Schauspieler, Regisseure, Komponisten, Schriftsteller oder Journalisten, die aus diesem Grunde im Polizeipräsidium vorstellig werden. So lässt sich auch der Komponist Ralph Benatzky (»Im weißen Rößl«) kurz nach seiner Ankunft in Berlin im Februar 1924 von einem Kriminalbeamten in eine berüchtigte Kellerkaschemme führen, wo er sich »bei kaltem Bier und vorzüglicher Eierspeis mit Kartoffeln« köstlich amüsiert.

Um uns von der alltäglichen Arbeit der berühmten Kriminalkommissare vom Alexanderplatz ein lebendigeres Bild machen zu können, werden auch wir einen Streifzug durch die Berliner Unterwelt zur Zeit der Weimarer Republik unternehmen. Die Warnungen der zahllosen Reiseführer beherzigend, werden wir uns nicht auf eigene Faust auf Entdeckungstour begeben, sondern wollen uns einem Kenner der Szene anvertrauen. Unser Begleiter, ein bekannter Kriminalkommissar, der sein Inkognito wahren möchte, kennt sich glänzend aus im Milieu. Regelmäßig zieht er, so erzählt er jedenfalls, durch die berüchtigten Kaschemmen, um zu sehen, »was gerade Sache ist«.

Vom Schlesischen Bahnhof zum Kurfürstendamm: Eine kriminalhistorische Topographie

Eine Topographie der Berliner Unterwelt zu skizzieren ist kein leichtes Unterfangen, denn es gibt kein homogenes sogenanntes Verbrecherviertel. Ähnlich einem Flickenteppich erstreckt sich das »dunkle Berlin« über ein weitläufiges Areal, dessen Hauptbrennpunkte in den östlichen und nördlichen Stadtteilen konzentriert sind: angefangen vom Schlesischen Bahnhof über den Alexanderplatz in Richtung Norden, über das Scheunenviertel beziehungsweise die Spandauer Vorstadt und den Stettiner Bahnhof bis nach Moabit und in den Wedding. Ein weiterer Brennpunkt der Kriminalität konzentriert sich im Berliner Westen rund um den Bülowbogen, zieht sich bis zum Nollendorfplatz und von hier aus weiter zum Wittenbergplatz und Kurfürstendamm.

Rund um den Alexanderplatz

Versetzen wir uns zurück in das Jahr 1928 und beginnen wir unseren Spaziergang durch das »dunkle Berlin« unweit des Polizeipräsidiums, jenes zwischen 1885 und 1889 vom Stadtbaurat Hermann Blankenstein errichteten roten Backsteinkolosses am Alexanderplatz, wo sich, so Curt Moreck, »gleichsam unter dem Protektorat der Polizei« die Verbrecherwelt konzentriert. Treffen wir uns vor dem Haupteingang des Kaufhauses Hermann Tietz, bei »Tietzen«, wie die Berliner sagen. Mit Erstaunen stellen wir fest, dass die dicke Berolina, die bronzene Heroine, die vor kurzem noch einfältig grinsend über den Platz schaute, inzwischen ihren Sockel verlassen hat. Sie ist, wie wir erfahren, vorübergehend in irgendeinem Depot verschwunden. Der Grund: Die Gegend rund um den Alexanderplatz ist zurzeit Großbaustelle, denn die U-Bahn wühlt sich von hier aus weiter nach Osten durch. Wohin man auch blickt: Allenthalben bestimmt Abriss das Bild. Aus reiner Neugier gehen wir zunächst ein Stück in die Landsberger Straße hinein. Die heruntergekommenen Mietskasernen sind als nächstes dran. Ganze Häuserzeilen stehen bereits als Ruinen, ohne Türen und Fenster, ausgeschlachtet von armen Leuten auf der Suche nach Brennholz. Die Straße ist menschenleer.

Des Nachts jedoch wird sich diese Totenstadt mit geisterhaftem Leben erfüllen. Auf der gegenüberliegenden Straßenseite schlurft bereits der erste Obdachlose mit seinem schmutzigen Lumpenbündel in einen der verwaisten Keller, um zwischen Schutt, Gerümpel und Unrat sein Nachtlager aufzuschlagen. Eine ganze Schar Gleichgesinnter wird es ihm im Laufe der Nacht noch gleichtun. Hier ist es immerhin besser als im städtischen Asyl in der Fröbelstraße, wo man sich nicht nur allerlei ansteckende Krankheiten holen kann, sondern auch noch beklaut wird.

Im ebenfalls abbruchreifen Nebenhaus verschwindet gerade eine Nutte mit ihrem Freier. Für sie ist es ein Glücksfall, denn eine wohlfeilere Absteige wird sie gewiss nirgendwo in der Stadt finden. Sie ist nur eine von Hunderten von Straßendirnen aus der Münzstraße oder der Dragonerstraße (heute Max-Beer-Straße), die auch in dieser Nacht wieder in den Abrisshäusern ihrem Geschäft nachgehen werden.

Vor zwei Tagen erst haben Bauarbeiter im Keller eines solchen Abrisshauses eine Tote gefunden. Der Mordkommission ist es bisher nicht gelungen, die Leiche zu identifizieren. Auch die Todesursache ist noch ungeklärt. War es Mord? Selbstmord? Ein tragischer Unfall? Ein ganz ähnlicher Fall wird uns später noch beschäftigen ...

Gehen wir zurück zum Alexanderplatz, am Bahnhof vorbei und in die Dircksenstraße, wo sich die Zentralmarkthallen unmittelbar an den Stadtbahnviadukt anlehnen. Die Berliner sind stolz auf ihre Stadtbahn. Oberbaurat August Dircksen hat diese erste Viaduktbahn Europas, sie ist am 7. Februar 1882 eröffnet worden, innerhalb von nur sechs Jahren errichten lassen. Die 731 Viaduktbögen, sie erstrecken sich vom Schlesischen Bahnhof bis zum Bahnhof Zoologischer Garten, beherbergen in der Nähe der Bahnhöfe Kneipen, Restaurationsbetriebe oder Läden, weiter entfernt finden sich Pferdeställe, Garagen, Lagerräume oder Kulissenunterstände.

Die ebenfalls von Stadtbaurat Blankenstein projektierten, nach nur dreijähriger Bauzeit im Mai 1886 eröffneten Zentralmarkthallen sind mit 11.000 Quadratmetern Grundfläche um ein Viertel größer als Les Halles von Paris und dreimal so groß wie die Londoner Markthallen. Zudem verfügen die Berliner

Zentralmarkthallen über einen direkten Eisenbahnanschluss. Zu diesem Zweck ist der Viadukt auf der Höhe der Markthallen für den Güterverkehr um drei Gleise erweitert worden. Hydraulische Aufzüge bringen die angelieferten Waren direkt ins Erdgeschoss oder in den Keller.

Nur die Fischhändler müssen ihre Waren mit eigenen Fuhrwerken von den jeweiligen Eingangsbahnhöfen direkt abholen. Lachs und Stör aus der Ostsee, Schellfisch, Kabeljau, Hering und Schollen aus der Nordsee kommen in speziellen Fischgüterwagen an. In einigen der sieben direkt mit den Markthallen verbundenen Viaduktbögen haben die Fischgroßhändler ihre Niederlassungen. Für Hummer gibt es hier sogar ein Riesenbassin mit Meerwasser.

Rund um die Markthallen herrscht immer Hochbetrieb. Die Anfahrtsstraßen sind von Lastkraftwagen und Fuhrwerken verstopft, dazwischen Markthelfer mit Handkarren und die berüchtigten, ständig keifenden Berliner Marktweiber. Es ist laut und schmutzig. Papier, Holzwolle, Apfelsinenschalen, Gemüseabfälle und allerlei anderer Unrat zieren das Pflaster. Obdachlose und die Ärmsten der Armen lungern herum und sammeln nach Geschäftsschluss heruntergefallenes oder angefaultes Obst auf. Manchmal haben die Händler auch Spendierhosen an und verschenken leicht verderbliche, nicht mehr verkäufliche Ware.

Freilich nehmen es nicht alle Händler mit der Hygiene so genau. Da ist zum Beispiel die Marktfrau, die ihren nicht mehr ganz einwandfreien Harzer Käse statt in die Mülltonne in einen Bottich mit Eiswasser wirft. Dann krabbeln die Maden heraus. Morgen wird sie ihn wieder als »Spezialität« verkaufen.

In den Stadtbahnbögen rund um den Alexanderplatz finden sich zahllose Kaschemmen und billige Restaurationsbetriebe, in denen allerlei zwielichtige Gestalten verkehren. In unmittelbarer Nähe des Polizeipräsidiums befindet sich die berüchtigte »Kruke«, in der sich tagsüber die Obdachlosen versammeln. Die beliebte Wärmehalle ist ihre Informationsbörse und, obwohl streng verboten, ihre Handelszentrale. Bei Wohnungseinbrüchen erbeutete Textilen – im Winter sind besonders warme Mäntel gefragt – finden hier reißenden Absatz. Auch Schrippen-Emil, von dem Willy Pröger in seinem Buch erzählt, dürfte in der »Kruke« Stammgast sein. »Wollt'a Schrippen koof'n, sechse ha ick noch, alle sechs zwanzich Fennje, viere sin beschmiat«, zitiert Pröger den Bettler, der aus einem Sandsack Stullen und Schrippen anbietet, die er von gutmütigen Hausfrauen erbettelt hat. Gegen Abend, wenn die »Kruke« schließt, zieht, namentlich in den Wintermonaten, ein trauriger Zug abgerissener Gestalten in Richtung Prenzlauer Berg in die Fröbelstraße, in die »Palme«, das städtische Obdachlosenasyl.

In unmittelbarer Nähe der »Kruke«, in einem weiteren Stadtbahnbogen, finden wir ein Lokal mit dem Namen »Zum großen Seidel«. Das »Milljöh« kennt es besser unter dem Namen »Brillantenbörse«, denn hier werden Schmuck, Edelsteine und bei Wohnungseinbrüchen erbeutetes Tafelsilber verschoben. Zahlreiche Hehler haben in dieser Kaschemme fliegende Büros eingerichtet.

Dass in den Kneipen und Kaschemmen Pläne für Verbrechen ausgeheckt werden, ist weit mehr als nur ein Klischee. »Die Wolfsschlucht« im Stadtbahnbogen 72, unweit des Polizeipräsidiums, gilt als eine solche Verbrecherkaschemme, in der schon so mancher schwere Junge festgenommen werden konnte. Kaschemmen dieser Art sind im Übrigen beliebte Aufenthaltsorte für Vigilanten, jene Polizeispitzel, die auch Achtgroschenjungen genannt werden. In der Regel sind es Kleinkriminelle, die das Milieu im Auftrag der Polizei ausspionieren, in der Hoffnung, dank dieser Hilfsleistung in eigener Sache glimpflich davonzukommen.

Zwischen Münz- und Linienstraße: Im Scheunenviertel

Unser nächstes Ziel ist die Spandauer Vorstadt, das sogenannte Scheunenviertel, das strenggenommen gar nicht mehr das Scheunenviertel ist, denn das alte, Elend beherbergende, wirkliche Scheunenviertel existiert schon längst nicht mehr. Im Zuge einer großangelegten Sanierungsaktion hatte man 1906 damit begonnen, die heruntergekommenen Häuser, insgesamt einhundertneunzehn, abzureißen. Das gesamte Areal wurde dem Erdboden gleichgemacht, und somit waren auch die alten, berüchtigten Straßen, die Füsilier-, Amalien- und Koblankstraße, verschwunden. Allein die Weydingerstraße blieb, wenigstens dem Namen nach, erhalten. Zunächst wurde das Grundstück, das ein großes Dreieck bildete, aber nicht wieder bebaut, sondern als Schrott- und Lagerplatz genutzt. Erst zwischen 1913 und 1915 entstand hier, auf dem späteren Bülowplatz (heute Rosa-Luxemburg-Platz), die von Oskar Kaufmann projektierte Volksbühne, seinerzeit das modernste Theater Berlins.

Gehen wir die Dircksenstraße hinunter bis zum Bahnhof Börse am Hackeschen Markt. Die behäbigen Straßenbahnen spucken hier, an der Endhaltestelle gleich mehrerer Linien, ihre Fahrgäste aus, die dann sogleich weiterhasten: in die Stadtbahn, zu nahe gelegenen Bushaltestellen oder zielstrebig in Richtung Oranienburger oder Rosenthaler Straße. Erschöpfte, schäbig gekleidete Fabrikarbeiterinnen, die von der Schicht kommen, grell geschminkte Nutten in kurzen, engen Röcken und noch engeren Blusen, biedere Bürovorsteher mit abgewetzten Jacketts, Hochwasserhosen und zu kurzen Socken, blasse Angestellte, die an ihren ohnehin schon langen Arbeitstag noch drei oder vier Überstunden angehängt haben, Arbeiter, die sich beim Bier mit den Kumpels verplauscht haben, kleine Gauner und Zuhälter. Hier und da spazieren immer wieder elegant gekleidete Pärchen, die sich staunend umschauen, als seien sie auf einer Zeitreise nicht nur in eine andere Epoche, sondern auch in eine andere Welt versetzt worden: Neugierige aus dem Neuen Westen, aus der Gegend um den Kurfürstendamm.

Biegen wir in die Rosenthaler Straße ein, eine der Lieblingsstraßen der Kriminalpolizei. Eine Unzahl schmuddeliger kleiner Hotels, die weniger den Touristen als vielmehr den Prostituierten und ihren Freiern als Herberge dienen, sorgen dafür, dass der Polizei nie die Arbeit ausgeht. Fast jedes der viergeschossigen Mietshäuser beherbergt ein Stundenhotel. Der »Weinmeisterhof« im Haus Nummer 65 ist ein solches Etablissement. 1927 wurde in dieser Absteige eine Prostituierte erdrosselt aufgefunden. Nur einem Zufall war es zu verdanken, dass der Täter gefasst werden konnte. Doch dazu kommen wir später ...

Gleich die erste Querstraße biegen wir nach rechts ein, in die Neue Schönhauser Straße, wo wir im Haus Nummer 13 eine

Großgaststätte finden, die gemeinhin nur »Café Dalles« genannt wird. Das eigenartige Wort kommt aus dem Jiddischen. Einen Dalles haben bedeutet: ein leeres Portemonnaie oder einen leeren Magen haben. Einen treffenderen Namen hätte man für dieses »Café« kaum finden können, denn es ist in der Tat der bevorzugte Versammlungsort der Ärmsten der Armen, der Obdachlosen und der Berliner Unterwelt schlechthin. In keiner anderen Kaschemme der Stadt werden so häufig Razzien durchgeführt – und immer sind sie von Erfolg gekrönt. Schon so mancher dicke Fisch ging der Kripo hier ins Netz: vom kleinen Taschendieb bis zum jugendlichen Raubmörder. »Im ›Dalles‹«, beklagt der ehemalige Kriminalkommissar Ernst Engelbrecht in seinen »Berliner Razzien«, »entschließt sich meist das nach Berlin dem Elternhause entlaufene Mädchen zu ihrem neuen unsittlichen Berufe, und hier nimmt so manches Verbrecherleben seinen Anfang. Hier wird oft der Plan zu einem Raubmord ausgeheckt, hier trifft man sich, um das ›Ding‹ zu besprechen, und von hier aus wird dann auch der Raubzug angetreten.« Zahllose Legenden ranken sich um dieses Café. So habe man hier früher, behauptet jedenfalls Engelbrecht, die Gabeln und Löffel mittels langer Eisenketten an der Wand befestigt, um deren Entwendung zu verhindern. Eine Angestellte des Hauses sei dann mit einem großen Bottich, in dem sich eine fürchterlich schmutzige Brühe befunden habe, öfter mal von Tisch zu Tisch gegangen, um Tischplatte und Besteck einer Reinigung zu unterziehen.

An der nächsten Kreuzung haben wir die Wahl, nach links in die Weinmeisterstraße oder nach rechts in die Münzstraße einzubiegen. Werfen wir zunächst einen flüchtigen Blick in die Weinmeisterstraße, die als die gefährlichste Hehlergegend der Stadt gilt. Weniger furchterregend ist dagegen die berühmteste Kaschemme der Straße, der »Albert-Keller«, eines der zahlreichen Stammlokale des Dichters Joseph Roth; ein Kellerlokal, das eher an ein Literatencafé als an einen Verbrechertreff erinnert: »Der Albert-Keller hat Stammgäste von einer solchen Dauerhaftigkeit, dass sie sogar ihre Post dort abholen«, schreibt Roth. Und man könne hier sogar, so der Dichter, am Nachmittag ein paar Stunden schlafen, ohne gestört zu werden. Auch Kriminalbeamte kommen nach Dienstschluss immer wieder gerne hierher. Sie lieben es nun mal, sich unter ihre »Kundschaft« zu mischen.

Kehren wir wieder um und gehen in die Münzstraße, die Straße mit den meisten Kinos und den meisten Huren. Allenthalben bieten Kriegsinvaliden auf Krücken aus ihrem Bauchladen Schnürsenkel, Kragenknöpfe oder Streichhölzer feil, und die Wurstmaxen, die ihre Chromkessel an Lederriemen über der Schulter tragen, preisen Würstchen aus »garantiert echtem Schweinefleisch« an. Der schmierige Pferdeschlächter an der Ecke grinst dazu hämisch. Die Wurstmaxen wissen Bescheid im »Milljöh«, sie kennen die schweren Jungs und die leichten Mädchen, doch sie lassen sich von der Polizei nicht als Vigilanten missbrauchen.

Wie in jeder Straße des Viertels findet der Besucher auch hier zahlreiche »Produktenkeller«, die meist im Souterrain oder Keller gelegenen An- und Verkaufsstellen der Lumpenhändler. Wer Geld braucht, versucht hier all das Gerümpel zu verkaufen, das er gerade noch entbehren kann oder irgendwo geklaut hat. Andere wiederum suchen sich das noch Brauchbarste heraus, weil sie sich etwas Besseres nicht leisten können. Ein muffiger und modriger Geruch dringt aus diesen Kellern, die prall gefüllt sind mit Lumpensäcken, aufgestapelten verschlissenen Matratzen, in denen schon der Schimmel steckt, und allem nur erdenklichen Hausrat.

Hin und wieder wird die Münzstraße ihrem Ruf als Verbrecherstraße tatsächlich gerecht. So wurde hier am 4. September 1926 ein Mann auf offener Straße hinterrücks niedergestochen. Zwei Männer waren um den Anteil aus der Beute eines Raubes in Streit geraten, worauf einer der beiden ein Messer zog. Das Opfer verstarb noch auf dem Weg ins Krankenhaus. Dank präziser Zeugenaussagen konnte der Täter einige Tage später gefasst werden.

Auch an Verbrecherkaschemmen fehlt es in der Münzstraße nicht. Der ehemalige Kriminalkommissar Ernst Engelbrecht zählt in seinen »Spuren des Verbrechertums« gleich fünf auf: »Münzhof«, »Münzglocke«, »Münzklause«, »Alexanderquelle« und »Martins Hackepeter«. Engelbrecht räumt allerdings ein, dass in diesen Kaschemmen »nicht nur Verbrecher, sondern auch gelegentlich, aber nur selten und ausnahmsweise, ehrliche Arbeiter und ihre Angehörigen zu verkehren pflegen.«

Nehmen wir zum Beispiel das Lokal »Münzhof«: Am Abend des 6. Januar 1927 führte die Polizei mit einem Großaufgebot an Schutzpolizisten und Kriminalbeamten eine Razzia in dem Lokal durch. Und wie bei Razzien üblich, wurden alle Gäste, die sich nicht ausweisen konnten, ins Polizeipräsidium verfrachtet. Die Gesellschaft füllte, so wusste das *Berliner Tageblatt* am 7. Januar zu berichten, »nicht weniger als fünf große Lastautomobile«. Das Ergebnis: Drei weibliche Personen, die wegen Diebstahls gesucht wurden, fünfundzwanzig wohnungs- und arbeitslose junge Männer, die in Schutzhaft genommen und nach Prüfung in ihre Heimatorte abtransportiert wurden, sowie acht weitere Personen, nach denen eine Fahndung lief.

Wir überqueren die Dragonerstraße und erblicken eine Menschentraube, die sich vor der »Münzglocke«, dem bekannten Unterweltlokal unmittelbar an der Einmündung der Grenadierstraße (heute Almstadtstraße) angesammelt hat. Dass hier ganz offen Schwarzhandel betrieben wird, ist stadtbekannt. Vor allem Textilien, Schmuck und gestohlenes Tafelsilber werden feilgeboten.

Wir biegen gleich nach links in die Grenadierstraße ein und befinden uns mitten im Zentrum des ostjüdischen Lebens. Alte Männer in schwarzen Kaftanen, mit weißen Bärten und Schläfenlocken prägen das Bild. In der schmalen Straße reiht sich Laden an Laden: Koschere Fleischereien, Fischhandlungen und Grünkramläden. Schuster, Schneider, Buchtrödler, koschere Gaststätten und Bethäuser. Obwohl der Polizei hier allenfalls Kleinkriminelle ins Netz gehen, finden ausgerechnet in der Grenadierstraße am häufigsten Straßenrazzien statt. Die Frage, ob es sich bei diesen Razzien um antisemitische Schikane handelt, darf gestellt werden.

Das Instrument der Straßenrazzia ist ohnehin umstritten, auch innerhalb der Kriminalpolizei. Sie verfolgt zwar das Ziel, Kriminelle aus bestimmten Gegenden zu verbannen oder zumindest zu verunsichern, doch einige erfahrene Kriminalkommissare bezweifeln die Effizienz dieser Maßnahme und befürchten sogar, dass gerade die Kleinkriminellen dadurch in alle Winde versprengt werden und somit ungleich schwerer für die Polizei aufzuspüren sind.

Um den Erfolg einer Razzia zu gewährleisten, muss strengste Geheimhaltung gewahrt werden. In der Regel ist nur der für die Organisation verantwortliche Beamte eingeweiht. Er erarbeitet den Zeitplan und fordert die Lastwagen und die Hundertschaften der Schutzpolizei an. Gegen Mitternacht wird dann die Straße, in der die Razzia stattfinden soll, weiträumig mit allen Seiten- und Querstraßen abgeriegelt. Vorher sind bereits zahlreiche Kriminalbeamte in Zivil in die betroffene Straße entsandt worden, die auf ein Zeichen des Einsatzleiters die Absperrung der Straße vornehmen. Exakt zur selben Zeit muss auch die Schutzpolizei an Ort und Stelle sein. Die auf der Straße befindlichen Personen sind nun buchstäblich eingekesselt, und die Kriminalbeamten nehmen eine vorläufige Überprüfung der Ausweispapiere vor. Jetzt rücken die Lastwagen an, um all diejenigen, die sich nicht ausreichend legitimieren können, ins Polizeipräsidium abzutransportieren. Dabei kommt es zwangsläufig immer wieder vor, dass sich auch harmlose Spaziergänger, die vergessen haben, ihre Papiere einzustecken, unversehens in der »grünen Minna« des Polizeipräsidiums wiederfinden.

Ernst Engelbrecht, der am 1. Juli 1921 die Leitung der Streifmannschaft der Kriminalpolizei übernommen hat, erinnert sich: »Meistens hatten die Razzien guten Erfolg, es gab Tage, an denen einige tausend Personen sistiert und weit über hundert von der Polizei als gesucht oder aber nicht genügend legitimiert zurückbehalten wurden. Die Straßen, in denen eine solche Aktion vor sich gegangen war, glichen häufig einem Schlachtfelde. Stich- und Schußwaffen, Schlagringe, Einbrecherwerkzeug, Kokainpäckchen usw., deren sich die Verbrecher noch schnell zu entledigen vorgezogen hatten, bewiesen die Berechtigung der Aktion.«

Die meisten Razzien wurden jedoch in den berüchtigten Lokalen, den Schlupfwinkeln der Kriminellen, durchgeführt. Im Laufe der Jahre war den Razzien allerdings immer weniger Erfolg beschieden. Der Schriftsteller und Journalist Leo Heller kennt den Grund für diese für die Polizei unbefriedigende Entwicklung und schreibt in den um 1924 erschienenen »Berliner Razzien«: »Bis vor kurzer Zeit wurden die Razzien vielleicht ein wenig allzu Max Reinhardtisch inszeniert. Sie gingen zumeist mitten in der Nacht vom Polizeipräsidium auf dem Alexanderplatz aus. Eine halbe Stunde vor ihrem angesagten Beginn fuhren ratternd und knatternd die großen Lastautos, die zur Beförderung der Sistierten dienen, in den Lichthof des Präsidiums ein, die leichten Personenautos der Kommissare standen ›unter Dampf‹, und die Streifmannschaften strebten in Gruppen ihrem Versammlungsorte zu. Dieses etwas lärmende Treiben blieb natürlich von den Straßenpassanten nicht unbeobachtet. Es ist eine bekannte Tatsache, dass sich zu jeder Tages- und Nachtzeit Leute in der Nähe des ›Roten Hauses‹ umhertreiben, die eigentlich zahlreiche Gründe hätten, seine Nähe geflissentlich zu meiden.«

Aufmerksam beobachten diese Leute die Aktivitäten im Hof des Polizeipräsidiums und informieren, meist telefonisch, die in den von Razzien bedrohten Stadtteilen gelegenen Kaschemmen. »Alextippler« nennt man diese Art von Spionen. Erscheinen dann die Beamten in den Lokalen, sind die Nester meistens schon leer, und der Einsatzleiter muss zähneknirschend eingestehen, dass die Aktion mal wieder »verpfiffen« worden ist. Doch Erfahrung macht bekanntlich klug, so weiß Heller weiter zu berichten. Die Kriminalpolizei hat nämlich, nachdem sie endlich dahintergekommen ist, dass die schweren Jungs schlauer sind, als die »Polente« erlaubt, ihre Taktik geändert. »Sie nahmen davon Abstand, das Präsidium zum Ausgangspunkt ihrer nächtlichen Operationen zu machen, und verlegten – immer von Fall zu Fall wechselnd – den Versammlungsort für ihre braven, tapferen Helfer in die einzelnen Polizeireviere. Auch sehen sie davon ab, die verräterischen Lastautos an irgendeinem Platze zu konzentrieren. Bedarf man ihrer, dann werden sie telephonisch aus den Polizeikasernen herbeigerufen. Seither haben die Razzien natürlich gute Erfolge gezeitigt.«

Tatort Mulackstraße

Durch die enge Schendelgasse gelangen wir in die berlinischste aller Straßen, in die berühmte Mulackstraße. Eine Verbrechergegend ist diese Straße in den zwanziger Jahren jedoch schon lange nicht mehr. Was wir hier antreffen, ist allenfalls noch Verbrecherromantik. Das berühmte Lokal »Mulackritze« im Haus Nummer 15 ist inzwischen in den Rang einer Sehenswürdigkeit aufgestiegen; verkörpert es doch genau das, was sich der brave Bürger gemeinhin unter einer Verbrecherkaschemme vorstellt. Ein Besuch lohnt sich immer, denn wenn der Zufall es will, bekommt man jede Menge Prominenz zu Gesicht. Nicht nur Polizeipräsident Zörrgiebel verkehrt hier, sondern auch zahlreiche Persönlichkeiten aus Politik, Wirtschaft und Kultur schauen gerne mal vorbei: So der Maler Heinrich Zille und der Schauspieler Heinrich George.

Die Mulackstraße ist weniger eine Verbrecherstraße als vielmehr ein Schlupfwinkel der billigen Prostitution mit ihren schäbigen Absteigen. Unter einem Absteigequartier ist eine Privatwohnung zu verstehen, in der ein Zimmer, meist ist es aber nur ein abgetrenntes Eckchen, an Strichmädchen, nicht etwa stundenweise, sondern allenfalls minutenweise, vermietet wird. Und es gibt hier noch eine Besonderheit: Die Miete zahlen nicht die Freier, wie es in einem Stundenhotel üblich ist, sondern die Mädchen.

In der Mulack- und der benachbarten Steinstraße gibt es unzählige solcher Absteigen. In seiner Reportage über die »Stätten der Berliner Prostitution« schreibt Willy Pröger: »Ein zweistöckiges Haus inkl. Keller und Hinterhaus in der Steinstraße scheint nur aus Absteigen zu bestehen. Genaues läßt sich bei der Winkeligkeit des Hauskomplexes nicht erforschen. Was einem zu Gesicht kommt, sind dunkle, wenige Quadratmeter große Räume in der üblichen Verschmutztheit. Wie im Taubenschlag geht es in dem Hause zu. Die Besuchsziffern überschreiten die Absteigen in der Dragonerstraße noch! In der kurzen Mulackstraße, fast Haus an Haus, sieben Absteigen.

Eine Absteige sei andeutend beschrieben: eine winzige fensterlose Küche mit allem entsprechenden Hausgerät in einer

Ecke, abgeteilt durch eine Wolldecke, eine Chaiselongue-Ruine; als Waschschüssel dient eine Steingut-Kruke von 20 cm Durchmesser. In der Mulackstraße versagt alle Statistik. Man müsste sieben Augenpaare haben, um die Frequenzzahlen festzustellen.

Es entbehrt nicht einer gewissen blutigen Komik, wenn die Wirtin, bei gleichzeitiger Benutzung beider Räume, ehrsamst ihren Strickstrumpf nimmt und so lange auf der Treppe kampiert, bis ein Pärchen seine Angelegenheit geordnet hat ...«

Und in seinen »Berliner Razzien« beschreibt Leo Heller die Atmosphäre in einer der ärmlichen Kaschemmen in der Mulackstraße zur Zeit der Inflation: »Über der Tür eine Tafel mit der harmlosen Aufschrift ›Bierquelle‹. Drei Steinstufen führen in den bedrückend kleinen Raum, in dem nicht mehr als drei Tische, eine Bank und ein paar klapprige Holzstühle vorhanden sind. Hinten befindet sich das Büfett, ein kahler Ladentisch, und hinter ihm die Wirtin, die aus einer großen Flasche Brennspiritus in Gläser schenkt. Brennspiritus - heute kostet das Glas bereits 50 M - ist hier das Lieblingsgetränk der Gäste. Sein Gestank erfüllt das ganze Lokal. In dieser Kaschemme finden sich die Verbrecherveteranen und die Straßendirnen von mehr als fünfzig Jahren zusammen. [...] Hier renommiert man mit seinen Zuchthausstrafen. Wer die meisten Jahre ›Knast‹ abgesessen hat, genießt das größte Ansehen. Hier findet man, was vielleicht vor zwanzig Jahren der Schrecken der Stadt oder der Straße gewesen war. Aber es ist schwach und weißhaarig geworden und lang nicht mehr auf der Höhe des Berufs.«

Mögen die Kaschemmen in der Mulackstraße auch noch so verkommen sein, mögen hier auch nur noch die alten Ganoven, die »Invaliden der Branche« verkehren, wohl nirgendwo ist die Solidarität innerhalb des »Milljöhs« stärker ausgeprägt als hier. Ein Vorfall, der sich am 9. März 1923 ereignete, legt dafür beredtes Zeugnis ab:

Der dreißigjährige Schneider Paul Jahnke aus der Mulackstraße 10 trank, wie fast jeden Abend, im Schanklokal von Willy Zick, seiner Stammkneipe im gleichen Haus, an der Theke sein Bier und plauderte mit dem Wirt. Gegen 22.30 Uhr stürzte plötzlich ein junger Mann in das Lokal, zog eine Waffe und feuerte ohne Vorwarnung und ohne erkennbaren Anlass vor den Augen der

Lokalgäste auf Jahnke, der sofort tot zusammenbrach. Später konnte ermittelt werden, dass die Tat mit einem länger zurückliegenden Streit zwischen den beiden in Zusammenhang stand.

Mit der heftigen Reaktion der anwesenden Gäste hatte der Täter, ein zwanzigjähriger Schlosser, indes nicht gerechnet. Sie stürzten sich auf den Schützen und schlugen ihn erbarmungslos zusammen. »Der Täter wurde gelyncht, so daß er infolge schwerer Gehirnerschütterung der Krankenstation des Untersuchungsgefängnisses zugeführt werden mußte«, hieß es seinerzeit im Polizeibericht. Einige Tage später erlag er seinen schweren Verletzungen. Der Polizei war es jedoch nicht möglich, unter den zahlreichen Beteiligten denjenigen zu ermitteln, der dem Schlosser den tödlichen Schlag versetzt hatte.

Im Hebst 1926 ermittelte Kommissar Dr. Ludwig Werneburg in einem Fall, der eher einer derben Alt-Berliner Posse entnommen zu sein schien als trockenen Polizeiakten. Hätte nicht das Berliner Tageblatt über den Fall, den wir hier kurz skizzieren wollen, ausführlich berichtet, würde der Leser diese kuriose, tragikomische Geschichte nie und nimmer für authentisch halten, sondern allenfalls für übelste Kolportage:

Am Abend des 25. November 1926 saß der fünfunddreißigjährige Bruno Borchert in seiner Stammkneipe in der Linienstraße, kippte einen Klaren nach dem anderen und schimpfte dabei auf »die Weiber«. Borchert hatte es tatsächlich nicht leicht mit seiner Frau, denn sie war jung und zudem bildhübsch: Seidenweiches, blondes Haar, strahlend blaue Augen, makelloser Teint und eine perfekte Figur. Die Männer in der Mulackstraße beneideten Borchert. Wie kommt der olle Saufkopp zu diesem Superweib?, fragten sie sich. Eigentlich hätte Borchert also stolz auf seine Frau sein können, wenn da nicht dieses Problem gewesen wäre: Die schöne Frieda, sie war zehn Jahre jünger als Borchert, fühlte sich nämlich von starken Männern, von so richtigen Kerlen, angezogen wie die Motte vom Licht. »Ick kann doch nischt dafür«, heulte sie, wenn Borchert sie mal wieder ob ihrer Untreue verprügelte. »Wat soll ick denn machen, wenn's mir zu so 'nem Kerl hinzieht. Det is nu mal in meene Natur.«

An jenem Novemberabend war die schöne Frieda nun schon wieder aushäusig, und Borchert hatte keinen Schimmer, wo und vor allem mit wem sie sich rumtrieb. Er kochte vor Wut.

»Wenn ick die wieda mit'n Kerl erwische, denn mach ick jleich beede kalt«, drohte er und bestellte sich noch einen Korn.

»Na denn jeh mal jleich hin«, lästerte einer seiner Kneipenkumpane und grinste gehässig. »Deine süße Püppi is mit dem Otto Berndt in seine Wohnung ruff. Jeh doch mal nachkieken, wat se da beede machen.«

Bruno Borchert knallte das Glas auf den Tisch und sprang so hastig auf, dass sein Stuhl umkippte. Sein Gesicht hatte inzwischen die Farbe eines frischlackierten Feuermelders angenommen. »Det is det Ende«, schnaufte er, rannte aus dem Lokal und hastete in die Mulackstraße 35. Ausgerechnet der Otto, dachte Borchert, als er, gleich zwei Stufen auf einmal nehmend, die drei Treppen hinaufhetzte. Seinem Erzfeind gönnte er die schöne Frieda nun schon gar nicht. Borchert stürmte in Berndts Wohnung, die unvorsichtigerweise nicht abgeschlossen war, und brüllte: »Wo is meene Frau, wo haste ihr versteckt, du Drecksau?«

Otto Berndt kam, nur mit einer Unterhose bekleidet, aus einem der drei Zimmer und fragte mit Unschuldsmiene: »Wovon redest du eigentlich? Wat soll ick wo versteckt haben?«

»Du Mistkerl machst mit meene Frau rum. Wo isse? Wo haste ihr versteckt? Du Zuhälter, du verdammter!«

»Nun mach hier mal nich so ville Wind«, brüllte Berndt zurück. »Ick habe deine Frau schon seit Tagen nich mehr gesehen. Musst halt besser uff se uffpassen.«

»Lüg nich! Ick weeß, dass se hier is!«

Rabiat stieß Borchert den Nebenbuhler zur Seite und stürmte ins Schlafzimmer. Das Bett war zerwühlt, von seiner Frau fehlte aber jede Spur. Inzwischen hatte er seine Waffe gezogen und stand drohend vor dem Kleiderschrank.

»Komm raus!«, schrie er. »Ick weeß, dass de hier bist.«

Als sich nichts rührte, riss er die Schranktüren auf. Zwar fiel ihm nicht seine Frau entgegen, dafür aber wenigstens ihre Sachen. Ihr neues rotes Kleid, ihr schwarzer Mantel, der neue Hut und – ihre Unterwäsche.

Borchert tobte, warf sich auf den Fußboden und entdeckte unter dem Bett seine vor Kälte und Angst zitternde nackte Frau. Er zog sie ein Stück hervor und jagte ihr aus nächster Nähe mehrere Kugeln in den Kopf. Als Otto Berndt ihm die Waffe entreißen wollte, schoss er diesem in den rechten Arm und flüchtete.

Doch Borchert irrte nicht etwa kopflos durch die Straßen, sondern ging zurück in die Linienstraße in seine Stammkneipe, legte seine Pistole auf den Tisch und verkündete nicht ohne Stolz: »Det ha'm se nu davon. Nu hab ick se jleich beede über'n Jordan jeschickt.« Die übrigen Gäste starrten ihn fassungslos an.

»Erzähl doch keene Märchen«, sagte Lumpen-Kalle, der an der Theke lehnte. »Deine hübsche Püppi abknallen, so wat machste doch nich.«

»Jleich beede hab ick se kalt jemacht«, brüstete sich Borchert.

»Also det will ick sehen«, meinte ein anderer mehr zum Spaß, doch Borchert nahm die Bemerkung offenbar für bare Münze.

»Na denn macht mal hinne und kommt. Ick zeig's euch.«

Allgemeines Stühlerücken. Tatsächlich standen gut zwei Drittel der Gäste auf, und schweigend zog die kleine Karawane Neugieriger in die Mulackstraße, um sich von der Wahrheit der Worte Borcherts zu überzeugen. An der Kleinen Hamburger Straße machte Borchert plötzlich halt.

»Jeht mal alleene weiter«, forderte er seine Begleiter auf. »Ick hab noch wat janz, janz Wicht'jet zu erledigen.«

Seine verdutzten Begleiter sahen nur noch, wie Borchert mit schnellen Schritten in die andere Richtung verschwand. Kopfschüttelnd gingen sie weiter und fanden in der besagten Wohnung tatsächlich die Leiche der Frieda Borchert und den verletzten Otto Berndt, der offenbar unter Schock stand.

Die Aktive Mordkommission unter der Leitung von Dr. Ludwig Werneburg übernahm den Fall und schrieb sofort die Fahndung aus, denn Borchert war ein »guter Kunde« bei der Polizei und wegen seiner Gewalttätigkeit berüchtigt. 1910 war er schon einmal wegen Totschlags zu mehreren Jahren Zuchthaus verurteilt worden, und Anfang 1926 stand er erneut vor Gericht. Ihm wurde vorgeworfen, einen Rivalen im Streit erschlagen zu haben. Das Verfahren musste jedoch aus Mangel an Beweisen eingestellt und Borchert aus der Haft entlassen werden.

Zwei Tage später erlebte Kommissar Werneburg eine Überraschung, die ihm buchstäblich die Sprache verschlug. Im Büro der Mordinspektion erschien Borcherts Anwalt und erklärte, dass der Flüchtige bei ihm gewesen sei und den Mord an seiner Frau eingestanden habe. Er habe im Affekt gehandelt, bereue die Tat auch außerordentlich und werde umgehend, so habe er seinem Anwalt versprochen, zur Polizei gehen und sich freiwillig stellen.

Werneburg war fassungslos. Der Mörder hatte also tatsächlich das Anwaltsbüro unbehelligt verlassen und sich in seinen Schlupfwinkel zurückziehen können.

Am Abend, Werneburg wollte gerade Feierabend machen, klingelte sein Telefon. Am anderen Ende der Leitung meldete sich Borchert. Er könne sein Versprechen leider nicht halten, bedauerte er. Erst müsse er noch ein paar wichtige Dinge erledigen. Die Polizei möge ihm sein Fernbleiben also bitte nicht allzu übelnehmen. Er werde aber versuchen, sein Versprechen einzulösen, und sich freiwillig stellen. Bis dahin möge die Polizei doch aber bitte so freundlich sein und darauf verzichten, nach ihm zu fahnden ...

Soviel Dreistigkeit war Werneburg bisher noch nicht untergekommen; er setzte alle Hebel in Bewegung, um den Flüchtigen zu finden. Ob es ihm gelang, Borchert zu fassen, oder ob dieser sich tatsächlich aus freien Stücken der Polizei stellte, ist leider nicht bekannt.

Machen wir noch einen kurzen Abstecher in die Linienstraße, über die der Journalist Ernst Kossak 1845 schrieb, sie sei so krumm, »als ob sie einen Katzenbuckel vor einem wohlhabenderen Stadtviertel machte, und lang wie – deutsche Geduld.« Und an anderer Stelle fuhr er fort: »Wer täglich die Linienstraße entlanggehen muss, der bekommt schon bei Lebzeiten einen hippokratischen Zug in das Gesicht, und wenn ein genialer Dichter hier längere Zeit wohnen sollte, wird man einmal im Lokalbereich lesen: Gestern erhängte sich ein junger Mann in der Linienstraße aus unbekannten Gründen. Der Psychologe aber weiß, dass er an der Linienstraße selber gestorben ist.« Eine Definition, die auch in den zwanziger Jahren des vorigen Jahrhunderts nichts an ihrer Aktualität verloren hatte.

Einige einschlägige Kneipen in der Linienstraße haben aber dennoch Berühmtheit erlangt, so der »Blaue Strumpf«, »das Paradies aller berufsmäßigen Nachtvögel«. Ernst Engelbrecht bezeichnet sie als die »anständigste« und »sauberste« aller Verbrecherkneipen und überhaupt als die »dufteste Kellerkaschemme der ganzen Gegend.« Einige Stufen führen in das Souterrain hinunter, und der »Spanner«, der Türsteher, verlangt »Nachtsteuer«, eine Art Trinkgeld, das er in seine eigene Tasche steckt. Man gibt ihm ein paar Münzen und er ist zufrieden. Der »Blaue Strumpf« leistet sich sogar eine Hauskapelle, bestehend aus einem Klavierspieler und einem Geiger. Ernst Engelbrecht gerät hier ins Schwärmen: »›Schwere Jungen‹ und ›leichte Mädchen‹, ›schnieke Kavaliere‹ und ›kesse Klassefrauen‹ geben sich hier allnächtlich ein Stelldichein. Ab und zu auch einmal einige solidere Gäste, welche die Neugierde, etwas zu sehen und zu erleben und das nächtliche Treiben in solchen Verbrecherkellern kennenzulernen, hergelockt hat.« Wer hier ausschließlich zwielichtige Gestalten anzutreffen glaubt, wird also überrascht sein, wenn er an einigen Tischen elegantes Publikum vorfindet, das so gar nicht in diese Gegend zu passen scheint. Der Wirt kann dieses Phänomen erklären: »Stubben, lauter Stubben. Kurfürstendamm und so. Die haben sich bei mir eingenistet, um Ganoven zu sehen. Die Großen besuchen die Kleinen. Hast du denn nicht die Autos unten gesehen? [...] Ich pfeife auf die Gesellschaft! Die verdrängeln mir man bloß meine lieben, alten, guten Freunde!«

Viele dieser Kaschemmen rund um den Alexanderplatz sind sogenannte Kaffeeklappen oder Bouillon-Keller, Lokale, die keine Lizenz für den Alkoholausschank haben, theoretisch also allenfalls Kaffee, Tee und sonstige alkoholfreie Getränke servieren dürfen. Aber der Gast wird trotzdem auf sein Bier nicht verzichten müssen. Er braucht nur eine »kalte Bouillon« zu bestellen und erhält, was er erwartet. Wer indes Tee bestellt, sollte sich nicht wundern, wenn er statt dessen einen Kognak bekommt.

Stettiner Bahnhof und Poetenviertel

Ein anderer, nicht weniger elender Schwerpunkt des »dunklen Berlin« ist die Gegend um den Stettiner Bahnhof. In der Elsasser Straße (heute der westliche Teil der Torstraße), der Acker- und der Bergstraße blüht ebenfalls die Prostitution, vor allem die »Freiluft-Prostitution«. Willy Pröger, Kenner der Szene, schreibt dazu: »Der Hof einer Schule in der Bergstraße, deren Turnhalle in den Abendstunden von Turnern viel benutzt wird, ist als billige ›Absteige‹ sehr beliebt. [...] An ›guten‹ Tagen (freitags, sonnabends und sonntags) ist allein in der Acker-, Berg- und Gartenstraße in mindestens einem halben Dutzend Höfen und Hausfluren reger ›Absteigebetrieb‹.« Die Prostituierten besitzen, so weiß Pröger zu berichten, zu diesen Häusern Schlüssel, obwohl sie nicht hier wohnen. Mit dem Verkauf von Hausschlüsseln an Stricherinnen verdienen sich die Portiers ein kleines Zubrot.

Das sogenannte Poetenviertel mit der Eichendorff-, Tieck-, Borsig- und Novalisstraße gilt wiederum als ein berüchtigtes Verbrecherviertel, in dem der Neugierige ebenso bekannte Verbrecherkaschemmen findet wie im Scheunenviertel. So erwähnt fast jeder Stadtführer der zwanziger Jahre den »Hundegustav« an der Borsig-/Ecke Tieckstraße. In seinem Berlin-Führer »Was nicht im Baedeker steht« empfiehlt Eugen Szatmari, das Lokal aber doch lieber nicht allein zu besuchen, sondern nur in Begleitung eines Ortskundigen beziehungsweise eines Kriminalkommissars. Diese Vorsichtsmaßnahme scheint übertrieben, denn inzwischen ist das Lokal genauso zur Touristenattraktion geworden wie etwa der »Blaue Strumpf« in der Linienstraße oder die »Mulackritze« in der Mulackstraße. Neben kleinen Gaunern und grell geschminkten Dirnen kommen auch immer mal wieder Lebedamen aus dem Berliner Westen hierher, »um die Luft zu atmen, die sie in ihren Kinderjahren eingeatmet haben«, wie Szatmari feststellt.

Ernst Engelbrecht will im Poetenviertel sogar eine Kaschemme mit dem furchterregenden Namen »Blutige Träne« kennen, in der, wie er in seinen »Spuren des Verbrechertums« behauptet, in einer einzigen Nacht drei Raubmörder gefaßt worden sein sollen und wo die Gäste regelmäßig nach Waffen durchsucht werden ...

Rund um den Schlesischen Bahnhof

Im »dunklen Berlin« herrscht im wahrsten Sinne des Wortes Dunkelheit. Nur vereinzelt spenden weit auseinanderstehende Gaslaternen ein gelblich-dumpfes Licht. Welch ein Kontrast zu den in wahren Lichterfluten ertrinkenden Straßen des Berliner Westens und der City, rund um die Tauentzienstraße, den Kurfürstendamm, die Friedrichstraße oder den Potsdamer Platz, wo allenthalben grelle Leuchtreklamen dem Nachtschwärmer verkünden, welchen neuen Film der Ufa er unbedingt sehen muss, dass Stollwerck die köstlichste Schokolade produziert, ganz Berlin Josetti Juno raucht und Chlorodont selbst dem Raucher die weißesten Zähne garantiert und dass man sich im »Haus Vaterland« ganz vortrefflich amüsieren kann. »Berlin im Licht«, so umwarb man die Touristen. Im Osten indes liegt im wahrsten Sinne des Wortes die Schattenseite Berlins: »Wer hier lebt, lebt im Dunkel«, schreibt Curt Moreck, »so und so.«

Die Straßenzüge rund um den Schlesischen Bahnhof, die Lange-, die Koppen-, die Madai- und die Fruchtstraße werden von grauen, verwohnten Massenmietshäusern mit dunklen Höfen und feuchten Wohnungen beherrscht. Die meisten dieser Häuser sind nicht einmal an die Kanalisation angeschlossen. Arbeitslosigkeit, Armut und Verwahrlosung haben hier ein dauerhaftes Zuhause gefunden.

Es wimmelt von drittklassigen Dirnen, die die erste Jugend schon lange hinter sich gelassen haben. Drei-Groschen-Bahnhof heißt der »Schlesische« im Volksmund, denn hier sind die Nutten am billigsten. Schon für drei Groschen sind die Mädchen hier zu haben. Unzählige Menschen, vor allem unverheiratete Frauen, die keine andere Erwerbsquelle haben als die Prostitution, hausen in feuchten, fensterlosen Kellern.

Kaschemme reiht sich an Kaschemme, Absteige an Absteige. Unzählige kleine schmuddelige Stundenhotels gewähren nicht nur der Prostitution, sondern auch Kriminellen jeglicher Couleur sicheren Unterschlupf, und der Wirt erweist dem Gast, gegen eine angemessene Entschädigung freilich, gerne die Gefälligkeit, auf die polizeiliche Anmeldung zu verzichten. Die Wirte sind wahre Zauberkünstler. Sie verstehen es, kommt eine Polizeikontrolle, die Gäste wie von Zauberhand rechtzeitig verschwinden zu lassen. Die Polizei ist längst dahintergekommen, wie der Trick funktioniert, ist aber machtlos. Die riesigen, unübersichtlichen Mietskasernen mit ihren drei, vier oder noch mehr Hinterhöfen, Seitenflügeln und Quergebäuden erleichtern kleinen Gaunern und gesuchten Verbrechern die Flucht. Hier nach Kriminellen zu suchen, ist für die Polizei eine nahezu unlösbare Aufgabe. Zudem halten die Bewohner zusammen. Die Polizei, wenigstens die Schutzpolizei, die sogenannten Blauen, ist nicht gut gelitten. Gegen sie haben die kleinen Leute eine unheilbare Allergie, den sogenannten Blaukoller.

Leo Heller beschreibt in den »Berliner Razzien« eine dieser armseligen, verkommenen Kaschemmen am Schlesischen Bahnhof: »Ein enger Raum, in dem sich matter Lampenschein durch pestilenzialische Düfte quält. An rohen Holztischen Männer und Frauen, dicht aneinander gepfercht. Die an den Tischen keinen Platz gefunden haben, sitzen längs der Wand auf Stühlen oder gehen, soweit es der enge Raum gestattet, ruhelos umher. Hinter dem Schanktisch steht der Wirt, ein junger Mann mit tiefschwarzen Haaren und in einem Hemde von derselben Farbe. Zu seinen Füßen sind zwei Hunde angekettet, die sehnsüchtig nach dem Stück verschimmelter Wurst empor sehen, das als besondere Attraktion des Lokals über dem Büfett aufgehängt ist. Vor dem Regal, auf dem Schnapsflaschen, Zigarrenkisten und sonstiger Kram aufgestapelt sind, hockt an einem runden Holztisch die Wirtin, eine polnische Frau, die teils mit den Gästen, teils mit den Hunden spricht. [...] Hinter dem Gastzimmer liegt ein Schlafraum. Drin stehen vielleicht zwölf bis fünfzehn Pritschen ohne Polster und Decken. Nach einer Waschgelegenheit wird man vergeblich suchen. Wozu auch, wo doch das Waschen hier eine völlig unbekannte Sache ist. In diesen Raum teilt sich, wer das Schlafgeld von fünf Mark aufbringen kann. Es waren, als ich Gast dieses Elendsquartiers war, ungefähr vierzig Menschen: Männer, Frauen, Kinder. Vierzig Menschen und fünfzehn Pritschen. Besonderes Glück hat, wer in den Besitz einer Pritsche gekommen ist. Die anderen schlafen auf dem nackten Boden. Keine Streu, kein Fetzen, in den man seinen armen, abgeschlagenen Leib einwickeln kann. Männer, Frauen, Kinder ...«

Straßenraub ist hier an der Tagesordnung, und es ist wirklich davon abzuraten, in dieser Gegend auf eigene Faust und ohne ortskundige Begleitung Milieustudien zu betreiben. Vor allem Betrunkene sind für Straßenräuber leichte Opfer. Wer sich hier im teuren Anzug zeigt und eine dicke Brieftasche vermuten lässt, läuft Gefahr, bis aufs Hemd ausgeplündert zu werden. Und es soll in der Tat schon vorgekommen sein, dass ein Nachtschwärmer auf Strümpfen und in Hemdsärmeln nach Hause gehen musste.

Eine berüchtigte Bande von Straßenräubern hatte sich eine ganz besondere Methode zu eigen gemacht: Ihre Mädchen suchten die Bekanntschaft mit Männern und ließen sich in einer möglichst eindeutigen Situation von ihrem Komplizen, der sich als ihr Ehemann ausgab, überraschen. Das Opfer wurde dann von dem angeblichen Ehemann und dessen Genossen übel zugerichtet und dabei aller seiner Wertsachen beraubt. Nach jedem Überfall verlegte die Bande ihr Betätigungsfeld in eine andere Gegend. Viele Monate lang trieb die Gang ihr Unwesen. Der Polizei gelang es nicht, sie zu fassen. Erst als das Haupt der Bande von einem seiner Opfer erstochen worden war, konnten auch die übrigen Mitglieder ermittelt und dingfest gemacht werden. Doch das ist nur die Spitze des Eisbergs, denn mit der Zahl der Arbeitslosen steigt auch die Zahl der Straßenräuber.

Es ist schon drei Uhr morgens, doch wir sollten unseren Spaziergang nicht beenden, ohne einen Blick in den Schlesischen Bahnhof selbst geworfen zu haben. Der letzte Nachtzug ist schon vor zwei Stunden abgefahren. Reisende sieht man nun nicht mehr. Jetzt kriecht das Elend der Großstadt in die Wartesäle. »Dann nehmen die Obdachlosen von den Räumen Besitz, um stehend, kauernd oder liegend den Morgen zu erwarten. Sie müssen jeden Augenblick gefasst sein, dass die Kriminalpolizei kommt und sie mitnimmt. Aber sie trotzen der Gefahr. Draußen weht ein eiskalter Wind, in den Wartesälen aber ist es warm, draußen wird der Regen durch die Nacht gepeitscht, in den Wartesälen aber ist es trocken, und die Greifer kommen doch nicht jede Nacht. [...] Die Wartesäle des Schlesischen Bahnhofs gleichen Zigeunerlagern. Wer noch ein paar Mark in der Tasche hat, wenn er den Bahnhof betritt, löst vorsichtshalber eine Fahrkarte vierter Klasse nach einem Vorort. Die dient ihm als Ausweis, und der Kriminalkommissar kann ihm dann so leicht nichts anhaben. Er ist ja dann Passagier, selbst wenn er nie daran gedacht hat, die Karte zu benutzen«, schreibt Leo Heller.

Wir gehen zurück zum Alexanderplatz durch die Langestraße. Hier hat einst der Frauenmörder Großmann sein Unwesen getrieben. Um drei Uhr morgens, zur Polizeistunde, wenn alle Kneipen und Kaschemmen ihre Gäste vor die Tür setzen müssen, hoffen die Strichmädchen noch einmal Beute machen zu können. Am besten läuft das Geschäft freitags. Dann ist Lohntag. An billigen Absteigequartieren fehlt es in der Langestraße nicht. Willy Pröger beschreibt eine solche Absteige in der Langestraße in seiner 1930 erschienenen Studie »Stätten der Berliner Prostitution«: »Hastig und geschäftsmäßig das Ansprechen, das Nennen des Preises und dann ein förmlicher Eilmarsch ins Absteige-Quartier in der Langen Straße. Zeit ist Geld. Die Wohnung eines Kriegsinvaliden. Küche, Wohn- und Schlafzimmer. Beide Zimmer werden zu Absteige-Zwecken benutzt. Das Ehepaar lebt davon. Wir müssen in der Küche warten. Beide Zimmer sind zurzeit ›besetzt‹. Lohntag. Die Frau steht am Küchenherd und braut einen Gerstenkaffee. Ein Zimmer wird frei. Das eheliche Schlafzimmer. In der Mitte zwei Betten. In der Ecke eine Art Chaiselongue. Bei näherer Betrachtung entpuppt sich die ›Chaiselongue‹ als Rahmen-Matratze auf vier Holzklötzen. Auf einem Küchenstuhl eine Blech-Waschschüssel. Ein Schmutzrand zeugt von der Sauberkeit der Benutzer. Das ›Handtuch‹, scheinbar nur aus Löchern bestehend, ist klitschnaß. Im Zimmer eine Luft zum Übelwerden. Tabak- und Alkoholdunst, menschliche Ausdünstungen und die einer Katze, die friedlich auf dem Bette schnurrt ... Als ich dem Mädchen die ›Taxe‹, drei Mark gebe, ohne etwas von ihm zu ›wollen‹, kreischt mich ein feindseliges: ›Ick bin dir wohl nich fein jenuch?‹ an. Draußen, in der Küche, warten bereits wieder zwei Paare. ›Det jing ja schnell ...‹, sagt der Invalide.«

In der Langestraße 43/45 finden wir eine weitere berühmt-berüchtigte Kaschemme: den »Schwarzen Walfisch«, das Stammlokal des Ringvereins »Immertreu«, eines der berühmtesten Verbrechervereine. Über die Ringvereine ist bereits so viel geschrieben worden, dass wir an dieser Stelle allerdings darauf verzichten wollen, näher auf sie einzugehen.

Zwar ist das beschriebene Viertel eine finstere Gegend, aber kein Chicago und auch nicht Whitechapel, wie die *Vossische Zeitung* in ihrer Reportage »Bei der Berliner Unterwelt – Reportage vom Schlesischen Bahnhof« 1930 feststellt:

»Die Herren Verbrecher vom Schlesischen Bahnhof mögen es als Beleidigung empfinden, wenn man ihnen sagt, man tue ihnen zuviel der Ehre an. Damit soll nicht gesagt sein, sie seien ungefährlich, im Gegenteil, sie setzen sich aus zahlreichen kleinen Strolchen zusammen, die durch einen Ehrenkodex miteinander verbunden sind. Aber das große Format, das sie sich selbst nicht einmal zubilligen, haben sie nicht. Gewiß, in den Quartieren der Madai-, Frucht-, Koppen-, Kraut- und Langestraße wimmelt es von Menschen, die mit Recht von der Gesellschaft ausgestoßen worden sind. Gestalten aber, wie sie ein Wallace schuf, ein Fletcher, sind nicht dabei. Sie arbeiten plump und mit roher Kraft. Sie nutzen die körperliche und geistige Schwäche ihrer Mitmenschen aus, wählen mit Vorliebe Betrunkene zu ihren Opfern, sie scheuen verfeinerte Methoden: was den Bauernfängern in die Hände fällt, sind weltfremde Provinzler, kein Trick ist plump und durchsichtig genug, um nicht probiert und angewendet zu werden.«

Wer hier in einer Kaschemme den Kavalier und Lebemann spielt und seine mit Scheinen gut gefüllte Brieftasche zeigt, unter dem Motto, wie es die *Vossische Zeitung* formuliert: »Seht, was ich für ein Mann bin, ich hab's und ihr habt's nicht –, dann ruft er die schlechten Instinkte, die kaum verborgen an der Oberfläche liegen, hervor und darf sich später über nichts wundern.«

Vom Bülowbogen zum Kurfürstendamm

Die Gegend um den Bülowbogen avanciert in den zwanziger Jahren zum Synonym für Prostitution, zweifelhafte Vergnügungsbetriebe, Kokainhandel und Kriminalität, vor allem aber ist sie Treffpunkt der Homosexuellen in ihren spezifischen Lokalen. Hier gibt es geradezu legendär gewordene Institutionen für lesbische Frauen und homosexuelle Männer, so zum Beispiel das »Dorian Gray« in der Bülowstraße 57, die »Hohenzollerndiele« in der Bülowstraße 101 und das berühmte »Eldorado« in der Lutherstraße (heute Martin-Luther-Straße).

Seinen anrüchigen Ruf bekommt der Bülowbogen erst nach dem Ersten Weltkrieg. In den Straßen links der Potsdamer Straße in Richtung Gleisdreieck wird die Prostitution noch einmal billig, bis hinunter auf Münzstraßenniveau. Darüber hinaus schießen hier die illegalen Spielsalons wie Pilze aus der Erde. Ab Frühjahr 1919 ist der »Klub Neuberlin« in der Bülowstraße 21 berüchtigt. Er kann sich rühmen, viele prominente Besucher zu haben: Politiker, Intellektuelle und Schauspieler.

Und während die Gegend rund um den Schlesischen Bahnhof vom Ringverein »Immertreu« beherrscht und kontrolliert wird, hat am Bülowbogen der Verein »Glaube, Liebe, Hoffnung« das Sagen.

Über den Nollendorfplatz mit seinen zahlreichen Vergnügungsetablissements zieht sich die Kriminalität bis zum Wittenbergplatz, dem Zentrum des Kokainhandels, hin.

Die Unterwelt von Berlin W hat wiederum ihre eigene Physiognomie. Die Kriminalität des Kurfürstendamms wandelt sich jeweils mit der Tageszeit. Der Vormittag gehört nicht nur den Schiebern, sondern vor allem den Ladendiebinnen, den eleganten Damen, die auf ihre Weise ›shoppen‹ gehen, die den Diebstahl als eine Art Sport betreiben. »In der nächsten Zeit wird man in Moabit wiederum einer solchen großen Ladendiebin begegnen können, einer Frau, die dreifache Hausbesitzerin ist, und deren Spezialität es ist, in Juweliergeschäften am Kurfürstendamm Perlen zu stehlen, bis sie eines Tages in einem Geschäft nahe der Leibnizstraße festgenommen wurde«, weiß der Journalist Frank Carius in seinem Artikel »Die Unterwelt von Berlin W« zu berichten, den er in der Zeitschrift *Kurfürstendamm* am 20. Juli 1929 veröffentlicht hat.

Gegen Mittag beleben sich die Cafés. An den Tischen sitzen elegante Herren vor einem Aperitif oder einem Mokka. »Es ist jener Typ von Geschäftemachern, die einstmals in längst verflossener Zeit das Viktoria-Café oder die Lokale rund um den Nollendorfplatz bevölkerten. Nur die Art ihrer Geschäfte hat sich etwas geändert«, enthüllt Carius. »Vormals begingen sie offensichtlichen Betrug. Das ist jetzt nicht mehr modern. Man kleidet vielmehr jetzt die Geschäfte in ein Mäntelchen der Legalität. Man tut so ›als ob‹, man verkehrt gesellschaftlich miteinander, und die Geschäfte sehen fast so aus, als ob sie honorig wären.«

Aber schon am Nachmittag wandelt sich das Gesicht des Kurfürstendamms wieder: Die Prostitution erwacht – die weibliche als auch die männliche. Zentrum der männlichen Prostitution ist die Ecke Joachimsthaler Straße. In den eleganten Cafés, bei »Reimann« oder im »Café Wien« werden die Kontakte geknüpft. Schmuddelige Absteigen wird man hier kaum finden. Allenfalls sehr elegant eingerichtete »Pensionen« mit allem nur erdenklichen Komfort.

Der Kurfürstendamm lebt vom Schein, weniger vom Sein. Auch hier hat man kein Geld – aber man tut zumindest so als ob. »Hunderte von Autos stehen vor den Häusern des Kurfürstendamms, aber fragt nicht, wieviel davon bezahlt sind. Fragt nicht, wieviel von den schönen Pelzen, wieviel von den Perlenketten bezahlt sind, die um diese Zeit spazieren getragen werden«, schreibt Carius.

Am Abend wandelt der Boulevard sein Gesicht ein weiteres Mal. Auf der Straße bekommt man Rauschgifte aller Art angeboten. Kokain, Haschisch, Morphium. »Es gibt elegant eingerichtete Wohnungen am Kurfürstendamm, es gibt Keller in Gartenhäusern, luxuriös ausgestaltet, wo man den ausschweifendsten Rauschgiftgenüssen, Morphium, Cocain, Haschisch, unbekannten Giften, frönen kann. Selbst Bethel wird am Kurfürstendamm gekaut. [...] Man muß nur vertrauenswürdig aussehen und etwas nach Geld riechen.« Doch alles geht hier viel diskreter vor sich als in der eigentlichen Unterwelt. Auch illegale

Spielsalons mit illustrem Publikum gibt es hier. Ein Bac-Klub in der Joachimsthaler Straße war gerade aufgeflogen; unter den Gästen befanden sich bekannte Schauspieler, Rechtsanwälte und Journalisten. Die Ecke Kurfürstendamm/Joachimsthaler Straße war kurz nach dem Ersten Weltkrieg die Hauptecke der Devisenschieber, »und hätte die Kriminalpolizei eine Razzia hier veranstaltet, so wie das oftmals in der Münzstraße geschah, so wäre am nächsten Tag der Kurs der Mark sprunghaft gestiegen, soviel Valuten hätte man beschlagnahmt.«

Carius beschließt seinen Bericht mit der Vermutung: »Wenn alle Verbrecher, alle Vorbestraften, die in den Lokalen zwischen der Kaiser-Wilhelm-Gedächtnis-Kirche und dem Lehniner Platz verkehren, ein rotes Kreuzchen auf der Stirn trügen, man würde unzähligen Herren mit Stirnbinden begegnen.«

Von Schiebern und Kneipenwirtinnen: Kriminalistenalltag im Ersten Weltkrieg

Der Kriegsausbruch 1914 hatte die Wirtschaft auf nahezu allen Ebenen empfindlich getroffen. Der anfängliche Optimismus, die Soldaten würden noch zu Weihnachten – als Sieger freilich – wieder zu Hause sein, verflog schnell. Selbst in bürgerlichen Kreisen wich die anfängliche Kriegsbegeisterung allmählich der Ernüchterung. Die folgenschwere Fehleinschätzung der Gesamtsituation hatte es die kaiserlichen Behörden versäumen lassen, rechtzeitig geeignete Maßnahmen zu ergreifen, um die Versorgung der Bevölkerung mit dem Lebensnotwendigsten sicherzustellen. Die Versorgungskrise verschärfte sich nahezu täglich. Am 23. Februar 1915 waren in Berlin Brotkarten eingeführt worden, die erst lange nach dem Krieg, nämlich im Herbst 1923, wieder abgeschafft werden sollten.

Der durch die britische Blockade bedingte Anstieg der Arbeitslosigkeit indes war nur von kurzer Dauer, verkehrte sich sogar schon bald ins Gegenteil; denn ganze Scharen von Industriearbeitern waren zum Kriegsdienst einberufen worden. Rigoros wurden nun die fehlenden Arbeitskräfte durch Frauen ersetzt. Nicht nur in den Fabriken, in nahezu allen Berufen wurden Frauen zum »Kriegseinsatz« herangezogen und arbeiteten als Straßenbahn- und Omnibusfahrerinnen, bei der Stadtreinigung, der Müllabfuhr, als Briefträgerinnen oder Schornsteinfegerinnen, vor allem aber leisteten sie Schwerstarbeit in den Munitions- und Waffenfabriken.

Die Versorgungskrise spitzte sich mehr und mehr zu. Die Zahl der Kinder und Jugendlichen, die an Mangelerscheinungen starben, stieg ständig. Zudem hatte der zwangsweise Einsatz der Frauen in den Fabriken aus unzähligen bisher gut behüteten Kindern unversehens Schlüssel- und Straßenkinder gemacht. Am 24. Februar 1916 beschloss das preußische Abgeordnetenhaus wegen der zunehmenden Verwahrlosung der Jugend die Vorverlegung der Polizeistunde sowie die Verschärfung der Theaterzensur und das Verbot von Tanzlustbarkeiten für Jugendliche. Ein hilfloser, unwirksamer Versuch, des Chaos Herr zu werden.

Die Stimmung innerhalb der Bevölkerung wurde von der Politischen Polizei, 1901 hatte sie die Bezeichnung »Abteilung VII« erhalten, mit Argusaugen beobachtet. Ausgewählte Kommissariate meldeten dem Polizeipräsidenten Traugott von Jagow regelmäßig ihre Beobachtungen, nach denen er seine streng geheimen Stimmungsberichte verfasste, die nur einigen wenigen höheren Regierungsbeamten, darunter dem preußischen Innenminister, zugänglich waren. Sie enthielten eine Fülle von Angaben über die Lebensverhältnisse, die zunehmende Verknappung, schließlich die Rationierung und das völlige Ausbleiben von Lebensmitteln, Brennstoffen und Waren des täglichen Bedarfs, über Ausschreitungen, Proteste und Demonstrationen sowie Plünderungen von Lebensmittelläden. Tatsachen, über die die Presse nicht berichten durfte.

Infolge der sich ständig verschlechternden wirtschaftlichen Lage während des Ersten Weltkrieges erlangte die Kriminalität jetzt eine völlig neue Qualität. Racheakte gegen Wucherer und Schieber, Raubmorde an alleinstehenden Inhaberinnen kleiner Kolonialwarenläden oder Kneipenwirtinnen, deren Männer im Krieg waren, Überfälle auf Lebensmittelgeschäfte und Verbrechen, die sich auf eine zunehmende, kriegsbedingte Verrohung und Verwahrlosung der Jugendlichen zurückführen ließen, gehörten inzwischen zum Alltag. Zunehmende Aggressivität war eine unvermeidliche Kriegsfolge.

Tante Jänichen und der seltsame junge Herr

Berlin im Frühjahr 1917. Der dritte, bisher härteste Kriegswinter, der als »Kohlrübenwinter« in die Geschichte eingehen sollte, war mehr schlecht als recht überstanden. Die Menschen waren abgemagert und geschwächt. Mangelkrankheiten wie Skorbut entwickelten sich zu Volksleiden, denn die Berliner hatten sich im letzten Winter tatsächlich fast ausschließlich von Kohlrüben ernähren müssen. »Man aß sie als Marmelade zum Frühstück, als Schnitzel zu Mittag und als Gemüse abends. Und in der Nacht wurde einem schlecht«, erinnerte sich die Schauspielerin Tilla Durieux.

Nach einer neuerlichen Kürzung der ohnehin kärglichen Kartoffelration war die Stimmung innerhalb der Bevölkerung schlechter denn je. Dabei richtete sich der größte Zorn gegen die Landwirte, die »Agrarier«, die die Erhöhung des ohnehin kaum noch bezahlbaren Kartoffelpreises zu verantworten hatten. Doch es ging nicht nur um Kartoffeln. Nahezu alle Lebensmittel waren knapp, und oft standen die Frauen vergeblich stundenlang vor den Verkaufsstellen an. Der gewerbsmäßige Schleichhandel hingegen blühte, was zwangsläufig zu weiterer Verbitterung führte. Die angekündigte Herabsetzung der Brotration, die schon jetzt hinten und vorne nicht reichte, drohte das Fass zum Überlaufen zu bringen.

Am 16. April, dem Tag, an dem die Brotration tatsächlich noch einmal gekürzt wurde, kam es in den Berliner Fabriken zu spontanen Arbeitsniederlegungen und Demonstrationen. Noch am gleichen Tag erstattete Polizeipräsident Heinrich von Oppen dem preußischen Innenminister Bericht: »Wie nicht anders erwartet, sind auch einige, wenn auch geringfügige Ausschreitungen vorgekommen. So versuchten etwa 100 bis 150 junge Burschen und Mädchen, darunter auch Schulkinder, in der Münz-, Gips- und Großen Hamburgerstraße einige Geschäfte zu plündern. In etwa 5–6 Bäckerläden wurden die Schaufenster zertrümmert und hierbei Backwaren entwendet. Durch einige schnell herbeieilende Schutzleute wurde der Janhagel [veraltet für Pöbel. Anm. d. Autorin] mit flacher Klinge vertrieben; fünf junge Burschen wurden festgenommen. Vor dem Hause Wilhelmstraße 39 musste bei einem Auflauf von etwa 100 Personen von der Waffe Gebrauch gemacht werden, jedoch fand keine Verletzung statt. Unter den Linden wurde nachmittags beim Zerstreuen eines Zuges von etwa 100 halbwüchsigen Burschen die Schaufensterscheibe des Kaffee ›Dreiwurst‹ neben der Passage eingeschlagen; dem gleichen Schicksal durch einen anderen Zug verfiel das Schaufenster einer Konditorei in der Markgrafenstraße. Die dort ausgestellten Torten wurden entwendet; ein Täter wurde festgenommen. Gegen vier Uhr nachmittags zertrümmerten etwa 150 junge Leute, Burschen und Mädchen, in der Sebastian- und Buckowerstraße die Schaufenster dreier Bäckerläden und führten Waren mit fort. 11 Täter wurden festgenommen. Gegen fünf Uhr wurde von einer Rotte von 80 Menschen, Männer, Frauen und Jugendliche, im Hause Lichtenberger Straße 11 eine Bäckerei durch Zerschlagen des Schaufensters und Entwenden von Brot geschädigt. 2 Täter wurden festgenommen.«

Auch in den folgenden Wochen sollte es immer wieder zu Ausschreitungen und kleineren Demonstrationen kommen. Doch in der Tagespresse war darüber nichts zu lesen. Den scharfen Augen der Zensoren entging nichts.

Am Abend des 12. Mai 1917 war die Portiersfrau aus der Liebenwalder Straße 5 im Bezirk Wedding gerade in die Lektüre des *Berliner Lokal-Anzeigers* vertieft und ärgerte sich über die ihrer Ansicht nach schöngefärbte Kriegsberichterstattung, als sie plötzlich vom Treppenhaus her ein undefinierbares Geräusch, ein eigenartiges Wimmern vernahm. Sie warf einen Blick auf die Uhr. Es war kurz vor acht. Da sie ohnehin gleich nachsehen musste, ob die Haustür abgeschlossen war, legte sie die Zeitung hin und ging hinaus auf den Flur. Sie machte im Treppenhaus Licht und erstarrte vor Schreck. Ihre Nachbarin, die Inhaberin eines Schreibwarengeschäftes, lag blutüberströmt am Treppenabsatz.

»Frau Jänichen, um Himmels willen«, sie kniete sich neben die alte Frau. »Was ist denn passiert?«

Offenbar wollte die Schwerverletzte der Portiersfrau etwas sagen, bekam aber nur mit Mühe einzelne Worte wie »überfallen«, »wollte ausrauben« und »seltsamer junger Mann« heraus.

»Nicht reden, Frau Jänichen«, sagte die Portiersfrau. »Ich hole schnell Hilfe.«

Sie stürzte ins Nebenhaus, das zum Glück noch nicht abgeschlossen war, rannte in die erste Etage hinauf und klingelte den Arzt Dr. Pohl heraus. Dr. Pohl, bereits Besitzer eines Telefons, rief die Polizei und eilte dann ins benachbarte Treppenhaus, um der zweiundsiebzigjährigen Therese Jänichen Erste Hilfe zu leisten. Tante Jänichen, wie sie hier von allen genannt wurde, hatte zwar schwere Verletzungen, konnte aber, wenn auch nur mit schwacher Stimme, dem Arzt den Hergang der Geschehnisse noch schildern. Auf dem Weg ins Krankenhaus erlag sie jedoch ihren schweren Schädelverletzungen.

Die Morgenausgaben der Tageszeitungen vom 13. Mai brachten erste ausführliche Reportagen über die »Schwere Bluttat in Berlin N«, und so erschien bereits früh um acht Uhr eine gute Bekannte der Toten im Büro der Mordkommission, eine gewisse

Frau Haase, die wertvolle Angaben über die näheren Lebensumstände der Frau Jänichen zu machen vermochte.

»Ursprünglich war ja der Herr Jänichen der Inhaber des Schreibwarengeschäfts«, so wusste Frau Haase zu berichten. »Doch nach dem Tod ihres Mannes, er ist gleich in den ersten Kriegswochen gefallen, führte Frau Jänichen den Laden dann zusammen mit ihrem jetzt vierundvierzigjährigen Sohn weiter, mit dem sie auch die Wohnung hinter dem eigentlichen Geschäftsraum teilte. Als auch er seinen Gestellungsbefehl erhielt, stand sie ganz allein mit dem Laden da. Ein Gedanke, der dem stets um seine Mutter besorgten Sohn gar nicht behagte. Aber von irgendetwas musste seine Mutter schließlich leben.« Frau Haase machte eine Pause und seufzte. »Kurz bevor er ins Feld zog«, fuhr sie dann fort, »bat er mich, seiner Mutter wenigstens nachmittags im Geschäft Gesellschaft zu leisten. Da ich die Frau Jänichen sehr mochte und ebenfalls alleinstehend bin, gab ich ihm gern das Versprechen, nachmittags bei seiner Mutter im Geschäft zu bleiben.«

Kommissar Dr. Grünberg horchte auf. »Dann sind Sie also auch gestern Nachmittag bei Frau Jänichen gewesen? Haben Sie bei der Gelegenheit etwas Verdächtiges beobachtet?«

»Deshalb bin ich ja gekommen.«

Dr. Grünberg lehnte sich zurück, verschränkte die Arme und hörte gespannt zu.

»Als ich also gestern Nachmittag bei Therese Jänichen im Geschäft war«, sagte Frau Haase aus, »kam ein junger Mann herein, der mir äußerst verdächtig vorkam. Er konnte mich allerdings nicht sehen, denn ich hielt mich im hinteren Raum, in der Wohnung der Frau Jänichen, auf. Doch die Tür stand so weit offen, dass ich ihn aus meiner Position gut beobachten konnte. Dieser seltsame junge Herr nahm wohl an, er sei mit Frau Jänichen allein im Laden. Jedenfalls ließ er sich Verschiedenes zeigen und suchte schließlich auch etwas aus. Als dann eine weitere Kundin in den Laden kam, sagte er, dass er jetzt einen dringenden Termin habe, später aber wiederkommen würde, um die Ware abzuholen.«

»Und was kam Ihnen an diesem jungen Mann so verdächtig vor?«, wollte der Kommissar wissen.

Frau Haase zuckte mit den Schultern. »Ich weiß nicht, wie ich es ausdrücken soll, aber er benahm sich seltsam. Jedenfalls hatte ich gleich den Eindruck, dass er nichts kaufen wollte, sondern irgendetwas im Schilde führte.«

»Haben Sie mit Frau Jänichen später darüber gesprochen?«

»Ja, natürlich. Ich hatte doch gehört, wie er versprach, die ausgesuchten Sachen im Laufe des Nachmittags abzuholen. Ich sagte zu Tante Jänichen: ›Bis dieser junge Mann wiederkommt, bleibe ich auf jeden Fall noch hier. Der ist mir nicht geheuer. Wer weiß, was der vorhat.‹ Tante Jänichen hat aber abgewinkt und nur geantwortet: ›Ich bitte dich, dein ewiges Misstrauen ist ja geradezu krankhaft. Wer soll mir alten Frau schon etwas tun? Das ist doch lächerlich.‹ Ich war ein bisschen beleidigt und bin dann tatsächlich gegangen. Jetzt mache ich mir natürlich die bittersten Vorwürfe.«

»Dazu besteht kein Grund«, versuchte Dr. Grünberg sie zu beruhigen. »Wären Sie da gewesen, wäre der Täter sicher ein andermal wiedergekommen. Sie konnten ja schließlich nicht den ganzen Tag auf Frau Jänichen aufpassen. Sie haben sich gewiss nichts vorzuwerfen. Aber es wäre schön, wenn Sie diesen Kunden beschreiben könnten.«

Frau Haase vermochte den jungen Mann sogar recht präzise zu beschreiben: »Ich schätze ihn auf etwa fünfundzwanzig Jahre. Er hatte kurzes, blondes Haar und einen außergewöhnlich blassen Teint. Er schien mir auch nicht sehr groß zu sein. Ich kann nicht gut schätzen, aber größer als einssechzig war er bestimmt nicht. Offenbar ist er auch kurzsichtig, denn er trug einen Kneifer. Bekleidet war er mit einem dunkelblauen Jackett, über dem er noch einen bräunlichen Überzieher trug. Auf mich wirkte er wie ein ... ja, wie soll ich es ausdrücken ... wie ein Handlungsgehilfe.«

Nach der Beschreibung, die Frau Haase von dem mutmaßlichen Raubmörder gegeben hatte, wurden umgehend die roten Mordplakate gedruckt und für Hinweise, die zur Ergreifung des Täters führten, wurde eine Belohnung von 1.000 Mark ausgesetzt.

Schneller als erwartet gingen bei der Polizei erste konkrete Hinweise ein: Ein Zeuge wollte gesehen haben, wie sich ein junger Mann, den er zufällig kannte, an einer Wasserpumpe in der Müllerstraße Blut von den Händen gewaschen hatte. Angeblich handelte es sich dabei um einen Drogerielehrling namens Krüger. Die Ermittler waren skeptisch. Reichte eine solche Beobachtung tatsächlich aus, um jemanden des Raubmordes zu verdächtigen? Hatte er sich tatsächlich Blut von den Händen gewaschen, oder waren sie einfach nur schmutzig gewesen? Erst ein zweiter Hinweis auf eben jenen Krüger machte die Beamten hellhörig: Ein Drogist aus der Müllerstraße bezichtigte seinen ehemaligen Lehrling, den siebzehnjährigen Erwin Krüger, der Tat. Die Beschreibung passe haargenau, und zudem sei dem Jungen alles zuzutrauen.

Kurze Zeit später konnte Erwin Krüger in der Wohnung seiner Eltern festgenommen werden. Er leistete keinerlei Widerstand und gestand die Tat sofort ein. »Ich habe die Frau nicht töten wollen, Herr Kommissar, das müssen Sie mir glauben«, beteuerte er unter Tränen. »Ich wollte sie doch nur betäuben, um sie dann berauben zu können, aber doch nicht töten.«

Nicht einmal drei Tage hatte es gedauert, den Täter zu fassen. Strenggenommen handelte es sich bei diesem Fall um einen jener gewöhnlichen Raubmorde oder Raubmordversuche, wie sie während des Krieges nahezu alltäglich waren; Taten, denen die allgemeine Not einen günstigen Nährboden bereitete. Doch in kriminalpsychologischer Hinsicht wies gerade dieser Raubmord interessante Aspekte auf, denn er hatte eine Vorgeschichte:

»Du nichtsnutziger Rotzbengel!«, brüllte der Arbeiter Alfons Scholz seinen Stiefsohn Erwin Krüger an. »Totschlagen sollte man dich. Von dir lasse ich mich nicht beklauen. Von dir nicht. Du machst sofort, dass du wegkommst, hast du mich verstanden? Unter meinem Dach will ich dich in Zukunft nicht mehr sehen.« Scholz zerrte den sich sträubenden Jungen am Arm zur Wohnungstür.

»Raus, habe ich gesagt!«

»Aber meine Sachen, ich brauche doch meine Sachen«, wimmerte Krüger.

»Mach mal die Augen zu, denn siehste was deins is.«

Scholz öffnete die Tür und schob den Jungen hinaus.

»Und ich sage dir, wenn du dich hier noch einmal blicken lässt, passiert ein Unglück«, rief er ihm noch hinterher.

Nun stand Erwin Krüger auf der Straße und wusste nicht wohin. Er irrte durch die Stadt und überlegte, was jetzt aus ihm werden sollte.

Es war Donnerstagmorgen, der 10. Mai 1917.

Gewiss, Erwin Krüger war nie ein Musterknabe gewesen. Schon in der Schule hatte er Probleme gemacht, hatte geschwänzt, gelogen und seine Mitschüler bestohlen, hatte sich herumgetrieben und war manchmal nächtelang nicht nach Hause gekommen. In der Lehre, so hatte er sich vorgenommen, wollte er sich bessern. Doch die guten Vorsätze waren bald vergessen. Er konnte es einfach nicht lassen und unterschlug immer wieder Geld, stahl Waren und verkaufte sie unter der Hand. Ende April war seinem Lehrherrn der Geduldsfaden gerissen, und er hatte ihn hinausgeworfen. Krügers Eltern wussten noch nichts davon. Warum sollte er es ihnen auch erzählen? Sie hielten ihn ohnehin für einen Versager.

Als uneheliches Kind war Erwin Krüger auf der Schattenseite des Lebens groß geworden. Seinen leiblichen Vater hatte er nie kennengelernt. Er wusste nur, dass er in einer Irrenanstalt gestorben war. Krüger war noch keine drei Jahre alt, als seine Mutter heiratete. Doch der Stiefvater hasste das illegitime Kind, »diese Missgeburt«, wie er den Jungen nannte; und auch für die Mutter war das Kind nie mehr als nur ein Klotz am Bein. Geborgenheit und Elternliebe hatte Erwin Krüger jedenfalls nie erfahren.

Nun hatte der Stiefvater seine Drohung tatsächlich wahr gemacht und ihn wegen eines geringfügigen Diebstahls auf die Straße gesetzt. Eine Bestrafung, die unter den gegebenen Umständen durchaus als inhuman bezeichnet werden konnte: Es herrschte Krieg, und Lebensmittel gab es, wenn überhaupt, nur auf Karten. Doch Erwin Krüger bekam als Minderjähriger keine eigenen Lebensmittelkarten. Zudem hatte er nicht einen Pfennig Geld in der Tasche. Wie sollte er überleben?

Freunde, zu denen er hätte gehen können, hatte er keine. Also irrte er durch Berlin. Doch irgendwann übermannte ihn der Hunger. Er musste sich etwas zu essen organisieren. Aber es gab in den Geschäften so wenig, dass es ihm nicht einmal gelang, etwas Essbares zu klauen. Er versuchte es immer wieder, stellte sich jedoch so ungeschickt an, dass er jedes Mal erwischt und davongejagt wurde. Irgendwie musste er sich Geld beschaffen, um wenigstens markenfreie Lebensmittel kaufen zu können. In der ersten Nacht brach er in einer Kleingartenkolonie eine Laube auf, in der er sich häuslich einrichtete. Am Morgen, als ihn der Hunger erneut zu quälen begann, beschloss er, wieder loszuziehen. Vorher sah er sich noch um, ob es hier nicht irgendetwas gab, was er mitnehmen und verkaufen konnte. Etwas wirklich Wertvolles fand er aber nicht. Man müsste jemanden überfallen und ausrauben, dachte er. Eine andere Möglichkeit an Geld zu kommen, sah er nicht. Doch Erwin war von schmächtiger Gestalt. Ihm würde es kaum gelingen, einen erwachsenen Menschen zu überfallen. Selbst eine Frau könnte sich gegen ihn mühelos verteidigen. Ohne Waffe hatte er keine Chance. Da sah er auf einem Schemel einen Hammer liegen, einen kleinen zwar, aber sicherheitshalber nahm er ihn mit. So ein Hammer war immerhin besser als gar keine Waffe.

Natürlich wusste auch Krüger, dass gerade jetzt im Krieg viele Frauen, vor allem ältere, ihre Geschäfte ganz allein führen mussten. Darunter waren zahlreiche Greisinnen, die sich gewiss mit Leichtigkeit überwältigen ließen. So machte er sich auf die Suche nach einer möglichst kleinen und gebrechlichen alten Frau.

In der Liebenwalder Straße fand er dann endlich das passende Opfer: Die zerbrechlich wirkende alte Dame in dem kleinen Schreibwarengeschäft, das er im Auge hatte, führte den Laden offenbar ganz allein. Eine ideale Voraussetzung für einen Raubüberfall.

Am Sonnabendnachmittag betrat er den Laden und gab vor, einige Schreibwaren kaufen zu wollen, ließ sich dies und jenes zeigen und entschied sich dann für ein besonders edeles Briefpapier, Bleistifte, Schreibhefte und Schreibfedern. Doch als eine weitere Kundin den Laden betrat, gab er vor, es eilig zu haben, und bat Frau Jänichen, ihm die Sachen einzupacken. Er käme dann später, um sie abzuholen.

Kurz vor Geschäftsschluss ging Erwin Krüger zurück in die Liebenwalder Straße. Zu seinem Pech war jedoch wieder eine Kundin in dem Geschäft. Mit dem Hinweis, er habe etwas Wichtiges vergessen, verließ er wieder den Laden. Kurz nach sechs Uhr abends, Frau Jänichen hatte schon abgeschlossen und ließ gerade die Jalousien herunter, kam Krüger zurück. Er klopfte an die verschlossene Ladentür. Therese Jänichen öffnete völlig arglos und ließ ihn herein. »Ich habe schon gedacht, Sie kommen nicht mehr«, sagte sie lächelnd. »Ich habe alles in einen Karton gepackt.«

Als sie sich bückte, um den Pappkarton mit den ausgesuchten Schreibwaren unter dem Ladentisch hervorzuziehen, fiel Krüger sie von hinten an und verlangte, sie solle ihm auf der Stelle fünfhundert Mark geben.

»Aber Junge, ich habe doch selbst nichts«, sagte sie und versuchte die Ruhe zu bewahren. »Wo soll ich denn so viel Geld hernehmen?«

Doch Krüger ließ nicht locker. Er brauchte Geld, und zwar auf der Stelle. Die Alte würde schon was rausrücken, wenn er ihr nur richtig Angst machte, dachte er bei sich.

Er warf die Frau zu Boden, kniete sich auf ihren mageren Körper und schlug mit dem Hammer auf sie ein. Aber die alte Frau war kräftiger, als er vermutet hatte. Fast mühelos gelang es ihr, sich zu befreien. Behende sprang sie auf und flüchtete, laut um Hilfe schreiend, in ihr Schlafzimmer und schloss hinter sich die Tür ab. Doch leider hatte die Tür eine Glasscheibe. Krüger schlug sie mit der bloßen Hand ein, griff durch die Scheibe, öffnete die Tür von innen, packte die schreiende Frau und schlug so lange auf sie ein, bis sie reglos am Boden liegenblieb.

Aus Angst, Mieter des Hauses könnten durch ihr Schreien aufmerksam geworden sein, durchsuchte er Wohnung und Laden nur oberflächlich nach Geld, raubte aus der Ladenkasse zwanzig Mark und flüchtete.

Krüger war maßlos enttäuscht, hatte er doch gehofft, viel mehr als nur lumpige zwanzig Mark erbeuten zu können. Dass er damit nicht weit kommen würde, war ihm klar. Erst als er in der Müllerstraße war, bemerkte er, dass er sich beim Zerschlagen der Glasscheibe die Hände aufgeschnitten hatte. Er ging an eine Wasserpumpe, wusch sich das Blut ab und verband die Hand mit seinem Taschentuch.

Jetzt musste er überlegen, wie es weitergehen sollte. Doch weil er es vor Hunger nicht mehr aushielt, suchte er zunächst ein Lokal in der Müllerstraße auf, in dem er ein lebensmittelmarkenfreies Gericht bestellte. Danach schlenderte er noch durch die Stadt und mietete sich, als er müde wurde, für zwei Mark fünfzig ein Zimmer in einem Hotel in der Elsasser/Ecke Chausseestraße. Am Sonntagmorgen ging er in ein Café am Oranienburger Tor und bestellte sich vier Stück Torte. Anschließend fuhr er mit dem Zug nach Königs Wusterhausen, von wo aus er sich auf einen längeren Fußmarsch begab, um eine Familie in Töpchin aufzusuchen, bei der er als Achtjähriger einmal in den Ferien zu Besuch gewesen war. Er half ein wenig im Garten und durfte sogar über Nacht bleiben. Am Montagmorgen fuhr er zurück nach Berlin, und da er nicht wusste wohin, kehrte er wieder in die elterliche Wohnung zurück. Seine Mutter, die längst in der Zeitung von der Bluttat gelesen hatte, sagte ihm den Mord auf den Kopf zu, ging aber nicht zur Polizei. Auch der Stiefvater verhielt sich eigenartig: Obwohl er den Jungen wegen eines vergleichsweise belanglosen Diebstahls vor ein paar Tagen noch hinausgeworfen hatte, beließ er es jetzt bei der bloßen Drohung, ihn anzuzeigen. Das war auch nicht nötig, denn eine Stunde später wurde Krüger verhaftet. Im Abschlussbericht der Kriminalpolizei hieß es: Erwin Krüger »machte den Eindruck eines vollkommen gebrochenen Menschen und weinte fast unaufhörlich.«

Der Siebzehnjährige wurde zu sechs Jahren und zwei Wochen Gefängnis verurteilt.

Vollrausch

Mitte August des Jahres 1918 machten gleich drei schwere Kapitalverbrechen – alle Opfer waren Inhaber von Lokalen – in Berlin Schlagzeilen. So war ein Schankwirt in der Karlstraße einem Raubmord zum Opfer gefallen, ebenso eine Schankwirtin in der Linienstraße 63, und nur wenige Tage später wurde ein paar Häuser weiter wieder eine Schankwirtin Opfer eines brutalen Überfalls: Die Witwe Elsbeth Sonnenburg war eine jener Frauen, die während des Krieges unversehens die Rolle ihrer Männer übernehmen mussten. Vor zwei Jahren war ihr Ehemann, der Inhaber der »Deutschen Kneipe« in der Linienstraße 43, während eines Heimaturlaubs in Berlin an »einem Leiden, das er sich auf dem Felde zugezogen hat«, wie es der *Berliner Lokal-Anzeiger* in seiner Ausgabe vom 27. August 1918 formulierte, plötzlich verstorben. Kurz entschlossen hatte Elsbeth Sonnenburg, deren einzige Existenzmöglichkeit das Lokal war, eine Wirtschafterin eingestellt und es weitergeführt.

Am frühen Abend des 18. August 1918 war das Lokal, wie auch schon an den Abenden zuvor, leer. Der strömende Regen, der anscheinend gar nicht mehr aufhören wollte, wirkte sich geschäftsschädigend aus.

So war es für die Wirtin und ihre Wirtschafterin, die fünfundzwanzigjährige Käthe »Käthchen« Stein, eine willkommene Abwechslung, als gegen halb sieben ein völlig durchnässter Feldgrauer, ein Gefreiter des 24. Infanterie-Regiments, die Wirtschaft betrat. Die Sonnenburg schenkte dem unerwarteten Gast zunächst kaum Aufmerksamkeit und murmelte nur ein misslauniges: »N´Abend«. Erst auf den zweiten Blick erkannte sie in dem Soldaten den Schlächtergesellen Paul Schoff, einen alten Freund ihres Mannes, mit dem sie schon so manche Nacht durchgemacht hatten. Nun begrüßte sie ihn herzlich und lud ihn ein, für diesen Abend ihr Gast zu sein, stellte Wein auf den Tisch, und unter dem Motto »Weeßte noch ...« setzten sie sich zu dritt an den Stammtisch im Hinterzimmer. Die Sonnenburg und Schoff begannen Erinnerungen aufzufrischen, während das unbedarfte Käthchen staunend zuhörte. Es wurde viel gelacht an diesem Abend und noch mehr getrunken. Kommissar Ernst Gennat schrieb später in seinen Bericht, im Hinterzimmer habe sich »eine Orgie tollster Art abgespielt«. Nach Gennats Angaben hatten die drei zwei Flaschen Wein, zwei Flaschen Sekt und pro Person acht bis zehn Cognacs getrunken.

In dieser launigen Stimmung schlug die Sonnenburg ihrem Gast plötzlich vor, ins Kino zu gehen. Paul willigte ein, und Käthchen hatte nichts dagegen, alleine im Lokal zu bleiben. Es war sowieso nichts los, und besonders ängstlich war sie ohnehin nicht. Die Sonnenburg nahm das Geld aus der Kasse hinter dem

Schanktisch und verstaute es in einer gesonderten Geldbörse in ihrer Handtasche. Dann verließ sie, gut gelaunt und reichlich beschwipst, zusammen mit ihrem Gast das Lokal, kam aber gleich noch einmal zurück, um ihren Mantel mitzunehmen, den sie vergessen hatte.

Käthchen blieb allein zurück und hoffte, dass doch noch ein Gast kommen würde, der ihr die Zeit vertrieb. Doch auch als der Regen etwas nachgelassen hatte, kam niemand. Sie blätterte gerade alte Zeitungen durch, als plötzlich jemand die Tür öffnete. Erwartungsvoll sah Käthchen auf, stieß einen kurzen Schrei aus und schlug die Hand vor den Mund.

»Was ist denn passiert?«, rief sie erschrocken aus.

Mit blutüberströmtem Gesicht wankte Elsbeth Sonnenburg in das Lokal und brach dann zusammen.

Käthchen holte sofort einen Arzt herbei und alarmierte die Polizei. Die schwer verletzte Sonnenburg wurde ins Krankenhaus am Friedrichshain gebracht. Ihr Zustand war bedenklich, ihre Überlebenschance gering und an eine Vernehmung nicht zu denken.

Wenig später erschien der Chef der Kriminalpolizei, Oberregierungsrat Hans Hoppe, begleitet von Kommissar Ernst Gennat in der Linienstraße.

»Sie sagen, Frau Sonnenburg sei mit einem Bekannten ins Kino gegangen. Kennen Sie den Namen dieses Bekannten?«

»Nur den Vornamen. Sie hat ihn Paul genannt. Er war ein Freund ihres verstorbenen Mannes.«

»Können Sie ihn beschreiben?«

Käthchen zuckte mit den Schultern. Sie habe ein sehr schlechtes Personengedächtnis und erinnere sich nur, dass es sich um einen Feldgrauen gehandelt habe. Über seinen Rang oder das Regiment, in dem er diente, könne sie allerdings nichts sagen.

»Und wo befindet sich die Wohnung von Frau Sonnenburg?«, wollte Gennat wissen.

»Hier im Haus«, erklärte Käthchen Stein. »Gleich über dem Lokal.«

Unverzüglich begaben sich die Beamten in die erste Etage, und zu ihrer Verwunderung stand die Wohnungstür einen Spalt of-

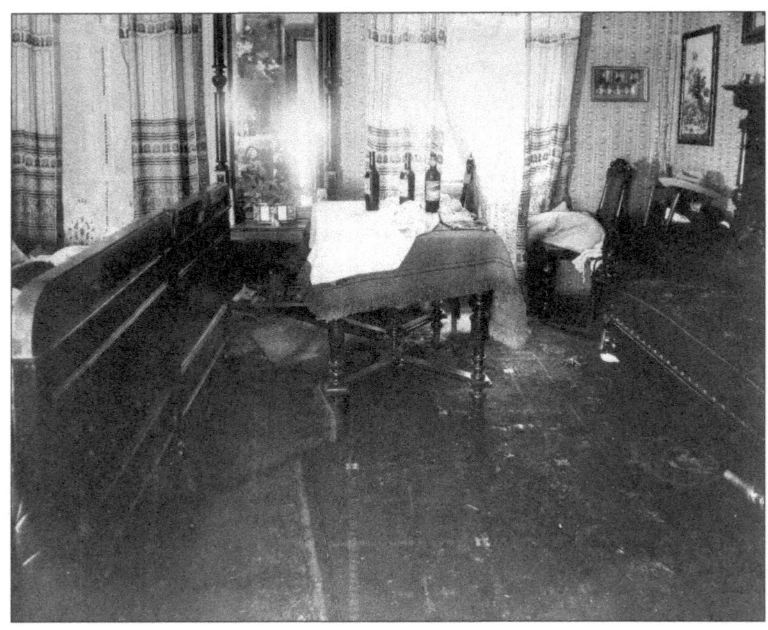

Das Mordzimmer in der Linienstraße 43

fen. Vorsichtig traten Hoppe und Gennat ein. Die Wohnung bestand nur aus einem Raum. Ein flüchtiger Blick genügte Gennat, um zu begreifen, dass die Frau Opfer eines Raubüberfalls geworden war. Die Schublade des Vertikos, das gleich links neben der Tür stand, war offen und durchwühlt. Am Boden lag eine leere Geldbörse. Auf dem Tisch vor dem Fenster standen zwei Gläser, drei leere Weinflaschen, eine vierte war angebrochen. Auf den Holzdielen vor dem Tisch waren deutlich Blutspuren auszumachen. Offenbar war Frau Sonnenburg in ihrer Wohnung niedergeschlagen worden und nicht etwa auf dem Heimweg vom Kino, wie zunächst angenommen.

»Ich fresse jeden Besen, dass die Sonnenburg mit diesem Feldgrauen überhaupt nicht im Kino gewesen ist«, meinte Gennat und wies mit einer Handbewegung auf die Weinflaschen. »Wenn Sie mich fragen, dann hat sie ihn mit hier heraufgenommen, und sie haben sich betrunken ...«

Oberregierungsrat Hoppe nickte zustimmend.

»... und dann ist er über sie hergefallen und hat sie beraubt. Nun müssten wir nur noch wissen, wieviel Geld in der Börse war.«

Wie durch ein Wunder erwachte die Sonnenburg nach einigen Tagen aus dem Koma und konnte am 27. August sogar vernommen werden. Wenn auch noch etwas benommen, so konnte sie doch den Verlauf des Abends recht präzise schildern.

Es war tatsächlich so, wie Gennat schon vermutet hatte. Sie war mit ihrem Bekannten, einem gewissen Paul Schoff, gar nicht im Kino gewesen. Als Käthchen kurz in der Küche war, hatte sie ihm vorgeschlagen, mit in ihre Wohnung zu gehen, womit er sich sofort einverstanden erklärte. Da es ihr Käthchen gegenüber aber peinlich war, gab sie vor, sie wollten noch ins Kino gehen. Dann nahm sie das Geld aus dem Tresen und steckte es in ein speziell dafür vorgesehenes Portemonnaie.

»Ist Fräulein Stein das denn gar nicht seltsam vorgekommen, dass Sie das Geld mitnahmen, obwohl Sie doch ins Kino wollten?«, wunderte sich der Kommissar.

»Nee«, sagte die Sonnenburg. »Die is so doof, die merkt nischt.«

»Dann sind Sie aber noch einmal zurückgegangen und haben ihren Mantel geholt. Fürchteten Sie also doch, Fräulein Stein könnte Verdacht schöpfen?«

»Nein. Das mit dem Mantel war nur ein Vorwand. Ich habe, ohne dass Käthchen es merkte, noch vier Flaschen Wein mitgenommen. Dann bin ich mit Schoff nach oben in meine Wohnung. Ich habe das Portemonnaie in die Schublade meines Vertikos gelegt, wir haben uns hingesetzt und uns unterhalten, und als ich gerade die vierte Flasche Wein auf den Tisch stellte, ist Schoff aus heiterem Himmel über mich hergefallen und hat mit seinem Seitengewehr auf mich eingeschlagen. Ich muss dann gleich das Bewusstsein verloren haben.«

»Dann hat dieser Schoff das Geld aus dem Vertiko gestohlen und ist geflüchtet«, ergänzte Kommissar Gennat. »Wieviel Geld war denn in der Geldbörse?«, fragte er nach einer Pause.

»Fünftausend Mark.«

Gennat schaute die Sonnenburg verblüfft an.

»Das ist eine Menge Geld. Sie sagten doch, Ihr Lokal läuft im Moment sehr schlecht.«

»Ja. Aber ich war längere Zeit nicht mehr auf der Bank. Ich traue den Banken nicht, wissen Sie.«

Gennat brummte nur eine unverständliche Antwort. Im Augenblick blieb ihm nichts weiter übrig, als sich mit dieser Erklärung zufrieden zu geben.

Von den Militärbehörden erfuhr die Polizei schließlich, dass der siebenundzwanzigjährige Schoff für vierzehn Tage von seinem Regiment beurlaubt worden sei und sich vermutlich im Haus seiner Eltern in Oranienburg aufhielt.

Umgehend fuhr Gennat nach Oranienburg, wo er den gesuchten Schoff tatsächlich bei seinen Eltern antraf. Widerstandslos ließ er sich festnehmen und gestand die Tat sofort ein. An Einzelheiten könne er sich aber nur noch dunkel oder gar nicht mehr erinnern, erklärte er, denn er sei sinnlos betrunken gewesen und habe wohl im Vollrausch gehandelt.

Schoffs Beteuerung, dass er Elsbeth Sonnenburg nur betäuben, nicht aber töten wollte, kaufte Gennat ihm nicht ab, denn sie kannte ihn ja gut und hätte ihn jederzeit identifizieren können. Zwar hatte ihn auch die Wirtschafterin gesehen, doch die hatte ja geglaubt, beide seien ins Kino gegangen. Also hätte der Täter durchaus ein Fremder, ein Einbrecher, sein können.

Für die Ermittler war der Fall mit Schoffs Geständnis allerdings noch längst nicht abgeschlossen. So galt es jetzt herauszufinden, ob Schoff schon mit Mord- oder Raubabsichten in das Lokal gekommen war, oder ob ihm der Gedanke erst kam, als er sah, wie die Sonnenburg das Geld im Vertiko verwahrte. Schoffs Aussage ließ darüber keinerlei Schlüsse zu. Er berief sich hartnäckig auf seinen Vollrausch. Zudem musste festgestellt werden, wo die 5.000 Mark geblieben waren, die Schoff angeblich gestohlen hatte, denn bei seiner Festnahme hatte er lediglich 1.300 Mark bei sich.

Schoff blieb bei seiner Aussage: Was nach der Tat geschehen sei, daran erinnere er sich beim besten Willen nicht mehr. Er wisse nur noch, dass er völlig betrunken aus dem Haus gewankt sei und auf irgendeinem freien Platz in der Nähe geschlafen habe. Auf welchem Platz, vermochte er allerdings nicht zu sagen, und wo sein Seitengewehr geblieben sei, wisse er auch nicht. Beim

Der siebenundzwanzigjährige Schlächter Paul Schoff gestand die Tat.

Erwachen habe er sich nur noch dunkel an seinen Besuch in der Linienstraße erinnert. Er sei in Berlin umhergelaufen, habe dann sein Gepäck vom Schlesischen Bahnhof geholt und sei am Nachmittag zu seinen Eltern gefahren.

Schoff gab auch zu, die Sonnenburg bestohlen zu haben, behauptete aber, in der Geldbörse hätte er nur rund 1.500 Mark vorgefunden.

Sowohl Ernst Gennat als auch Hans Hoppe hegten starke Zweifel an Schoffs Aussage, auch die Erinnerungslücke nahmen sie ihm nicht ab. So hielten sie es für unwahrscheinlich, dass Schoff die Nacht im Freien verbracht hatte, denn die Nacht war ausgesprochen kalt gewesen, und eine Übernachtung im Freien wäre kaum ohne Folgen geblieben.

Die Ermittlungen gingen also weiter. Mit Erfolg: Tatsächlich gelang es der Kriminalpolizei zu ermitteln, wo Schoff in jener Nacht wirklich gewesen war. Unmittelbar nach der Tat hatte er eine Bekannte in der Elbinger Straße aufgesucht, eine gewisse Frau Bohlen, die zufällig auch eine flüchtige Bekannte der überfallenen Schankwirtin war. Die Bohlen bestritt zwar zunächst, dass Schoff in der Nacht zu ihr gekommen sei, sagte dann aber doch Folgendes aus:

Mitten in der Nacht habe Schoff bei ihr geklingelt. Sie sei im ersten Augenblick erschrocken gewesen, weil er stark mit Blut besudelt war. Er habe ihr daraufhin erklärt, er komme direkt aus dem Felde und habe keine Gelegenheit mehr gehabt, sich »was Sauberes« anzuziehen. Sie habe sich mit dieser Erklärung zufrieden gegeben und ihm erlaubt, sich zu waschen.

»Sie haben Schoff also in Ihrer Wohnung übernachten lassen?«

»Ja. Was sollte ich denn machen? Er konnte ja schließlich nicht ohne Hose auf die Straße.«

Der Kommissar sah die Bohlen fragend an.

»Seine Hose war doch auch voller Blut«, erklärte sie. »So konnte er ja schließlich nicht rumlaufen.«

»Die mit Blut besudelte Hose haben Sie ihm also gewaschen?«

»Natürlich nicht ganz. Nur die Blutflecken habe ich ausgewaschen.«

»Hatte er sein Seitengewehr bei sich, als er zu Ihnen kam?«

»Nein. Er hatte kein Gewehr.«

»Und wie lange ist er geblieben?«

»Gegen acht Uhr am nächsten Morgen ist er wieder gegangen. Für die Übernachtung hat er mir noch 200 Mark gegeben.«

Schoff hatte also nicht im Freien übernachtet, sondern war gleich nach der Tat in die Elbinger Straße gegangen. So sinnlos betrunken, wie er behauptete, konnte er also nicht gewesen sein.

Da war aber noch etwas: Die Sonnenburg hatte angegeben, in der Geldbörse im Vertiko seien 5.000 Mark gewesen. Bei Schoff wurden aber nur etwa 1.300 Mark gefunden. Der Bohlen hatte er, wie er zugab, 200 Mark gegeben. Was war mit dem restlichen Geld geschehen? Schoff jedenfalls blieb bei der Behauptung, nicht mehr als 1.500 Mark erbeutet zu haben. Wenn die Angaben der Sonnenburg stimmten, dann fehlte eine beträchtliche Summe. Hatte er sie etwa der Bohlen zur Aufbewahrung gegeben? Die jedenfalls bestritt das, und eine Haussuchung blieb erfolglos.

Hatte die Sonnenburg über die Höhe des gestohlenen Betrags vielleicht absichtlich falsche Angaben gemacht? Weder für die eine noch für die andere These gab es Beweise.

Die Tatwaffe, Schoffs verlorengegangenes Seitengewehr, wurde im Übrigen nie gefunden.

Paul Schoff wurde den Militärbehörden zur Aburteilung übergeben. Das Urteil geht aus den vorhandenen Akten nicht hervor.

Tödliche Geschäfte

»Seit der letzten Berichterstattung hat sich an der Stimmung der Bevölkerung, die nach wie vor eine äußerst gedrückte ist, nichts geändert. Abgesehen von der immer mehr zunehmenden Lebensmittelknappheit, die kurz über lang zu unhaltbaren Zuständen führen wird, wirkt die grenzenlose Bewucherung der Bevölkerung durch einige Interessenten äußerst erbitternd«, meldete Kriminalschutzmann Schneider am 15. März 1918 der Abteilung VII des Polizeipräsidiums.

Schneider hatte richtig beobachtet. Schwarzhändler, Schieber und Wucherer machten glänzende Geschäfte und beherrschten das Wirtschaftsleben tatsächlich in beunruhigendem Maße. Andererseits lebten sie aber auch gefährlich, wie der folgende Fall zeigen wird.

In den frühen Morgenstunden des 23. März 1918 wurde die Mordbereitschaft, an deren Spitze auch diesmal wieder Kommissar Gennat stand, in den Wedding gerufen. Vor dem Haus Brüsseler Straße 21 war ein etwa 60-jähriger Mann erschossen aufgefunden worden. Ein Hut, der ein Einschussloch aufwies, sowie eine Patronenhülse aus einer 9 mm Parabellum Militärpistole, die im Übrigen als »vorschriftsmäßige Waffe für die Offiziere der deutschen Armee« eingeführt worden war, lagen neben der Leiche. Ein Raubmord konnte von vornherein ausgeschlossen werden, denn der Tote hatte noch alle Wertsachen und auch seine Brieftasche mit mehreren Geldscheinen und Ausweispapieren bei sich. Bei dem Toten handelte es sich um einen gewissen Fürchtegott Hohmann, wohnhaft in der Brüsseler Straße 26.

Tatzeugen gab es keine. Allein die Mieterin der Erdgeschosswohnung der Hauses Nr. 21 hatte in der Nacht gehört, wie sich zwei Männer lautstark vor ihrem Fenster stritten. Den Wortlaut

Am Morgen des 23. März 1918 wurde vor dem Haus Brüsseler Straße 21 ein Toter gefunden.

des Streites hatte sie allerdings nur bruchstückhaft vernommen, doch meinte sie, Worte wie »Lump«, »Betrüger«, »Halsabschneider«, »Blutsauger« und dergleichen Beschimpfungen verstanden zu haben. Sie habe auch den Schuss gehört, verständlicherweise aber nicht gewagt, das Fenster zu öffnen und nachzusehen, was geschehen war.

Die Befragungen der Mieter des Hauses Brüsseler Straße 26 allerdings brachten Interessantes zutage. In der letzten Zeit hatten sich offenbar eine ganze Reihe von Leuten, aus welchen Gründen auch immer, für Hohmann interessiert. Seinen Nachbarn waren in der letzten Zeit, besonders abends, immer wieder verdächtige Personen aufgefallen, die offensichtlich beabsichtigten, Hohmann auszuspionieren. So hatten gleich mehrere Mieter des Hauses zwei Tage vor dem Mord beobachtet, wie zwei Männer und eine Frau Hohmann ins Haus nachschlichen und das Namensschild an der Tür mit einem Streichholz beleuchteten, so als wollten sie ganz sicher gehen, sich auch nicht geirrt zu haben. Ein anderer Mieter sagte aus, ein Unbekannter habe ihn am Sonntag vor dem Mord über Hohmann regelrecht ausgefragt. Dem Zeugen kam dies schon verdächtig vor, weil sich der Fremde besonders dafür interessierte, ob Hohmann allein lebe oder ob ihm jemand den Haushalt führte.

Doch alle diese Zeugenaussagen waren viel zu unpräzise, als dass sie die Polizei hätten weiterbringen können, denn niemand konnte eine verwertbare Personenbeschreibung geben.

Nun hofften die Beamten, in Hohmanns Wohnung auf Hinweise zu stoßen, die auf den oder die Täter hindeuteten. Die ersehnten Hinweise fanden sie zwar nicht, sie machten aber dennoch eine höchst interessante Entdeckung: Die äußerst spärliche Einrichtung bestand aus nicht viel mehr als einem Aktenregal, vollgestopft mit Prozessakten und Schriftstücken aller Art, die einstweilen sichergestellt wurden, sowie einer Kiste mit anscheinend selbstgekochten Seifenstücken, die Hohmann wohl auf dem Schwarzen Markt verkaufte. Bargeld war in der Wohnung indes nicht vorhanden.

Wer war dieser Fürchtegott Hohmann? Die Überprüfung ergab, dass Hohmann bei der Polizei ein guter Bekannter mit beeindruckendem Vorstrafenregister war. So hatte er wegen gewerbsmäßigen, verbotenen Glücksspiels und Betruges und einiger anderer Delikte schon mehrere Jahre im Gefängnis gesessen. Die Ermittlungen brachten ebenso ans Licht, dass Fürchtegott Hohmann im Laufe des letzten Jahres häufig seine Wohnung gewechselt hatte. In der Brüsseler Straße 26 wohnte er erst seit dem 1. März 1918, und von hier aus betrieb er einen regen Schleichhandel mit Fleisch und anderen Lebensmitteln, mit gestohlenen Brot- und Lebensmittelkarten. Vornehmlich bot er seine Waren in Lokalen an, wobei er immer wieder in heftigen Streit mit seinen Kunden geriet; denn die Preise, die er verlangte, waren geradezu unverschämt – Wucherpreise eben. Darüber hinaus verstand er es auch noch äußerst geschickt, seine Kunden übers Ohr zu hauen. Kurzum, er war genau das, was man in jener Zeit einen Wucherer nannte. Doch nicht jeder war bereit, sich von ihm betrügen zu lassen.

Den ersten verwertbaren Hinweis erhielt die Mordkommission endlich von den zuständigen Revierpolizeibeamten, die in der Regel über allen möglichen Klatsch und Tratsch in der Nachbarschaft bestens unterrichtet waren: Hohmann hatte, so wussten sie zu berichten, einen erbitterten Feind, wenn nicht gar einen Todfeind, den Fräser Otto Siewert. War an diesem Gerücht etwas dran? Und weshalb hatte Siewert einen derartigen Zorn auf Hohmann?

Otto Siewert und Fürchtegott Hohmann führten zahlreiche Zivil- und Strafprozesse gegeneinander. Siewert hielt seinen Kontrahenten für einen skrupellosen Betrüger, dem endlich das Handwerk gelegt werden, ja der vernichtet werden müsse. Selbst in aller Öffentlichkeit machte Siewert kein Hehl aus seiner unbändigen Wut gegen Hohmann. In seiner Stammkneipe sollte er immer wieder »handfeste Männer« gesucht haben, die bereit waren, Hohmann gegen Entgelt einen Denkzettel zu verpassen. »Der müsste mal so richtig die Jacke voll kriegen!«, schimpfte er. Dass Siewerts Hass auf Hohmann für letzteren in der Tat bedrohliche Ausmaße annahm, bekundeten gleich mehrere Zeugen. So sollte Siewert einmal geäußert haben, er habe nun endlich jemanden gefunden, einen großen strammen Menschen, der den Hohmann für drei Mark gebührend verdreschen würde. Doch verprügeln heißt noch lange nicht ermorden. Einem anderen Zeugen gegenüber hatte er einmal geäußert, »es könne kosten, was es wolle, wenn es ihm gelänge, Hohmann zu vernichten«. Siewert hatte sogar versucht, einen Schlachtergesellen namens Kulicke für Geld anzuheuern, Hohmann eine gehörige Tracht Prügel zu verpassen. Doch Kulicke, der wegen schwerer Körperverletzung bereits mehrere Gefängnisstrafen verbüßt hatte, winkte ab. Er hatte einstweilen genug vom Knast. Einem ebenfalls nicht gerade unbescholtenen Möbelträger machte Siewert das gleiche Angebot, aber auch dieser ging nicht darauf ein.

Siewert jedoch, der meinte, Hohmann müsse »mal ordentlich eins auf die Schnauze kriegen«, ließ nicht locker, und schließlich fand er tatsächlich zwei Komplizen. Mit ihrer Hilfe kundschaftete er aus, dass Hohmann in der Lütticher Straße 3 wohnte, was letzterem allerdings nicht verborgen blieb. Hohmann fühlte sich von Siewert bedroht und wechselte die Wohnung. Doch es sollte ihm nichts nützen: Auch seine neue Adresse, Brüsseler Straße 26, fand Siewert schnell heraus. Er und seine Komplizen waren es also, die in der letzten Zeit immer wieder in der Nähe von Hohmanns Wohnung aufgefallen waren.

Siewert wurde umgehend vernommen, doch er bestritt energisch, etwas mit dem Mord zu tun zu haben. Die Kriminalpolizei hatte jedoch ihren letzten Trumpf noch nicht ausgespielt: Aus »zuverlässiger Quelle« wusste sie, dass Siewert im Besitz einer Parabellum-Pistole war, einer solchen, wie sie zur Tat benutzt worden war. Das reichte, um bei Siewert eine Haussuchung durchzuführen. Die Beamten fanden zwar keine Pistole, dafür aber das Lederfutteral einer Parabellum sowie Munition, die mit der Kugel und der Hülse, die am Tatort gefunden worden war, übereinstimmte. Angesichts dieser Umstände wurde Siewert vorläufig festgenommen. Doch dieser bestritt seine Täterschaft nach wie vor und verweigerte ansonsten jede Aussage.

Erst nach und nach gab Siewert seinen Widerstand auf und gestand schließlich doch ein, eine solche Waffe besessen zu haben. Er habe sie, so behauptete er, von einem unbekannten Soldaten für 30 Mark erworben, sie ihm aber später für 25 Mark wieder zurückverkauft, da sie defekt gewesen sei. Kommissar Gennat glaubte ihm kein Wort; denn die Tatumstände sprachen gegen den Verdächtigen: Wie aus dem Einschuss und dem Austritt der Kugel hervorging, musste der Täter außergewöhnlich klein gewesen sein, und ausgerechnet Siewert war nur einsneunundfünfzig groß. Zudem wurde er von einem Schutzmann, der in der Mordnacht in unmittelbarer Nähe des Tatortes Streife lief, als der Mann erkannt, der ihm, kurz nachdem die Schüsse gefallen waren, begegnete.

Noch immer ungeklärt war indes die Frage nach Siewerts Komplizen. Waren seine beiden Söhne oder vielleicht sogar seine Ehefrau in das Verbrechen verwickelt? Otto Siewert schwieg.

So wurde Siewerts Ehefrau den Zeugen gegenübergestellt, die ausgesagt hatten, dass unter den Leuten, die Hohmann in der letzten Zeit ausspionierten, auch eine Frau gewesen sei. Das Ergebnis war eindeutig: Die Frau, die von Zeugen gesehen worden war, war nicht mit Frau Siewert identisch. Blieb noch Otto Siewerts Sohn Alfred, der für die Tatnacht kein Alibi vorweisen konnte. Unter dem Verdacht der Mittäterschaft wurde er ebenfalls in Haft genommen.

Erst als Siewert bewusst wurde, in welchem Maße seine Familie in den Fall hineingezogen wurde, legte er am 28. März 1918 ein Geständnis ab.

Zwei Arbeitskollegen waren es, die Siewert angeheuert hatte, die Fräser Fritz Kurz und Paul Großklaus. Gegen ein Uhr morgens, sagte Siewert aus, hatten sie Hohmann in der Brüsseler Straße abgefangen. Den tödlichen Schuss gab Kurz ab, während Großklaus Schmiere stand. Siewert beschränkte sich darauf, den skrupellosen Wucherer unmittelbar vor der Tat noch ein letztes Mal übel zu beschimpfen.

Otto Siewert und sein Arbeitskollege, der Fräser Kurz, wurden wegen Mordes angeklagt, Großklaus wegen Beihilfe zum Mord. Die Urteile sind nicht bekannt.

Die zwanziger Jahre ohne Gold

Der wirtschaftliche Absturz nach dem Ersten Weltkrieg trieb große Teile der Bevölkerung unaufhaltsam der Verelendung entgegen. Mehr und mehr stumpften die Menschen ab. Der Rechtsanwalt Dr. Dr. Erich Frey, seinerzeit nicht nur der populärste, sondern auch der erfolgreichste Strafverteidiger Berlins, schrieb über die Zeit um das Jahr 1921: »Der Krieg hatte nicht nur Millionen von Menschen verschlungen oder zu Krüppeln gemacht, er hatte auch die Seelen verwundet, manche völlig entstellt und verheert. Die Zahl der Verbrechen stieg ins ungeheure. Hunderttausende, die aus dem Kriege heimgekehrt waren, fanden nicht wieder zurück in ein geordnetes Leben. Hunderttausende fanden keine Arbeit und konnten sich nicht wieder an geregelte Arbeit gewöhnen. Riesig war die Zahl derer, die aus Haltlosigkeit oder auch aus Not das Gesetz brachen.«

Schlechter denn je waren auch die Wohnverhältnisse: 70 % der Wohnungen, in einigen Bezirken sogar 80 %, verfügten über nur zwei Räume mit Küche. Auch an den sanitären Verhältnissen hatte sich seit der Kaiserzeit kaum etwas geändert. Im Gegenteil: Der Verfall war kaum noch aufzuhalten. Weder Stadtverwaltung noch Hausbesitzer besaßen die nötigen Mittel, um auch nur die dringendsten Reparaturen ausführen zu lassen.

Noch immer lebten zahllose Familien in viel zu kleinen Wohnungen, die sie, um die Miete zahlen zu können, mit Untermietern und Schlafgängern, den sogenannten Schlafburschen, teilen mussten. Andere konnten die Miete inzwischen überhaupt nicht mehr aufbringen und hausten, obwohl es strenggenommen illegal war, notdürftig in Lauben oder Baracken am Stadtrand.

Infektionskrankheiten wie Tuberkulose wurden zur Volksplage, und 1922 starben 7.674 Menschen infolge einer Grippeepidemie. Die Mittel der Krankenhäuser und Pflegeanstalten wurden von staatlicher Seite empfindlich gekürzt. Auch die öffentlichen Fürsorgeeinrichtungen mussten wegen der leeren Kassen ihre Leistungen mehr und mehr einschränken.

Die Zahl der Selbstmorde stieg erschreckend. Allein von September bis Dezember 1922 schieden 502 Menschen freiwillig aus dem Leben.

Am bedrückendsten wirkte sich das Elend auf Kinder, Alte und Alleinstehende aus. Unterernährung und unzureichende Kleidung prägten ihr Leben. Hungerödeme waren keine Seltenheit mehr. Ebenfalls 1922 wurden in Berlin acht Hungertodesfälle nachgewiesen: vier Männer und vier Frauen, alle alleinstehende Almosenempfänger.

Unter Druck gerieten jetzt auch die privaten Wohlfahrtseinrichtungen, denn die Spenden flossen, bedingt durch die unsichere wirtschaftliche Lage und die steigenden Steuerlasten, nur noch spärlich. Und diejenigen, die noch etwas hätten geben können, sahen einfach weg. »Vom Tisch der Reichen fällt nichts ab«, sagte man.

Kennzeichnend für die Not war die ständige Überfüllung des Obdachlosenasyls in der Fröbelstraße in Prenzlauer Berg. Hier genügen einige Zahlen, um das Elend anschaulich zu machen. Beherbergte das Obdachlosenasyl 1918 ca. 13.000 Einzelpersonen, so waren es 1921 schon 710.000 und 1922 mehr als 782.000. Noch eindringlicher wird das Bild beim Vergleich der monatlichen Zahlen: Im Januar 1918 waren es noch 1.679, im Januar 1921 schon 69.780, im Januar 1922 bereits 78.263 und im Januar 1923 116.574 Übernachtungen. Und das Heer der Bettler wuchs ständig.

Am interessantesten für die Kriminalpolizei war die sogenannte Hausbettelei, die oft in engem Zusammenhang mit einem Verbrechen stand. Die »Hausbettler« durchzogen die besseren Wohnviertel, vorzugsweise in Charlottenburg, Wilmersdorf, Schöneberg oder Tiergarten, und erbettelten an der Tür eine »milde Gabe«, Butterbrote, abgelegte Wäsche, Kleider oder Schuhe. So mancher Mieter war sogar froh, die alten Sachen loszuwerden, und gab manchmal reichlich. Im Obdachlosenasyl, in der »Münzglocke«, der Diebesbörse in der Münzstraße, oder im »Café Dalles«, dem Hauptverkehrslokal der Berliner Unterwelt, wurde die Beute in der Regel verkauft oder getauscht: Ein alter Anzug gegen eine Schinkenstulle, ein Paar Schuhe gegen Zigaretten.

Nicht selten wurden die Bettler von mitfühlenden Menschen in die Wohnung gelassen, um sie für ein kleines Salär einfache Arbeiten verrichten zu lassen oder ihnen einen Teller Suppe zu geben. Sie gewährten ihnen so völlig unbeabsichtigt Einblick in ihre Wohn- und Lebensverhältnisse, ohne jedoch zu ahnen, welche Gefahren von der Hausbettelei mitunter ausgingen. Immer wieder nutzten die Bettler die Gelegenheit, ihre Wohltäter auszukundschaften, um später einen lohnenden Einbruch oder Raubüberfall verüben zu können. Wollte man das Ding nicht selber drehen, dann ließ sich so ein Tipp, in den einschlägigen Kreisen »Annonce« genannt, in den berüchtigten Kaschemmen für gutes Geld verkaufen. Ganze Bettlerbanden waren darauf spezialisiert, potentielle Überfallopfer auszuspionieren. Mancher Einbruch und manches Kapitalverbrechen gingen somit auf ihr Konto. Besonders in den Inflationsjahren wussten die Tageszeitungen fast täglich von derartigen Verbrechen zu berichten. So hatte auch Kommissar Dr. Ludwig Werneburg zur Jahreswende 1922/23 einen solchen Fall aufzuklären:

Am Silvestertag des Jahres 1922 wurde die Mordkommission in die Helmholtzstraße 21 gerufen. Der 66-jährige Schneidermeister Georg Albach war in seiner Wohnung ermordet aufgefunden worden. Albach lebte in äußerst dürftigen Verhältnissen, doch von den Nachbarn erfuhr Werneburg, dass der Schneidermeister, obwohl er selbst kaum das Nötigste zum Leben hatte, aufgrund seiner christlichen Überzeugung das Wenige, das er besaß, noch mit den Ärmsten der Armen teilte. Immer wieder rief er singende Bettler vom Hof in seine Wohnung und bewirtete sie mit einem Teller dünner Suppe. Auch am zweiten Weihnachtsfeiertag 1922 holte er aus reiner Nächstenliebe zwei Bettler in seine Wohnung. Und weil schließlich Weihnachten war, bewirtete er sie nicht nur, sondern beherbergte sie auch.

Freilich ahnte er nicht, dass er diesmal an zwei Kriminelle geraten war, die angesichts der großen Stoffvorräte, die in der Wohnung lagerten, beschlossen, ihren Wohltäter auszurauben. Doch dazu brauchten sie Komplizen. Auf Bitten der beiden Bettler nahm der gutmütige Mann einen Tag vor Silvester noch zwei weitere Hofsänger auf.

Am Abend trank Albach mit seinen Gästen dann reichlich Alkohol und schlief relativ früh ein. Die Räuber ergriffen die günstige Gelegenheit. Sie fesselten ihn, doch als sie ihn zu knebeln versuchten, erwachte der Überfallene plötzlich und schrie um Hilfe. Das Räuber-Quartett geriet in Panik. Sie erstickten den alten Mann mit einem Kissen.

Schon am 1. Januar 1923 war die Identität der Täter bekannt. Die vier zwischen einundzwanzig und fünfundzwanzig Jahre alten Männer waren alle arbeits- und obdachlos. Einer von ihnen konnte wenig später im städtischen Obdachlosenasyl festgenommen werden, ein zweiter wurde in einer der zahlreichen Volksspeisehallen in der Spandauer Vorstadt aufgegriffen, ein dritter in einer Herberge in Hamburg aufgespürt. Dem vierten war die Flucht gelungen, nach ihm wurde aber weiter intensiv gefahndet.

Durch Berlin ging eine tiefe soziale Kluft. Die gutbürgerlichen Bezirke im Westen spürten von dem Elend in den Arbeiterquartieren nur wenig - wenn sie es überhaupt bemerkten. Der proletarische Osten hingegen litt Hunger. Brave Hausfrauen, die nie im Leben daran gedacht hätten, etwas Unrechtes zu tun, plünderten während der Inflation Lebensmittelgeschäfte und Bäckereien, um ihre Kinder nicht hungern lassen zu müssen.

In den Jahren der Inflation wurde Berlin zum »Billigkaufhaus Europas«, wenn nicht der Welt. Viele Touristen, insbesondere aus Übersee, nutzten den Verfall der Mark, um nach Berlin zu reisen. Es lohnte sich jetzt, die langwierige Passage über den Atlantik anzutreten.

Doch gerade ausländische Touristen, besonders aus den Vereinigten Staaten, wurden immer wieder Opfer von Raubüberfällen. Meist gingen sie glimpflich ab; der Reisende wurde zwar seine in Deutschland so wertvollen Dollars los, erlitt aber keinen Schaden an Leib und Leben. Von Zeit zu Zeit endeten solche Überfälle aber auch tödlich. Ahnungslose Ausländer, die über Devisen verfügten und sich in Nachtlokalen spendabel zeigten, wurden schnell zum Opfer skrupelloser Banden. Gerieten sie an eine Bande, die auf derartige Überfälle spezialisiert war, dann spielte sich das so ab: Der Tourist aus Übersee macht in einer schicken Bar »zufällig« die Bekanntschaft eines hübschen Mädchens, das sogar ein wenig Englisch spricht und mit ihm reichlich Alkohol trinkt. Er lässt sich bezirzen und nimmt die Schöne mit ins Hotel auf sein Zimmer. Hier wird er dann mit Hilfe ihrer Komplizen überwältigt, mit Chloroform betäubt und ausgeraubt.

Mitte der zwanziger Jahre, nach Einführung der Rentenmark, verbesserte sich die Situation kurzfristig, aber wirklich beseitigt werden konnte die Armut nie. Die kurze Zeitspanne reichte nicht aus, um die Verhältnisse wirklich grundlegend zu verbessern.

Der Untermieter

Seit gut einem Jahr war die vierzigjährige Emmi Tschöpke Witwe. In den letzten Kriegstagen war ihr Mann an der Ostfront gefallen, und nun stand sie mit der geräumigen Sechszimmerwohnung in der Augsburger Straße 16 in Charlottenburg allein da und wusste nicht, wie sie von ihrer bescheidenen Witwenrente die Miete zahlen sollte. An einen Umzug war nicht zu denken, denn nicht einmal eine kleinere Wohnung hätte sie sich im teuren Berliner Westen leisten können, und in den Norden oder Osten der Stadt wollte sie unter gar keinen Umständen. So sah sie keine andere Möglichkeit, als fünf Zimmer zu vermieten. Da der Hauswirt nichts dagegen hatte, gab sie in der *Berliner Morgenpost* eine Annonce auf und wählte von den siebzehn Bewerbern die fünf sympathischsten aus. Frau Tschöpke wollte aber nicht einfach nur untervermieten, wie es jetzt immer mehr in finanzielle Schwierigkeiten geratene Kriegerwitwen taten; sie wollte ihren Mietern einen Komfort bieten, wie man ihn für gewöhnlich nur in Pensionen vorfand. Sie stellte ein Hausmädchen ein, das nicht nur die Zimmer der Gäste sauber machte und die Betten frisch bezog, sondern den Mietern auch das Frühstück servierte. Für diesen Zweck hatte Frau Tschöpke das sogenannte Berliner Zimmer als gemeinschaftliches Esszimmer hergerichtet. Für sich selbst teilte sie von dem geräumigen Zimmer nur einen kleinen, von einem Spind und einem Vorhang begrenzten Bereich ab, in dem sie sich notdürftig ihr Schlafzimmer einrichtete, denn nicht einmal die Mädchenkammer konnte sie für sich selbst nutzen, die hatte sie an das Hausmädchen vermietet.

Im Juli 1919 waren nur noch drei Zimmer belegt, doch gewiss würden sich auch für die beiden anderen bald wieder neue Mieter finden, meinte Frau Tschöpke. Eigentlich konnte Emmi Tschöpke recht zufrieden sein. Ihre derzeitigen drei Untermieter waren nette und solide Junggesellen, die ihr pünktlich die Miete zahlten. Zudem hatte sie zu den drei Herren auch persönlich ein gutes Verhältnis.

Am 4. Juli gegen drei Uhr morgens wurde einer der Untermieter von Frau Tschöpke, der Regierungsrat Georgius, von einem Schrei aus tiefem Schlaf gerissen. Erschrocken fuhr er hoch. Nein, es war kein Alptraum. Da hatte tatsächlich jemand geschrien.

»Herr Regierungsrat! Herr Regierungsrat!«

Das war unverkennbar die Stimme seiner Vermieterin. »Herr Regierungsrat! Herr Walter, Hilfe!« hörte Georgius sie schreien. Er knipste die Nachttischlampe an, schwang sich aus dem Bett, zog seine Hose an, schlüpfte in die Pantoffeln, trat vorsichtig aus seinem Zimmer, schlurfte über den dunklen Flur und klopfte zaghaft an die Tür des Berliner Zimmers.

»Frau Tschöpke, was ist denn los?«

Keine Antwort. Er wartete noch einen Augenblick, dann legte er das Ohr an die Tür und horchte. Es kam zwar noch immer keine Antwort, aber ihm war so, als ginge im Zimmer jemand umher. Er nahm seinen ganzen Mut zusammen und drückte vorsichtig die Klinke herunter, doch die Tür war abgeschlossen. Irgendetwas stimmte da nicht, dachte Georgius, denn Frau Tschöpke schloss sich nie ein. Das Herz schlug ihm bis zum Hals, seine Knie wurden weich, und er beschloss, seinen Zimmernachbarn Dr. Kern zu wecken. Georgius wusste, dass auch der Herr Doktor sein Zimmer nie abschloss und ging kurz entschlossen hinein. Mit offenem Mund lag Dr. Kern auf dem Rücken und schnarchte laut.

»Doktor Kern, Doktor Kern«, Georgius rüttelte ihn an der Schulter, und als Kern mit einem erschrockenen »Was ist denn los?« hochfuhr, fügte er hinzu: »Kommen Sie schnell, mit Frau Tschöpke ist was nicht in Ordnung. Sie hat geschrien, aber das Esszimmer ist abgeschlossen.«

Dr. Kern war sofort hellwach, sprang aus dem Bett, zog seine Hose an, stopfte unordentlich sein langes Nachthemd hinein und eilte mit Georgius zum Berliner Zimmer. Sie drückten noch einmal die Türklinke herunter, aber es war tatsächlich abgeschlossen. Beide horchten an der Tür.

»Da drin ist jemand«, flüsterte Dr. Kern.

»Ja«, gab Georgius ebenso leise zurück. »Mir kam das vorhin auch schon so vor. Was meinen Sie? Was sollen wir jetzt machen?«

»Aufmachen! Was ist denn los?«, rief Dr. Kern mit zitternder Stimme und rüttelte an der Tür.

»Was ist denn los, was ist denn los!«, ertönte plötzlich, den Pantoffelhelden vor der Tür nachäffend, eine Stimme aus dem Esszimmer, und von innen wurde die Klinke heruntergedrückt, schließlich der Schlüssel im Schloss gedreht und die Tür aufgerissen. Vor den verdutzten Männern stand Franz Walter, der dritte Untermieter, und wies mit der Hand auf den Vorhang, hinter dem sich Frau Tschöpkes sogenanntes Schlafzimmer befand. »Unsere Frau Tschöpke ... Haben Sie sie denn nicht schreien hören?«, fuhr er die beiden an. »Unsere Frau Tschöpke ist ermordet worden! Der Kerl muss noch in der Wohnung sein, er ist sicher nach hinten gelaufen. Schnell, sehen Sie nach, ich rufe inzwischen die Polizei.«

Während Franz Walter zum Telefon eilte, kehrten Regierungsrat Georgius und Dr. Kern, die, wie sich schon gezeigt hatte, nicht eben zu den couragiertesten Zeitgenossen gehörten, erst noch einmal in ihre Zimmer zurück, um sich mit ihren Spazierstöcken zu bewaffnen. Erst dann nahmen sie die Verfolgung des vermeintlichen Täters auf und stürzten in die Küche. Doch kaum hatten sie Licht gemacht, hielten sie mit erhobenen Spazierstöcken inne. Hier war niemand, stellten sie mit Erleichterung fest. Die Tür zur Hintertreppe, die für gewöhnlich verschlossen war, stand einen Spalt offen. Den beiden war sonnenklar: Der Täter konnte nur auf diesem Weg geflüchtet sein.

Wenig später waren Mordkommission, Spurensicherung und Gerichtsmediziner am Tatort. Frau Tschöpke war erstochen worden, stellte der Arzt fest, vermutlich mit einem dolchähnlichen Messer. Verwertbare Spuren, die einen Hinweis auf den Täter hätten geben können, wurden nicht gefunden. Dass Frau Tschöpke beraubt worden war, ließ sich zwar vermuten, konnte aber nicht eindeutig festgestellt werden. Erst auf dem Hof machte die Spurensicherung eine interessante Entdeckung: In einem verwilderten Blumenbeet fand sie die Mordwaffe, einen blutigen Dolch. Das Hausmädchen der Tschöpke, dem die mutmaßliche

Tatwaffe zuerst gezeigt wurde, behauptete spontan, eben diesen Dolch bei Franz Walter schon einmal gesehen zu haben. Walter, mit der Aussage des Mädchens konfrontiert, gab zwar unumwunden zu, dass der Dolch ihm gehörte, hatte aber angeblich nicht die leiseste Ahnung, wie er auf den Hof gekommen sein könnte.

Hatte Walter seine Vermieterin getötet und den Dolch, als Georgius an der Tür rüttelte, aus Angst, entdeckt zu werden, aus dem Fenster seines Zimmers auf den Hof geworfen? Die frischen Blutspuren, die die Beamten auf dem Fensterbrett in Walters Zimmer entdeckten, sprachen jedenfalls dafür.

Franz Walter leugnete energisch, seine Wirtin ermordet zu haben. Warum hätte er das auch tun sollen? Er hatte ein ausgesprochen gutes Verhältnis zu ihr. Aus seiner Sicht hatte sich in der Nacht Folgendes abgespielt:

Er schlief schon, als er plötzlich von den Schreien seiner Vermieterin geweckt wurde. Er sprang aus dem Bett und eilte durch die hintere Tür in ihr Zimmer. Als er sie blutüberströmt auf ihrem Bett liegen sah, begriff er sofort, was geschehen war. Der Täter konnte noch nicht weit sein, dachte er, rannte in die Küche und sah, dass die Hintertür offenstand. Er warf einen Blick auf die Hintertreppe, konnte aber nur noch hören, wie jemand die Treppen hinunterrannte. Daraufhin stürzte er in sein Zimmer und öffnete in der Hoffnung, den Täter noch über den Hof flüchten sehen zu können, das Fenster. Da er aber niemanden sah, rannte er zurück in das Esszimmer, um Frau Tschöpke Erste Hilfe zu leisten.

Skeptisch schüttelte der vernehmende Beamte den Kopf. »Und warum haben Sie nicht einfach das Küchenfenster geöffnet und da hinausgesehen? Das wäre doch viel praktischer gewesen.«

»Das Küchenfenster liegt in einem Winkel. Nur von meinem Zimmer aus konnte ich den ganzen Hof überblicken«, erklärte Walter.

Die Überprüfung bestätigte Walters Angaben.

»Und warum haben Sie nicht sofort die Polizei gerufen, sondern sind statt dessen noch einmal in das Esszimmer gegangen?«

»Weil ich mich vergewissern wollte, ob man der Frau Tschöpke nicht doch noch helfen konnte. Dann haben aber die Herren

Georgius und Doktor Kern an die Tür geklopft. Erst jetzt merkte ich, dass die vordere Tür entgegen der Gewohnheit der Tschöpke abgeschlossen war. Ich öffnete den beiden und forderte sie auf, die Verfolgung des Täters aufzunehmen, während ich die Polizei rufen wollte.«

Die ermittelnden Kommissare glaubten ihm nicht. Auch wenn die Beweise recht dünn waren, für sie gab es keinen Zweifel: Franz Walter hatte seine Vermieterin Emmi Tschöpke ermordet.

Die Ereignisse des Abends ließen sich indes nur unbefriedigend rekonstruieren und wiesen zahlreiche Widersprüche auf. Doch das schien die Ermittler nicht zu stören.

Das sogenannte Esszimmer, ein typisches Berliner Zimmer, hatte zwei Türen, eine vom Korridor, eine zweite von einem weiteren Korridor im hinteren Teil der Wohnung, der zur Küche führte und zu den beiden Zimmern, die auf den Hof hinausgingen, die sogenannte Mädchenkammer und das Zimmer von Franz Walter. In diesem hinteren Korridor befand sich im Übrigen auch das Telefon.

Am Abend des 3. Juli 1919 begann Franz Walter damit, seiner Wirtin die Rechnungsbücher in Ordnung zu bringen. Sie hatte von diesen Dingen nicht viel Ahnung, und auch für ihn war es keine leichte Arbeit, das heillose Durcheinander zu entwirren. Aber er hatte das schon öfter gemacht und nahm es gelassen. Bis spät in die Nacht unterhielten sie sich, und zwischendurch, an die genaue Zeit konnte sich Walter im Nachhinein nicht mehr erinnern, gingen sie in die Küche, um eine Kleinigkeit zu essen. Das Hausmädchen, das sich aus der Küche ein Glas Wasser holte, als Emmi Tschöpke und Franz Walter beim Essen waren, behauptete, genau gesehen zu haben, wie Walter einen Gang zur Toilette dazu nutzte, das Berliner Zimmer zum vorderen Korridor abzuschließen. Die Tür von der Küche zur Hintertreppe sei, als sie in die Küche kam, so behauptete sie, abgeschlossen und die Kette vorgelegt gewesen. Sie habe sich dann ins Bett gelegt und sei erst wieder aufgewacht, als sie Geräusche im Korridor hörte. Sie habe die Tür ihrer Kammer einen Spalt geöffnet und gesehen, dass, bevor telefoniert wurde, jemand an ihrer Tür vorbei zur Küche gelaufen und nach kurzer Zeit zurückgekommen sei. Angeblich habe sie Walter durch den Türspalt erkennen können.

Diese Aussage stimmte in etwa mit der von Walter überein, der angab, zunächst nachgesehen zu haben, ob der Täter noch in der Wohnung war, und dann erst telefoniert zu haben.

Doch wenn es stimmte, was das Hausmädchen aussagte, dass die Tür zur Hintertreppe verriegelt und zusätzlich mit der Kette gesichert war, dann lag die Schlussfolgerung nahe, dass Walter sie, bevor er die Polizei alarmierte, aufgesperrt und einen Spaltbreit geöffnet hatte, um zu suggerieren, dass der vermeintliche Mörder auf diesem Weg geflüchtet sei.

Die Mieter des Hauses und der Häuser, deren Hof an den des Hauses Augsburger Straße 16 grenzte, wurden befragt, und einige wollten tatsächlich gesehen haben, dass zur Tatzeit ein Fenster der Wohnung im dritten Stock geöffnet und gleich wieder geschlossen wurde. Das Fenster von Franz Walters Zimmer? Niemand hatte indes gesehen, dass etwas hinausgeworfen worden war. Die Blutspuren auf dem Fensterbrett bewiesen im Grunde nicht mehr und nicht weniger, als dass Walter tatsächlich am Fenster war. Er erklärte, er habe seine Hände mit Blut beschmiert, als er nachsehen wollte, ob Frau Tschöpke noch zu helfen sei. Danach sei er zum Fenster gegangen und habe nach einer flüchtigen Person Ausschau gehalten. Die Aussage des Zimmermädchens erklärte er folgendermaßen: Bevor er die Polizei rief, wollte er nachsehen, ob der Täter durch die Küche über die Hintertreppe geflüchtet sei. Er sah die offene Tür und sei dann sofort zum Telefon gerannt.

Die Polizei ging, obwohl es dafür keinerlei Hinweise gab, von Raubmord aus. Walter bestritt seine Schuld energisch und versicherte, nichts gestohlen zu haben. Sagte er die Wahrheit? Bei der Durchsuchung seines Zimmers wurde jedenfalls nichts gefunden. Aber da war noch etwas, das gegen Franz Walter sprach: Walter befand sich in ernsten Geldschwierigkeiten. Doch er wollte heiraten und hatte trotz seiner katastrophalen finanziellen Lage schon für den 7. Juli das Aufgebot bestellt.

Würde diese Erkenntnis ausreichen, um ihn des Mordes anzuklagen? Die Staatsanwaltschaft beantwortete diese Frage mit einem eindeutigen Ja. Sie stützte ihre Anklage allein auf die Aussage des Hausmädchens. Aber war es wirklich glaubwürdig? Konnte es nicht auch ganz anders gewesen sein? War es möglich, dass sich das Hausmädchen an Walter rächen wollte? Hatte es sich Hoffnungen gemacht und war enttäuscht, weil er eine andere heiraten wollte? War die Aussage nichts weiter als billige Rache? Fragen, denen nie nachgegangen wurde.

Regierungsrat Georgius und Dr. Kern jedenfalls waren entsetzt, als sie hörten, dass Walter der Mörder sein sollte. Zu seiner Entlastung konnten sie allerdings nichts beitragen.

Am 27. August 1919 wurde Franz Walter vom außerordentlichen Kriegsgericht beim Landgericht III in Berlin zum Tode verurteilt. Das Urteil wurde jedoch nicht vollstreckt, sondern in eine lebenslange Zuchthausstrafe umgewandelt. Schließlich wurde er zu 15 Jahren Zuchthaus begnadigt.

Der Fall war längst als aufgeklärt und abgeschlossen zu den Akten gelegt, als am 18. Februar 1936 auf einem Polizeirevier in Berlin-Schöneberg eine Frau Küster aus der Nollendorfstraße erschien. Am 12. Januar 1936 sei ihre Schwester Berta Zöller verstorben, die seit 1918 von ihrem Ehemann, dem Wäschereibesitzer Karl Zöller, getrennt lebte. Zöller sei gewalttätig gewesen, und deshalb habe ihre Schwester ihn seinerzeit verlassen, erklärte Frau Küster. Zöllers Wäscherei sei in der Augsburgerstraße 16 gewesen. Nun habe sie im Nachlass ihrer Schwester ein einzelnes Blatt von einem Abreißkalender vom 4. Juli 1919 gefunden, auf dem diese mit einem Bleistift den Mord an Emmi Tschöpke notiert hatte. Obwohl ihre Schwester immer alles mit ihr beredete, habe sie über diesen Mord nie ein Wort verloren.

Frau Küster erklärte, dass sie seinerzeit die Einzelheiten über den Mord in den Zeitungen verfolgt habe und dass der vermeintliche Täter stets seine Unschuld beteuert habe. Nun wollte sie Anzeige gegen Karl Zöller erstatten, weil sie glaubte, dass er der wahre Mörder sei. Zöller habe damals eine Geliebte gehabt, das wisse sie genau. Vielleicht war es ja die Tschöpke, denn sie soll eine sehr ansehnliche Person gewesen sein. Zöller hatte im Hinterhaus eine Parterrewohnung, was eine Erklärung dafür sein könnte, dass weder Walter noch andere Zeugen jemanden über den Hof flüchten sahen.

Die Kriminalpolizei war skeptisch, machte aber dennoch die damaligen Untermieter der Tschöpke ausfindig. Georgius konnte sich noch gut erinnern, auch an Zöller, den Inhaber der Wäscherei. Die Tschöpke habe tatsächlich öfter von ihm gesprochen, bestätigte er, und er wusste auch, dass sie sich vor ihm fürchtete, weil er ihr ständig nachstellte. Ein Verhältnis habe sie mit ihm bestimmt nicht gehabt, denn sie konnte ihn nicht ausstehen.

Dass Zöller mit der Tschöpke ein Verhältnis hatte, war also relativ unwahrscheinlich. Aber wie weit gingen seine Nachstellungen?

Für die Wiederaufnahme der Ermittlungen sah die Kriminalpolizei allerdings keinerlei Anlass ...

Das Attentat in der Hardenbergstraße

Seit jeher gab - und gibt es - Morde, die die Menschen gleichermaßen entsetzen wie bewegen. Nicht etwa aus Mitleid mit dem Opfer, sondern eher aus Mitgefühl mit dem Täter. Ein solcher Mord sorgte im März 1921 weit über die Grenzen Berlins und Deutschlands hinaus für Schlagzeilen. Langwierige Ermittlungen der Mordkommission erübrigten sich, denn der Täter wurde unmittelbar nach der Tat festgenommen und legte auch gleich ein Geständnis ab. Somit blieb der Fall im Zuständigkeitsbereich der Polizeibehörden in Berlin-Charlottenburg, wo der Mord geschah.

Der 15. März 1921 versprach ein schöner Tag zu werden. Die Berliner freuten sich auf den Frühling, und im Westen der Stadt merkten die Menschen nur wenig von der Krise. Die teuren Vergnügungspaläste des Berliner Westens zogen vor allem Touristen aus dem Ausland an, besonders die aus Übersee. Ein Aufenthalt in Deutschland war dank der Inflation günstig wie nie und deren Höhepunkt war noch lange nicht erreicht. Schon am Vormittag herrschte rund um den Kurfürstendamm hektische Betriebsamkeit, so auch in der Hardenbergstraße.

Am Vormittag, gegen 11.30 Uhr, verließ der ehemalige osmanische Großwesir Talaat Pascha, der in Berlin unter dem Namen Ali Saiy-Bey lebte, zusammen mit seiner Frau seine Wohnung in der Hardenbergstraße 4. Kaum waren beide auf die Straße getreten, rannte von hinten ein junger Mann auf den Türken zu, zog eine Pistole und feuerte auf den Kopf Talaat Paschas. Blutüberströmt sank dieser zu Boden, seine Frau brach ohnmächtig zusammen. Der Täter betrachtete sein Opfer noch einen Augenblick lang, warf dann seine Waffe weg und schickte sich an, in Richtung Fasanenstraße zu fliehen. Doch schon nach wenigen Metern wurde der Schütze von Passanten festgehalten, bis die Polizei eintraf.

»Ich Armenier, der Türke, für Deutschland kein Schade«, rief er aus, was so viel heißen sollte wie: »Das ist unsere Angelegenheit. Die Deutschen geht das nichts an.«

Dennoch ließ er sich widerstandslos von den Polizisten abführen. Der schmächtige dunkelhaarige junge Mann mit dem dunklen Teint wurde ins Charlottenburger Polizeiamt am Kaiserdamm 1 gebracht. Eine Nachfrage bei der Mordinspektion am Alexanderplatz ergab, dass die Charlottenburger den Fall abschließen sollten. Warum sollte sich »der Alex« damit beschäftigen? Der Täter war doch schon gefasst und zudem geständig.

Die Identität des Mannes war schnell geklärt: Es handelte sich um den 24-jährigen, in Pakaritsch in der Türkei geborenen armenischen Protestanten Salomon Teilirian.

Im Dezember 1920 war Teilirian aus Paris, wo er zehn Monate gelebt hatte, nach Berlin gekommen. Die Umstellung fiel ihm nicht leicht, denn in Paris gab es eine Kolonie von ca. 4.000 Armeniern, vor allem Kaufleuten. Eine Gemeinde, in der er eine gewisse Geborgenheit fand und in der es für ihn keine Kommunikationsprobleme gab. In Berlin hingegen lebten nur rund 70 Armenier.

Sein Ziel war es zunächst, so schnell wie möglich Deutsch zu lernen. Er hatte bereits Russisch und Französisch gelernt und so fiel ihm auch die deutsche Sprache nicht schwer. Auch fand er in Apelian, dem Sekretär des armenischen Generalkonsulats, das am Kurfürstendamm 175 seinen Sitz hatte, schnell einen Freund. Apelian unterstützte Teilirian besonders in der ersten Zeit, als seine Sprachkenntnisse noch mangelhaft waren. Er stand ihm bei der Zimmersuche zur Seite und ging mit ihm in eine Tanzschule, denn Salomon wollte nicht nur die deutsche Sprache, sondern auch deutsche Sitten und Bräuche erlernen.

Nach einer kurzen Übergangszeit im Tiergarten-Hotel am Knie (heute Ernst-Reuter-Platz) bezog er zunächst ein möbliertes Zimmer in der Augsburger Straße 51, später eines in der Hardenbergstraße 37.

Beide Vermieterinnen schilderten Teilirian später als einen sympathischen, liebenswürdigen und vor allem »anständigen« jungen Mann, der fleißig lernte und sehr gut Mandoline spielte. Sie liebten es, wenn er sein Instrument hervorholte und dazu melancholische armenische Lieder sang. Besonders aber schätzten sie an ihm, dass er, obwohl er offenbar recht vermögend war, immer zurückhaltend und bescheiden blieb.

Von Zeit zu Zeit erlitt Teilirian Krampfanfälle, die sich in Abständen von drei bis sechs Monaten schubartig wiederholten. Nachdem er in Begleitung seines Freundes auf offener Straße einen Anfall bekommen hatte, brachte dieser ihn zu dem berühmten Nervenarzt Dr. Richard Cassirer, den Bruder des Verlegers und Galeristen Paul Cassirer. Der Arzt diagnostizierte Epilepsie und übernahm die Behandlung. Mit Medikamenten konnte er Teilirians Leiden zumindest lindern.

Was hatte Salomon Teilirian, der von all jenen, die ihn kannten, als sympathisch und liebenswürdig charakterisiert wurde, zu seiner Mordtat veranlasst? Die Krankheit war es sicher nicht.

Die Hintergründe konnten jedoch, so schien es jedenfalls, schnell aufgedeckt werden. Mit Hilfe eines Dolmetschers berichtete Teilirian in den Verhören, die aufgrund seines Gesundheitszustandes immer wieder unterbrochen werden mussten, vom Schicksal seiner Familie.

Bis 1915 hatte Teilirian mit seinen Eltern in Erzyngian in Türkisch-Armenien gelebt, wo sein Vater ein Manufakturwarengeschäft betrieb.

Aus diesem Gebiet war die armenische Bevölkerung von der türkischen Regierung vertrieben worden. Offiziell sprach man von Evakuierung. Dabei war es zu unbeschreiblich grausamen Massakern gekommen. Teilirian hatte bei einem dieser Massaker seine gesamte Familie, seine Eltern, drei Brüder und zwei Schwestern, verloren. Er hatte sogar mit ansehen müssen, wie einem seiner Brüder der Schädel mit dem Beil gespalten wurde. Dieses Bild konnte er nie wieder loswerden, sagte er. Immer wieder drängte es sich in sein Gedächtnis. Er selbst habe eine schwere Kopfverletzung erlitten, war von seinen Peinigern wohl ebenfalls für tot gehalten worden und habe mehrere Tage unter Leichen gelegen, bevor er wieder zu sich kam. Von dieser Kopfverletzung rührte wohl auch seine Epilepsie.

Nach dem Massaker war Teilirian zunächst ins Gebirge geflohen und von da nach Persien und in den Kaukasus. Als nach dem Krieg die Russen in Erzyngian wieder einzogen, kehrte er dorthin zurück, um nach dem Geld zu suchen, das sein Vater vergraben hatte. Er hatte Glück – im Westen konnte er damit dann ein finanziell recht sorgloses Leben führen.

Freilich stellten sich die Ermittler die Frage, ob sie alles, was Teilirian erzählte, für bare Münze nehmen konnten. Nachzuprüfen war es kaum.

Das Massaker an den Armeniern, berichtete Teilirian weiter, sei von Talaat Pascha veranlasst worden, und es sei »die Pflicht eines jeden Armeniers gewesen, den Urheber der Gräuel zu töten«. Ursprünglich sei er in der Absicht, an der Technischen Hochschule Maschinenbau zu studieren, nach Berlin gekommen. Doch dann geschah das Unglaubliche: Er war erst wenige Tage in Berlin, da sah er zufällig den verhassten Talaat Pascha, dessen Bild er aus Zeitungen kannte, in der Hardenbergstraße. Zunächst war er noch unsicher, doch verflogen alle seine Zweifel, als er ihn tatsächlich Türkisch sprechen hörte.

Teilirian betrachtete die Begegnung als einen Glücksfall. Schon lange hatte er sich geschworen, an Talaat Pascha Rache zu nehmen, nun wurde er geradezu besessen von dem Gedanken. Er verfolgte den Ex-Großwesir und fand heraus, wo dieser wohnte. Um ihn besser beobachten zu können, mietete Teilirian das Zimmer in der Hardenbergstraße, in unmittelbarer Nähe. Das Haus lag der Nummer 4 direkt gegenüber. Von hier konnte er den ehemaligen Großwesir sogar auf dessen Balkon beim Sonnenbaden beobachten.

Am Vormittag des 15. März 1921 sah Teilirian, wie sich das Objekt seines Hasses ankleidete, um zusammen mit seiner Frau auszugehen. Teilirian fasste angeblich spontan den Entschluss, seine Familie jetzt endlich zu rächen. Er steckte seine Parabellum-Pistole ein, die er schon vor längerer Zeit zu seinem Schutz angeschafft hatte, und verließ das Haus. Er folgte Pascha und schoss ihm von hinten aus etwa einem Schritt Entfernung in den Kopf.

Teilirian gestand seine Tat, zeigte aber keinerlei Reue. Im Gegenteil. Er gab an, sich erleichtert und zufrieden gefühlt zu haben.

Seine Krankheit spielte im Prozess eine entscheidende Rolle. Von besonderer Wichtigkeit für die Ärzte war Teilirians Aussage, dass ihm einige Tage vor der Tat, als er wieder einmal besonders lebhaft an das erlebte Massaker von 1915 hatte denken müssen, das Bild seiner verstorbenen Mutter erschienen sei. Er behauptete, die Verstorbene habe zu ihm gesprochen und zitierte: »Du bist nicht mein Sohn, denn du lebst in Berlin, weißt, dass Talaat Pascha sich dort aufhält und tust doch nichts!« Diese Erscheinung, so behauptete der Angeklagte, war es letztlich, die ihn dazu getrieben habe, den verhassten Großwesir zu töten.

Talaat Pascha, der Organisator des Völkermords, war 1919 von einem osmanischen Gericht in Istanbul in Abwesenheit zum Tode verurteilt worden. Er hatte sich im November 1918 an Bord eines deutschen Zerstörers begeben, um im deutschen Kaiserreich Zuflucht zu finden. Doch als er in Deutschland eintraf, hatte sich der Kaiser längst aus dem Staub gemacht. Das deutsche Kaiserreich gab es nicht mehr und Scheidemann hatte in Berlin die Republik ausgerufen.

Die Hauptverhandlung vor dem Schwurgericht des Landgerichts III in Berlin-Moabit begann ungewöhnlich rasch nach der Tat, am 2. Juni 1921. Ein Prozess, der im In- und Ausland Furore machte. Die Verhandlung war öffentlich und alle großen Zeitungen, vom sozialdemokratischen *Vorwärts* über die *BZ am Mittag*, die *Berliner Morgenpost* und das *Berliner Tageblatt* bis hin zur *Frankfurter Zeitung* waren alle großen Blätter vertreten, aber auch die internationale Presse von *Le Monde* bis *Times* fehlte nicht. Der Gerichtssaal war überfüllt.

Anwälte der renommierten Kanzlei des Berliner Staranwalts Dr. Max Alsberg hatten Teilirians Verteidigung übernommen und zwei Dolmetscher wurden dem Angeklagten zur Seite gestellt.

Die Verteidigung hatte gut recherchiert und ließ hochkarätige Sachverständige und Armenien-Experten anhören. Darunter auch zwei Schwestern des Roten Kreuzes, die über die Vorgänge in Erzyngian aufgrund ihrer Tätigkeit in diesem Gebiet im Juni 1915 einen schriftlichen Bericht verfasst hatten. Dieser war in der Publikation »Der Todesgang des Armenischen Volkes« von Johannes Lepsius teilweise wiedergegeben worden. Vom selben Autor stammte auch das Buch: »Deutschland und Armenien 1914–1916«. Lepsius, der deutsche evangelische Theologe und Orientalist, hatte sich hauptsächlich mit der Geschichte des armenischen Volkes befasst und wurde als Sachverständiger ebenso gehört wie der pazifistische Schriftsteller Arnim T. Wegner, der armenische Schriftsteller Aram Andonian, der Augenzeuge des Genozids an seinem Volk geworden war, und der armenische Bischof Krikoris Balakian, ebenfalls ein Augenzeuge der Deportationen und Massaker.

Teilirians Wirtin aus der Hardenbergstraße 37, Frau Dittmann, schilderte ihn vor Gericht als einen schwächlichen und höchst liebenswürdigen, anständigen Menschen. Ihr sei nur aufgefallen, dass er viel Aspirin gegen sein Kopfweh genommen und auch viel gehustet habe. Sie hielt ihn für ein verzärteltes Muttersöhnchen. Nach einiger Zeit habe Teilirian den ihm bereiteten Frühstückskaffee als »zu stark« bezeichnet und um Tee gebeten. Er habe oft sehr unruhig geschlafen und »das Bett zerstrampelt«. Besuch habe er nie bekommen, er habe nur viele Zeitungen gelesen, französische und russische, die er sich schicken ließ. Ansonsten lerne er sehr eifrig Deutsch.

Am Morgen der Tat war ihr aufgefallen, dass Teilirian, der sonst so bescheiden lebte, schon früh eine Flasche französischen Cognac entkorkte und davon ziemlich schnell trank. Hierauf hätte er angefangen zu weinen und so laut geschluchzt, dass das Dienstmädchen sie darauf aufmerksam gemacht hatte.

Der Gerichtsmediziner Medizinalrat Dr. Störmer hatte ein Gutachten über den Geisteszustand des Angeklagten verfasst und war zu dem Schluss gekommen, dass Teilirian zwar unzweifelhaft ein Epileptiker sei, doch fehlten ihm »die Attribute des epileptischen Irrsinns«. Er sei geistig sehr rege. Es bestehe nicht die kleinste Berechtigung, eine Beschränktheit irgendwelcher

Art bei ihm anzunehmen. Zum Tathergang führt der Mediziner aus: »Er hat sich an diesem Morgen freilich erheblich Mut angetrunken dadurch, daß er ein beträchtliches Quantum französischen Cognacs schnell hintereinander trank; aber daß in der Seele dieses Mannes doch sonst nichts Krankhaftes im psychiatrischen Sinne vorging, ergibt sich daraus, daß er, bevor er den Entschluß (faßte), den verhaßten Feind zu töten, doch einen erheblichen Seelenkampf durchgemacht hat, indem er laut weinte und schluchzte, so sehr, daß es das Dienstmädchen merkte. [...] Nach alledem vermag ich, trotz nach so hoher Bewertung des unzweifelhaft vorhandenen Nervenleidens des Teilirian, auch wenn ich die Tatsache, daß er 1918 einen echten Typhus durchgemacht hat, in Betracht ziehe, dennoch die Merkmale einer Geistesstörung nicht zu erkennen.« Auf den Paragraphen 51 hatte Teilirian demnach keinen Anspruch. Der Gerichtsmediziner Störmer erklärte ihn für voll zurechnungsfähig.

Teilirian betonte vor Gericht noch einmal: »Ich habe ihn getötet, aber ein Mörder bin ich nicht gewesen.«

Der Urteilsspruch der Geschworenen lautete nach nur zwei Verhandlungstagen: Nicht schuldig. Freispruch! Der Haftbefehl wurde aufgehoben, Teilirian als »unerwünschter Ausländer« des Landes verwiesen. Vor dem Moabiter Gerichtsgebäude wurde er mit Jubel empfangen und wie ein Held gefeiert. Seine Vermieterinnen weinten vor Freude.

Teilirian starb 1960 im amerikanischen Exil.

Doch der Attentäter hatte gelogen. Die Geschichte, die er erzählt hatte, war zum größten Teil erfunden. Zwar war seine Familie tatsächlich während des Massakers getötet worden, aber er selbst war nicht dabei gewesen, denn er kämpfte damals auf russischer Seite in einem armenischen Freiwilligenbataillon gegen die türkischen Truppen. Die Zerstörung armenischer Dörfer hatte er allerdings tatsächlich gesehen, als seine Einheit in seine Heimatgegend vordrang.

Der Mord war kein spontaner Entschluss, sondern eine von langer Hand geplante Tat. Teilirian gehörte einem armenischen Geheimkommando an, dessen Ziel es war, die Verantwortlichen des Völkermords weltweit zu jagen und zu eliminieren. »Operation Nemesis« nannte sich die Aktion, bei der bereits einige der Protagonisten des Genozids in verschiedenen Städten ermordet worden waren.

Der Fall Jakobi oder der Triumph der Daktyloskopie

Fälle, die nach einer angemessenen Zeit nicht aufgeklärt werden konnten, nannte die Kriminalpolizei in ihrem Fachjargon »nasse Fische«. Kommissar Ernst Gennat und seine Kollegen vom »Mord« pflegten jedoch ihren eigenen Sprachgebrauch und redeten von »Schamott«, was allerdings nicht heißen musste, dass solche Fälle zwangsläufig auf Nimmerwiedersehen in den Aktenschrank versenkt wurden. Gab es Spuren, Fingerabdrücke etwa, dann nahm sich der Erkennungsdienst diese Akten immer mal wieder vor, verglich, wertete aus oder schickte sie an andere Polizeipräsidien, die ihrerseits wiederum verglichen und auswerteten. Manchmal kam allerdings ein cleverer Kollege auch auf die Idee, bei ausländischen Polizeibehörden nachzufragen, was aufgrund mangelnder internationaler Zusammenarbeit der Ermittlungsbehörden alles andere als ein problemloses Unterfangen war.

Unter der Rubrik »Schamott« wurde auch ein Fall aus dem Jahre 1917 geführt: der Mordfall Rahel Jakobi. Es sollte ganze acht Jahre dauern, bis der allbekannte Kommissar Zufall den Berliner Ermittlern zu Hilfe kam.

An einem heißen Augusttag des Jahres 1925 platzte Kommissar Lehmann vom Erkennungsdienst unangemeldet in Ernst Gennats Büro und fuchtelte aufgeregt mit Papieren herum.

»Herr Kriminalrat, ich muss Sie dringend sprechen.«

»Jetzt nicht,« knurrte Gennat misslaunig, denn er konferierte gerade mit einigen seiner Kollegen über die geplante Reform der Abteilung Kapitalverbrechen.

»Es ist aber wichtig. Ich habe eine sensationelle Nachricht«, insistierte Lehmann. »Es sieht so aus, als hätten wir den Mörder der Rahel Jakobi identifiziert.«

Obwohl Gennat nicht die geringste Ahnung hatte, worum es ging, forderte er Lehmann auf, sich zu setzen und den Fall zu erläutern.

Kaum hatte Lehmann seinen Bericht beendet, stand Gennat auf, ging an den Aktenschrank und begann zu suchen. Die Mordsache Jakobi ... Langsam begann er sich zu erinnern. Der Vorgang musste bei seinen Handakten sein, denn insgeheim hatte er immer gehofft, den Mörder doch noch dingfest machen zu können.

Am 10. September 1917 war die sechzigjährige Schankwirtin Rahel Jakobi im Hinterzimmer ihres Lokals in der Novalisstraße 7 tot aufgefunden worden. Augenscheinlich handelte es sich um einen Raubmord. Das Opfer wies Würgemale am Hals und eine schwere Kopfverletzung auf, die offenbar von einem stumpfen Gegenstand herrührte. Die Tat war, wie die Polizei ermittelte, vermutlich am Sonntag, dem 9. September 1917, nachmittags gegen vier Uhr verübt worden, denn entgegen der Gewohnheit der Jakobi war zu dieser Zeit, so die Zeugenaussagen, der Rollladen vor der Eingangstür heruntergelassen worden. Der Mittelschrank hinter dem Schanktisch war aufgebrochen, die Kasse herausgenommen und bis auf wenige Pfennige ausgeraubt, der Kleiderschrank in ihrem hinter dem Schankraum liegenden Schlafzimmer durchwühlt worden. Auf dem Tisch des Hinterzimmers standen eine fast leere Flasche Wein und zwei benutzte Gläser. Hatte die Jakobi ihren Mörder gekannt und mit ihm zusammen getrunken? Eine Frage, die nicht eindeutig beantwortet werden konnte.

Die Spurensicherung hatte ihrerseits zahlreiche Fingerabdrücke gefunden, die unzweifelhaft vom Täter stammten: unter anderem an den Bruchstücken der Glasscheiben des Büfettschrankes. Offenbar hatte der Täter sie sorgfältig einzeln herausgenommen und, um ein etwaiges Klirren abzudämpfen, das Federbett aus dem Schlafzimmer geholt und vor den Schrank gelegt.

An der Spiegelscheibe des im Schlafzimmer stehenden Kleiderschrankes, der ebenfalls durchwühlt worden war, fand sich sogar der sehr gut ausgeprägte Abdruck einer linken Handfläche. Zudem wiesen auch die Weinflasche und die Gläser zahlreiche Fingerabdrücke auf. Seinerzeit waren sie zwar mit den vor-

Der vordere Raum des Lokals der Rahel Jakobi in der Novalisstraße 7.
Der Tatort: der hintere Raum des Lokals der Rahel Jakobi (unten).

handenen Verbrecherfingerabdrücken verglichen worden, jedoch ohne Erfolg.

Der Fall wurde ad acta gelegt, das heißt, nicht ganz. Immer wieder wurden die Fingerabdrücke verglichen - auch mit Karteien in anderen Städten des Reiches und im Ausland. Der Krieg machte diese Art der Fahndung allerdings nicht gerade leicht. Erst lange nach dem Ersten Weltkrieg kam eine zaghafte internationale Zusammenarbeit unter den Polizeibehörden in Gang, besonders in Bezug auf das Fingerabdruckwesen.

So übersandte der Erkennungsdienst der Berliner Kriminalpolizei die Tatortspuren aus dem Fall Jakobi immer wieder an ausländische Behörden. Den letzten Versuch hatte Lehmann im August 1925 unternommen, und wenige Tage später teilte der Kopenhagener Erkennungsdienst mit, dass die Tatortspuren identisch seien mit den Fingerabdrücken eines in Kopenhagen als lästiger Ausländer daktyloskopierten deutschen Staatsangehörigen.

Die Überprüfung der Kopenhagener Mitteilung bestätigte eindeutig deren Richtigkeit. Nun stand es einwandfrei fest: Die am Tatort zurückgelassenen Fingerabdrücke gehörten dem Kaufmann und Kellner Kurt Danielowski, der zurzeit in Berlin in der Auguststraße wohnte. Danielowski war kein unbeschriebenes Blatt. Außer der dänischen hatte sich die Schweizer, später die holländische Polizei mit ihm beschäftigt, und in Danzig, seiner Heimatstadt, hatte er bereits wegen Diebstahls eine Haftstrafe verbüßt.

Gennats Freude über die unverhoffte Entdeckung hielt sich allerdings in Grenzen, denn die Fingerabdrücke allein bewiesen noch lange keinen Mord. Sie belegten nur, dass Danielowski in dem Lokal der Jakobi gewesen war. Zunächst bestand gegen ihn nur der dringende Verdacht des schweren Diebstahls. Dieser Diebstahl stand aber seinerseits mit der Bluttat in Verbindung. Doch wie konnte man ihm das nachweisen?

Danielowski fiel aus allen Wolken, als er in seiner Wohnung in der Auguststraße verhaftet wurde, und bestritt jede Schuld. Er könne gar nicht der Täter sein, behauptete er, denn 1917 sei er Soldat gewesen und habe im Sommer desselben Jahres infolge einer Verschüttung mit mehreren Rippenbrüchen in Mons in

Belgien im Lazarett gelegen. Nach seiner Genesung habe er Urlaub erhalten und sei über Aachen und Berlin nach Graudenz, den Standort des Ersatzbataillons des Regiments 175, gefahren. Er gestand allerdings ein, sich einige Tage in Berlin aufgehalten und »durchgebummelt« zu haben. Das müsse jedoch schon im August 1917 gewesen sein, meinte er.

»Erinnern Sie sich an Namen von Ärzten, Krankenschwestern oder Kameraden?«, wollte Gennat wissen.

»Nein, leider nicht.«

»Aber Sie erinnern sich sicher, wie lange Sie im Lazarett waren?«

»Sechs bis acht Wochen. Wegen der Rippenbrüche musste ich fast die ganze Zeit in Schienen liegen. In Graudenz kam ich dann wegen eines Hautleidens gleich wieder ins Lazarett.«

»Und wie erklären Sie sich, dass wir Ihre Fingerabdrücke im Lokal von Frau Jakobi gefunden haben?«

Danielowski zuckte mit den Schultern. »Dafür habe ich keine Erklärung.«

»Sie streiten also ab, zum besagten Zeitpunkt in dem Lokal in der Novalisstraße gewesen zu sein.«

»Ich weiß es nicht mehr. Es kann schon sein, dass ich tatsächlich dagewesen bin, erinnern kann ich mich allerdings nicht. Mit dem Mord habe ich aber ganz bestimmt nichts zu tun.«

Gennat ließ ihn wieder abführen und stellte noch weitere Nachforschungen an. Mit Erfolg, wie sich bald zeigen sollte.

Das Zentralnachweisamt für Kriegsgräber und Kriegsverluste in Spandau teilte am 28. August 1925 mit: Kurt Danielowski, ehemaliger Unteroffizier der Reserve, war vom 29. Mai 1917 bis 15. Juni 1917 im Lazarett in Mons, dann wurde er nach Lüneburg entlassen, wo er vom 17. Juni bis 19. September wegen eines Hautleidens ebenfalls im Lazarett war ...

Lüneburg! Kommissar Gennat glaubte seinen Augen nicht zu trauen, denn schon damals hatte eine Spur nach Lüneburg geführt, doch die Ermittlungen waren im Sande verlaufen und schließlich eingestellt worden.

Jetzt wurde Gennat aktiv. Am 28. August 1925 nahm er erneut Kontakt zur Kripo Lüneburg auf und setzte alles daran, den Lazarettarzt ausfindig zu machen, der Danielowski behandelt hatte.

In der Zwischenzeit nahm Gennat sich noch einmal die alten Akten vor und entdeckte Interessantes: Seinerzeit hatten die Kollegen herausgefunden, dass Frau Jakobi aus ihrer Schankwirtschaft heraus einen illegalen Juwelenhandel betrieb, was die Ermittlungen nicht eben erleichterte.

Nur durch Zufall erfuhren die Ermittler, dass Rahel Jakobi bei der städtischen Stadtsparkasse in Lüneburg über zwei Konten mit jeweils mehr als tausend Mark verfügte. Die Lüneburger Polizei beschlagnahmte die Sparbücher und übergab sie den Berliner Ermittlungsbehörden. Damals wurde auch festgestellt, dass der Ehemann der Jakobi in Lüneburg wohnte und lockeren Kontakt zu seiner Frau in Berlin unterhielt. Jakobi war bei der Polizei einschlägig bekannt. Er schob im großen Stil mit Lebensmitteln, und auch seine Frau soll er regelmäßig mit allen möglichen Mangelwaren versorgt haben, die er ihr durch Soldaten zukommen ließ. Ein Zusammenhang zwischen dem illegalen Handel und dem Mord an der Jakobi konnte damals allerdings nicht festgestellt werden. Den offenbar engen Beziehungen, die die Jakobi nach Lüneburg hatte, wurde nicht weiter nachgegangen, was Gennat als schweres Versäumnis ansah.

Gennat stellte die Akte wieder zurück in den Schrank und dachte nach. Es konnte also nicht ausgeschlossen werden, dass der Ehemann der Jakobi mit Danielowski bekannt war und ihn zu dem Mord angestiftet hatte. Zusammen mit dem Kriminalassistenten Mundt fuhr Gennat nach Lüneburg.

Doch Jakobi konnte nicht mehr vernommen werden. Er war bereits 1919 verstorben, wie die Ermittler von seiner Schwester, der Schneidermeisterwitwe Hoffmann, erfuhren. Der Kontakt zu ihrem Bruder war allerdings nie sehr eng gewesen, und so konnte sie weder etwas über seinen Umgang noch über seine Lebensgewohnheiten sagen. Sie wusste aber, dass ihr Bruder in der Bahnhofswirtschaft des Wittenberge-Lüneburger Bahnhofs verkehrte, deren Inhaberin die Witwe Schulze war.

Die Schulze wusste tatsächlich, dass Jakobi durch Soldaten Lebensmittel an seine Frau schicken ließ. Er hatte es ihr erzählt. Ob einer dieser Soldaten ein gewisser Danielowski war, konnte sie allerdings nicht sagen.

Erst jetzt, acht Jahre nach dem Mord, gelang es der Kriminalpolizei zu ermitteln, dass die Verbindungen der Jakobi nach Lüneburg weitaus enger waren, als ursprünglich vermutet. So machten die beiden Beamten aus Berlin eine damalige Freundin der Jakobi ausfindig, die in einer Lüneburger Tageszeitung für die Jakobi regelmäßig Annoncen aufgegeben hatte, worin diese für ihr Lokal in Berlin Dienstmädchen suchte, die sie dann als Kellnerinnen ausnutzte.

Die Ermittlungen gingen so gut voran, dass Kommissar Gennat und Kriminalassistent Mundt kaum wussten, was sie zuerst machen sollten; denn inzwischen hatten sich auch Ärzte gemeldet, die seinerzeit im Lazarett Dienst taten. Sie konnten sich zwar nicht an Danielowski erinnern, sagten aber aus, dass es durchaus an der Tagesordnung war, dass leicht Verwundete das Lazarett heimlich verließen und sich mit Mädchen herumtrieben. Im Allgemeinen seien keine Kontrollen durchgeführt worden. Die leicht Verwundeten konnten das Lazarett ohnehin sonnabendmittags verlassen und brauchten erst montagfrüh wiederzukommen. Nicht einmal Eintragungen seien darüber erfolgt.

Zwei damalige Lazarettschwestern konnten sich allerdings noch gut an Danielowski erinnern. Besonders auffällig sei er jedoch nicht gewesen, und ob er beurlaubt war, konnten sie auch nicht sagen. Sie erinnerten sich aber an den Namen eines Kameraden, mit dem Danielowski viel zusammen gewesen sei. Jener Kamerad lebte noch in Lüneburg und erklärte, Danielowski habe sich oft nachts aus dem Lazarett entfernt und herumgetrieben. Manchmal seien sie auch zusammen losgezogen. Mehr konnte er über Danielowski aber auch nicht berichten.

Wirklich weiter brachten diese Aussagen die Ermittler allerdings nicht. Die anfängliche Euphorie wich schon bald der Ernüchterung.

Den wirklichen Durchbruch brachte erst die Aussage des Ehepaares Wagner, der Inhaber der Pension, in der Danielowski nach seinem Lazarettaufenthalt gewohnt hatte. Die Wagners erinnerten sich, Danielowski durch einen gewissen Robert Herzog kennengelernt zu haben. Beide hatten angeblich mit Gold und Brillanten gehandelt, hätten zudem ein ausschweifendes Leben geführt und sich viel mit Lüneburger Stricherinnen herumgetrieben.

Die Mädchen waren schnell ermittelt: Es handelte sich um die Schwestern Emma und Marie Böhm. Emma Böhm war jedoch inzwischen verstorben.

Die Überprüfung der Personalien brachte Verblüffendes zutage: Frau Jakobi engagierte ausschließlich Dienstmädchen, die ihr von ihrem Mann und einer Freundin aus Lüneburg vermittelt worden waren. Zu diesen Dienstmädchen gehörten auch Emma und Marie Böhm, die bis kurz vor der Tat bei der Jakobi in Stellung waren. Ein gewisser Verdacht gegen die Schwestern war bereits damals aufgekommen, es gab allerdings keinerlei stichhaltige Beweise gegen sie. Nun aber schien ihre Verstrickung in die Mordtat doch wahrscheinlich.

Am 3. September 1925 um elf Uhr abends wurde Marie Böhm in Lüneburg in einer Konditorei festgenommen und nach Berlin überführt.

Gleich bei ihrem ersten Verhör im Berliner Polizeipräsidium gestand Marie Böhm ein, indirekt in den Mord verwickelt gewesen zu sein. Danielowski sei es gewesen, der vorgeschlagen habe, Frau Jakobi, von der er wusste, dass sie einen illegalen Schmuckhandel betrieb, zu überfallen. Zu diesem Zweck wollte er sie mit einem Schlafpulver betäuben. Zusammen mit ihrer Schwester habe er sie losgeschickt, das Schlafpulver zu kaufen, und in einem Café in der Friedrichstraße hätten sie es ihm dann übergeben. Danach hätten sie sich getrennt und erst am Abend auf dem Lehrter Bahnhof wiedergesehen, wo er ihnen den Anteil aus dem Raub übergeben hätte. Dabei habe er erklärt, dass es zu einem Zwischenfall gekommen sei und er Frau Jakobi ermordet habe. Danielowski habe ihnen auf dem Bahnhof ein Paket gegeben und behauptet, das Pulver habe nicht gewirkt. Es sei zu einem Streit gekommen, in dessen Verlauf er Frau Jakobi erwürgt habe. Sie, Marie Böhm, habe bisher geschwiegen, um nicht in diese Sache hineingezogen zu werden.

Als Danielowski die Aussage vorgelesen wurde, legte er ebenfalls ein Geständnis ab, widersprach jedoch den Angaben der Böhm in entscheidenden Punkten. Nach seiner Aussage waren die beiden Schwestern die Anstifterinnen. Sie hätten die Idee gehabt, die Jakobi zu betäuben und dann zu bestehlen. Er habe sich von ihnen lediglich überreden lassen. Die Mädels seien es auch gewesen, die Frau Jakobi betäubt hätten. Erst dann hätten sie ihn durch die Seitentür in die hinter dem Lokal liegende Wohnung der Jakobi eingelassen. Er habe dort tatsächlich die Glasscheibe des Büfettschrankes zertrümmert und das Geld aus der Kasse genommen. Schmuck habe er allerdings keinen erbeutet, denn als er bemerkt habe, dass die Jakobi tot war, sei er in Panik geflüchtet und gleich zurück nach Danzig gefahren, wo er wenige Tage später in der Wohnung seiner Eltern einen eingeschriebenen Brief von Marie Böhm bekommen habe, in dem sie ihm hundert Mark übersandte und ihn bat, nichts zu verraten.

Wie dem auch sei, jedenfalls war der Fall Jakobi nach acht Jahren endlich aufgeklärt, denn daran, dass Danielowski schuldig war, bestand keinerlei Zweifel mehr.

Der Mordfall Fehse

Kein anderer Fall in der Kriminalgeschichte der Weimarer Republik rief in der Öffentlichkeit ein derartiges Entsetzen hervor wie der Mord an den Geschwistern Fehse in Breslau, und nicht zu Unrecht bezeichnete das *Berliner Tageblatt* den Doppelmord als »das abscheulichste Verbrechen des Jahrzehnts«. Zudem wurde der Fall Fehse zu einem Prüfstand für die Arbeit der Kriminalpolizei, die zwar allgemein einen hervorragenden Ruf genoß, bei der Aufklärung von Sexualverbrechen an Kindern jedoch immer wieder versagte. Selten waren die Ermittler derart ins Kreuzfeuer der Kritik geraten, und sie mussten sich die Frage gefallen lassen: Was ist von einer Kriminalpolizei zu halten, die sich mit der Aufklärung von 98 % aller Mordfälle brüstet, aber nicht in der Lage ist, die verabscheuungswürdigsten Verbrechen, nämlich die an Kindern, aufzuklären? Viel zu viele Sexualmorde an Kindern waren in den letzten Jahren in Deutschland ungesühnt geblieben. Und wenn der Zufall der Polizei nicht zu Hilfe gekommen wäre, hätte man nicht einmal den Massenmörder Haarmann gefasst. Eine Tatsache, die die Öffentlichkeit mehr und mehr beunruhigte.

Am Sonnabend, dem 5. Juni 1926, entdeckten Spaziergänger gegen 22.45 Uhr an der Umfassungsmauer der Breslauer Technischen Hochschule, unweit des Eingangs an der Uferzeile, ein herrenloses Paket, das gegen die Mauer gelehnt war. Aus Furcht, das Paket könnte vielleicht eine Bombe enthalten, transportierte die Polizei das Fundstück unter größten Vorsichtsmaßnahmen aufs Polizeirevier, wo es ebenso behutsam geöffnet wurde. Kaum hatten die Beamten das Papier entfernt, packte sie blankes Entsetzen. Das Paket enthielt die bestialisch verstümmelte Leiche eines Mädchens und den Kopf eines Knaben, außerdem verschiedene Kleidungsstücke, vermutlich die der Kinder.

Die Identität der Opfer konnte schnell geklärt werden, denn wenige Stunden zuvor, gegen acht Uhr etwa, hatte eine gewisse Frau Fehse ihre beiden Kinder, die achtjährige Erika und den elfeinhalbjährigen Otto, die von einem kurzen Besorgungsgang nicht zurückgekehrt waren, als vermisst gemeldet. Sofort wurde Frau Fehse auf die Wache geholt. Mochte der Anblick der Leichenteile auch noch so entsetzlich sein, die Polizei konnte ihr die schwere Aufgabe nicht ersparen, die Kinder zu identifizieren.

Die bösen Vorahnungen der Mutter sollten sich bestätigen: Es waren ihre Kinder. Auch die im Paket befindlichen Kleidungsstücke gehörten ihnen. Allerdings stellte die Mutter fest, dass der Schlüpfer des Mädchens, die Matrosenbluse des Jungen sowie sein Hemd und seine Hosenträger fehlten.

»Und was ist mit den Schuhen und Strümpfen?«, fragte der Beamte.

Frau Fehse schüttelte den Kopf. Die beiden seien meistens barfuß gelaufen, erklärte sie.

Das Breslauer Polizeipräsidium setzte alle Hebel in Bewegung, um das scheußliche Verbrechen so schnell wie möglich aufzuklären. Noch in derselben Nacht wurden Hundeführer an den Fundort gebracht. In der naiven Hoffnung, die Tiere könnten die Spur des Paketes bis zum Tatort zurückverfolgen, ließ man sie Witterung aufnehmen. Doch wie nicht anders zu erwarten, schlug die Aktion fehl. Schon nach wenigen Metern verloren die Hunde die Spur.

Bei der Polizei herrschte eine Art Ausnahmezustand. Fast die gesamte Breslauer Polizei wurde sofort mobilisiert, um nach den

Die achtjährige Erika Fehse war zusammen mit ihrem elfjährigen Bruder am 5. Juni 1926 verschleppt und ermordet worden.

restlichen Leichenteilen zu suchen, eine Aktion, die in der Nacht zum Montag tatsächlich zum Erfolg führte. Eine Polizeistreife entdeckte in einer Parkanlage ein in Sackleinwand eingeschlagenes verdächtiges Paket. Es enthielt den Rumpf und die Gliedmaßen des Jungen.

Angesichts dieses Verbrechens von beispiellosem Sadismus machten sich die Breslauer Kriminalisten keinerlei Illusionen. Sie wussten, dass sie mit der Aufklärung dieses Verbrechens überfordert waren. Zu viele Misserfolge hatten sie in der letzten Zeit hinnehmen müssen, und noch einen Fehlschlag konnten sie sich kaum leisten. So sahen sie keinen anderen Ausweg, als das Berliner Polizeipräsidium um Unterstützung zu bitten.

Es hatte sich längst bis nach Breslau herumgesprochen, dass der Leiter der neugegründeten Berliner Mordinspektion ein genialer Mordexperte war, dem jeder oder wenigstens fast jeder Mörder ins Netz ging.

Angesichts der Schwere der Tat erklärte sich Polizeipräsident Albert Grzesinski einverstanden, den besten Mann der Kriminalpolizei nach Breslau zu schicken, und so blieb Gennat nur noch Zeit, Wäsche, Rasier- und Waschzeug aus seiner Wohnung in Charlottenburg zu holen. Der Fall wurde als so brisant eingestuft, dass man ihn im »Mordauto« zum gerade erst ausgebauten Zentralflughafen Tempelhof fuhr und mit einer Sondermaschine nach Breslau flog. Am Abend des 7. Juni 1926 schrieb er an den Kollegen Ludwig Werneburg, der während seiner Abwesenheit die Berliner Mordinspektion leitete: »Lieber Herr Werneburg! Mit dem Flugzeug nach wunderschöner Fahrt in zwei Stunden hier eingetroffen, sind wir bereits ununterbrochen in der Sache tätig. Ich bin infolgedessen bisher nicht dazu gekommen, Ihnen das versprochene Telegramm zu senden. [...]«

Die Tatsache, dass beide Kinder auf unterschiedliche Weise ermordet worden waren, hielt Gennat für einen besonders interessanten Aspekt. Dem Mädchen war die Kehle durchgeschnitten und der Körper in drei Teile zerlegt worden: Kopf, Rumpfstück bis zum Nabel, Unterkörper. Der Kopf war skalpiert, Brust- und Bauchhöhle geöffnet. Mit Ausnahme der Blase und der inneren Geschlechtsteile fehlten sämtliche Bauchorgane, die linke Gesäßbacke, die äußeren Geschlechtsteile sowie die behaarte Kopfhaut. Hand- und Fußgelenke wiesen deutliche Spuren von Fesselungen auf. Eigenartig waren zahlreiche oberflächliche Längsschnitte auf der Brust sowie horizontal verlaufende Schnitte am linken Knie. Weder Gennat noch der Gerichtsarzt hatten eine Erklärung dafür.

Der Knabe war hingegen erstickt worden. Der Kopf war ebenfalls vom Rumpf abgetrennt, ebenso beide Oberschenkel sowie die Unterschenkel vom Oberschenkel. Auch dem Jungen hatte der Mörder die Bauchhöhle geöffnet. Es fehlten der größte Teil des Darmes, der Magen, das Geschlechtsteil und beide Kniescheiben. Auch bei dem Jungen zeigten Hand- und Fußgelenke Spuren von Fesselungen.

Wenige Stunden vor Gennats Ankunft in Breslau erreichte der Fall seinen grausigen Höhepunkt: Am Vormittag erhielt Otto Urban, der Großvater der Kinder, ein Päckchen. Da es nicht groß war, hatte der Postbote es in den Briefkasten werfen können. Noch im Flur öffnete Urban es und brach in einem Weinkrampf zusammen. Es enthielt, eingewickelt in das Höschen des Mädchens, die Geschlechtsteile der beiden Kinder.

Gennat ging davon aus, dass es sich bei dem Täter um einen Serientäter handelte, der aller Wahrscheinlichkeit nach schon früher einmal ein solches Verbrechen verübt hatte. Umgehend setzte er sich telegrafisch mit seinem Kollegen Werneburg in Verbindung und bat ihn, ihm eine Liste ähnlicher Fälle, ob aufgeklärt oder nicht, zusammenzustellen.

Wenige Stunden später erhielt Gennat Antwort. Werneburg hatte ihm für die Zeit von 1906 bis 1926 eine Liste mit elf vergleichbaren Taten im Deutschen Reich aufgestellt; Fälle, die alle nicht geklärt werden konnten. In der Tat kein Ruhmesblatt für die Kriminalpolizei.

Gennat konzentrierte sich insbesondere auf zwei Fälle:

Am 23. Februar 1906 war in Hamburg Altona ein sechsjähriges Mädchen auf ebenso sadistische Weise ermordet worden. Der Täter hatte sein Opfer erstickt, ihm den Leib aufgeschlitzt, die Leber, die Milz und die rechte Niere herausgenommen.

Am 12. Januar 1914 war in Hannover ein fünfjähriges Mädchen einem ganz ähnlichen Mord zum Opfer gefallen. Ihm war die Kehle durchgeschnitten und der Bauch aufgeschlitzt worden. Es fehlten Leber und beide Gesäßhälften. In beiden Fällen hatte es eine ganze Reihe von Verdächtigen gegeben, keiner von ihnen konnte jedoch der Tat überführt und alle mussten wieder auf freien Fuß gesetzt werden ...

Vor Gennat stand eine undankbare Aufgabe. Es war keine günstige Voraussetzung, in einer fremden Umgebung zu ermitteln. Gennat kannte sich in Breslau nicht aus, kannte das Milieu nicht. Hier konnte er nicht auf die Kontakte in der Unterwelt zurückgreifen, die seine Arbeit, insbesondere, wenn es um Mord ging, in Berlin unterstützten. Offiziell betonte er zwar die harmonische Zusammenarbeit mit den Breslauer Kollegen, aber begeistert waren diese sicher nicht, dass man ihnen den berühmten Kriminalrat aus Berlin vor die Nase gesetzt hatte.

Zunächst wollte Gennat alles über die Fehse-Kinder und deren Umgang wissen: Die Mutter der beiden Kinder war seit mehreren Jahren geschieden und schlug sich und ihre Kinder mehr schlecht als recht durch. Sie arbeitete als Masseuse und als Näherin für Lampenschirme, trotzdem war ihre soziale Situation so angespannt, dass sie noch von ihren Eltern unterstützt wurde. Zeit für ihre Kinder hatte sie nicht, deshalb gingen sie gleich nach der Schule zu den Großeltern, die mit der Beaufsichtigung der Geschwister jedoch völlig überfordert waren und oft nicht einmal wussten, wo sie sich herumtrieben. Offenbar bekamen die Kinder auch nicht genug zu essen. Eine Gemüsehändlerin sagte nämlich aus, Otto Fehse habe oft bei ihr nach Obst gebettelt.

Die Großeltern, der Großvater war Korbmacher und betrieb eine kleine Werkstatt, wohnten in der Gartenstraße, einem Sammelpunkt der Breslauer Unterwelt. Eine Gegend, die der am Schlesischen Bahnhof in Berlin nicht unähnlich war. Sie war geprägt von unzähligen schmuddeligen Stundenhotels und Absteigequartieren, Verbrecherkaschemmen und illegalen Spielclubs. Berufs- und Gelegenheitsgauner, Zuhälter, Prostituierte und Strichjungen beherrschten das Straßenbild.

Oft erledigten die Kinder Botengänge für den Großvater. Wenn dieser keinen »Auftrag« für sie hatte, lungerten sie am Hauptbahnhof herum und verdienten sich mit kleinen Handreichungen beim Ausladen von Güterwaggons ein bescheidenes Taschengeld.

Die Kinder waren also nicht eben auf der Sonnenseite des Lebens zu Hause.

Interessante Anhaltspunkte für die Fahndung bot das Verpackungsmaterial: Die Leichenteile, die vor der Technischen Hochschule gefunden worden waren, hatte der Täter in alte Sackleinwand eingewickelt und dieses Paket dann in einen Papiersack der Frauendorfer Zement- und Kalkwerke verpackt. Die Ermittlungen ergaben, dass solche Säcke seit eineinhalb Jahren nicht mehr in Gebrauch waren. Umschnürt war das Paket mit einem gewöhnlichen Hanfbindfaden. Das zweite Paket war nur in Sackleinwand geschnürt.

Auch das Päckchen, das der Großvater erhalten hatte, wies bemerkenswerte Besonderheiten auf. Auf dem gelblich-weißen Einwickelpapier klebte ein viereckiger weißer Zettel mit der Adresse. Der Großvater hatte sofort die Handschrift seines Enkels erkannt. War das Kind, bevor es ermordet wurde, dazu gezwungen worden, die Adresse aufzuschreiben? Doch Otto Fehse hatte statt der richtigen Hausnummer, der Nummer 97, die Nummer 88 des gegenüberliegenden Hauses auf den Zettel geschrieben. Dass der aufgeweckte Otto sich einfach nur geirrt haben könnte, schien ausgeschlossen. Aber warum hatte er das getan? Aus den Unterlagen geht nicht hervor, ob im Zuge der Ermittlungen jemals der Frage nachgegangen wurde, ob die Zahl 88 mit dem Fall in irgendeinem Zusammenhang stand und ob der Junge damit einen Hinweis geben wollte.

Doch zunächst galt es, den Weg der Kinder zu rekonstruieren: Nach der Schule waren die beiden erst in die Wohnung der Mutter in der Brandenburger Straße gegangen, wo sie ihre Schulmappen ablegten. Dann gingen sie gleich in die Gartenstraße zu den Großeltern. Gegen vierzehn Uhr beauftragte der Großvater seinen Enkel, aus dem Geschäft eines befreundeten Korbmachers in der Kreuzstraße ein Bündel Weiden abzuholen. Otto sollte den Handwagen mitnehmen, den der Großvater ihm aus dem Keller holen wollte, denn so ein Bündel Weiden wog immerhin fünfundzwanzig Pfund, doch Otto lehnte ab. Begleitet von seiner Schwester ging er ohne Handwagen los. Nach Aussage eines Zeugen, eines Bauarbeiters, war den Kindern sogleich ein Mann, der sie schon längere Zeit aus einer Bedürfnisanstalt heraus beobachtet hatte, gefolgt. Beschreiben konnte der Zeuge den Unbekannten jedoch nicht.

Auf ihrem Rückweg waren die Kinder dann mit ihrer schweren Last von mehreren Zeugen gesehen worden, aber einen Erwachsenen, der ihnen gefolgt wäre, hatte niemand bemerkt. Einige hatten allerdings beobachtet, dass sie in der Taschenstraße von einem jungen Mann angesprochen worden waren, der sich kurz mit den Kindern unterhielt und dem Jungen dann das Weidenbündel abnahm. Die drei waren danach, als sie in Richtung Gartenstraße gingen, noch mehrfach gesehen worden.

Der junge Mann, ein kaufmännischer Lehrling, meldete sich aufgrund einer Pressenotiz umgehend bei der Polizei. Er habe nur aus Gutmütigkeit Hilfe geleistet, weil er gesehen habe, dass das Weidenbündel für den Jungen viel zu schwer war. Der junge Mann wurde gründlich überprüft, aber es konnte kein Verdacht gegen ihn erhoben werden.

Als die Kinder gegen sechzehn Uhr wieder in der Werkstatt des Großvaters eintrafen, schickte er sie gleich noch einmal fort. Diesmal sollten sie in die Weidenstraße gehen, um ein Stück Leder zu holen, das von ihrer Mutter zur Reparatur eines Kinderwagenverdecks benötigt wurde. Bei dem Lederhändler hielten sich die Kinder relativ lange auf, denn er hatte einen Kanarienvogel, von dem sie sich gar nicht wieder trennen wollten. Unmittelbar nach ihrer Rückkehr, gegen siebzehn Uhr, schickte sie nun die Mutter zur Post, wo sie ein Paket abholen sollten. Auch auf diesem Weg waren die Kinder mehrfach gesehen worden, so vor dem Atelier eines Fotografen in der Taschenstraße, vor dem zwei Hochzeitskutschen standen. In einer der Kutschen waren drei Kinder in Festtagsstaat zurückgeblieben. Die Geschwister Fehse konnten sich nicht beherrschen, lachten die feingemachten Kinder aus und hänselten sie, wie Zeugen aussagten. Vor diesem Atelier wollte eine Zeugin gesehen haben, dass die Kinder von zwei Männern beobachtet wurden. Beschreiben konnte sie die Männer jedoch nicht. Auf ihrem weiteren Weg zur Post waren die Kinder dann noch mehrmals beobachtet worden, und die Mehrzahl der Zeugen wollte sie in Begleitung von zwei Männern gesehen haben. Die Beschreibungen waren aber viel zu vage, als dass man nach den Männern hätte die Fahndung ausschreiben können.

Auf der Post waren die Kinder jedenfalls noch gewesen, denn ein in der Paketannahme des Paketpostamtes 22 beschäftigter Beamter gab später an, dass sich am betreffenden Tag ein Junge und ein Mädchen gegen sechs Uhr abends nach einem Paket für die Mutter erkundigt hätten. Er habe ihnen erklärt, dass sie, um zur Paketausgabestelle zu kommen, den Eingang in der Breitestraße benutzen müssten.

Danach wurden die Kinder offenbar nicht mehr gesehen. Erika und Otto Fehse verschwanden also gegen achtzehn Uhr.

Gennat ging davon aus, dass sich der Tatort in unmittelbarer Nähe der Post oder in der Nähe der Fundorte der Pakete befinden musste, und er ließ sowohl das Postamt als auch die Räume der Technischen Hochschule gründlich durchsuchen. Um sicherzugehen, dass nichts übersehen worden war, wurde die Durchsuchung sogar an mehreren Tagen wiederholt. Es fanden sich aber keinerlei Spuren.

Aus der Bevölkerung gingen zahllose Hinweise auf mögliche Tatorte ein: leerstehende Wohnungen, ehemalige Lagerhallen und Fabrikgebäude, sogar ein unterirdischer Klostergang wurde gründlich inspiziert.

Die Bevölkerung entwickelte geradezu einen Übereifer. Immer wieder gab es Hinweise auf Blutspuren, die sich in allen Fällen jedoch als älter erwiesen und mit dem Fehse-Mord nichts zu tun haben konnten. Eine Unzahl von Leuten meldete sich, die verdächtige Geräusche gehört haben wollten, ein Schreien oder Wimmern.

Hellseher, Spiritisten, Okkultisten und Hypnotiseure boten ihre Dienste an. Die nannten auch tatsächlich alle einen Tatort – doch jeder einen anderen. Es gab zahlreiche Verdächtige, aber alle mussten nach kurzer Zeit wieder auf freien Fuß gesetzt werden.

Ernst Gennat blieb optimistisch und schrieb am 13. Juni 1926 nach Berlin: »Da es nach menschlichem Ermessen möglich sein muß, den Tatort durch Mitwirkung des Publikums zu ermitteln, ist zwecks Provokation einer derartigen Mitwirkung unter Berücksichtigung des ungewöhnlichen Verbrechens auch zu ungewöhnlichen Mitteln gegriffen worden.«

Das Mittel, zu dem Gennat hier griff, war tatsächlich außergewöhnlich, sollte in den nächsten Jahren aber noch mehrfach angewandt werden.

Ernst Gennat hatte sich von einem bekannten Warenhaus in der Breslauer Innenstadt ein Schaufenster zur Verfügung stellen lassen, in dem er Wachspuppen in Originalgröße der Fehse-Kinder mit deren Originalkleidern ausstellen ließ: Otto Fehse in seiner blauweiß gestreiften Matrosenbluse und der dunklen Kniehose, Erika Fehse in ihrem dunkelblauen kurzärmeligen Wollkleidchen mit aufgenähten bunten Wollblumen und der schwarzen Schürze mit bunter Borte. Daneben lagen naturgetreue Nachbildungen der Pakete, zum Teil unter Verwendung der Originalumhüllungen, dazu Skizzen mit den Fundstellen der Pakete. Zudem wurden hunderttausend Handzettel mit dem Fahndungsaufruf verteilt.

An die Bevölkerung
von Breslau und Umgegend!

„Such- und Fahndungs-Tag!"

Auf dem Ringe sind die

Kleider der ermordeten Kinder

ausgestellt! Daneben die **Pakete** in Originalumhüllung!

Geht noch heute hin und beantwortet folgende Fragen:

Habt Ihr **diese Kinder** am Sonnabend Nachmittag und später gesehen?

Wann? — Wo? — Mit wem?

Habt Ihr am Sonnabend oder Sonntag Personen mit

diesen auffallenden Paketen gesehen?

Habt Ihr schon **alle überall** Euer Haus, Eure Keller, Eure Böden, Eure Gartengrundstück, Eure Schrebergärten, Eure Lauben, Eure Remisen, Eure Schuppen, Eure Garagen usw. durchsucht?

Niemand — sei es Privatmann oder Behörde — darf sich der sofortigen Ausführung dieser **Pflicht** entziehen.

Alle müssen helfen, den Unhold zur Strecke zu bringen.

Anzeigen an die nächste Polizeistelle oder an

die Kriminalpolizei.

Mit einem Flugblatt werden die Bürger von Breslau auf die ausgestellten Asservate hingewiesen.

Die ausgestellten Asservate zum Mordfall Fehse im Schaufenster eines Warenhauses in der Breslauer Innenstadt.

Gennat graste die Breslauer Unterwelt systematisch ab, ermittelte in Verbrecherkreisen, insbesondere im Milieu der Homosexuellen, Stricher, Prostituierten und Zuhälter: ohne Erfolg. Als Ernst Gennat am 31. Juli 1926 von Ludwig Werneburg abgelöst wurde, fehlte vom Täter noch immer jede Spur. Nicht einmal der Tatort war ermittelt worden. Und auch Werneburg kehrte einige Wochen später ohne greifbares Ermittlungsergebnis nach Berlin zurück.

Doch weder in Breslau noch in Berlin wurde der Fall jemals ganz aus den Augen verloren, auch nicht von Kriminalrat Gennat. Die Idee vom Wiederholungstäter schwirrte ihm auch Jahre danach noch durch den Kopf. So lud er vier Jahre später, im Mai 1930, einen gewissen Theodor Berger vor. Berger war 1904 wegen angeblichen Mordes an der achtjährigen Lucie Berlin aus der Ackerstraße zu fünfzehn Jahren Zuchthaus verurteilt worden. Berger, der stets seine Unschuld beteuert hatte, war in einem fragwürdigen Indizienprozess verurteilt worden, und auch nach seiner Verurteilung wollten die kritischen Stimmen nicht verstummen, die von der tatsächlichen Täterschaft Bergers nicht überzeugt waren. Berger hatte seine Strafe bis auf den letzten Tag absitzen müssen und handelte inzwischen mit heißen Würstchen. Mit einem Chromkessel zog er durch die Straßen und verkaufte seine Ware.

Gennat ließ ihn vorführen und wollte von ihm wissen, ob er im Juni 1926 in Breslau gewesen sei. Berger meinte, er könne keine detaillierten Angaben machen, wo er sich um den 4. Juni herum aufgehalten habe. Seiner Meinung nach müssten die von ihm dem Finanzamt in der Friedrichstraße eingereichten Steuerbücher allerdings den Nachweis ermöglichen, dass er sich seinerzeit in Berlin aufgehalten habe. Er nahm die Gelegenheit wahr, noch einmal seine Unschuld in der Sache Lucie Berlin zu beteuern.

Das Finanzamt bestätigte Bergers Angaben. Im Juni 1926 hatte er regelmäßig seine Steuern bezahlt. Gennat musste ihm also glauben.

Seltsam ist in diesem Zusammenhang, dass Gennat zwar den Fall Lucie Berlin noch einmal durchging, nicht aber den Mordfall Hermann Blecher, der doch verblüffende Parallelen zum Fall

Fehse aufzeigt: Der fünfzehnjährige Schneiderlehrling Blecher aus der Steinstraße im Scheunenviertel war im April 1908 verschleppt und ermordet worden. Kurze Zeit nach dem Mord waren die in Sackleinwand eingepackten verstümmelten Leichenteile des Jungen im Landwehrkanal nahe der Charlottenburger Brücke gefunden worden. Der Täter hatte, ganz ähnlich wie im Fall Fehse, den Schädel skalpiert. In dem Paket befanden sich innere Organe wie Milz, Leber, Herz und Lunge, die der Täter entnommen hatte, andere Teile, so die Hände, die Füße und die Geschlechtsteile, fehlten. Als Täter konnte der dreiundvierzigjährige, mehrfach vorbestrafte Gelegenheitsarbeiter August Heider überführt werden. Heider wurde seinerzeit zu zehn Jahren Zuchthaus verurteilt. Inzwischen war der nunmehr Einundsechzigjährige seit acht Jahren wieder auf freiem Fuß ...

Auch die Polizei in Breslau tappte weiterhin im Dunkeln. Vom Täter fehlte noch immer jede Spur, und auch der Tatort war bis jetzt nicht entdeckt worden. Die Chancen, nach gut vier Jahren noch zu einem greifbaren Ermittlungsergebnis zu kommen, wurden als gering, wenn nicht gar als aussichtslos eingeschätzt.

Im Oktober 1930 schien dann aber doch endlich Bewegung in den Fall zu kommen. »Eine neue Spur in der Fehse-Angelegenheit - Ein mysteriöser Brief gefunden«, titelte die *Schlesische Volkszeitung* am 10. Oktober. Schon im August hatte ein Spaziergänger den Fetzen eines Briefes gefunden, auf dem mysteriöse Wörter wie »ehrloser Schwerverbrecher« und »... beiden Fehse-Kindern ausgeführt hast ...« vorkamen.

Die Ermittler hatten den rätselhaften Fund zunächst geheim gehalten, doch als es ihnen nicht gelang, den Briefschreiber ausfindig zu machen, wandten sie sich an die Öffentlichkeit und ließen den Brieffetzen in der Tagespresse abdrucken, um auf diese Weise eventuelle Hinweise auf den Verfasser zu bekommen.

Unmittelbar nach der Veröffentlichung in der Presse meldete sich der Briefschreiber reumütig bei der Polizei. Es handelte sich um einen sechsundsechzigjährigen Arbeiter, der zugab, den Brief vor zwei Jahren an einen Arbeitskollegen geschrieben zu haben, dem er die Schuld daran gab, dass er seine Arbeit verloren hatte. Er habe ihn allerdings nie abgeschickt, sondern immer in seiner

Manteltasche herumgetragen. Mit seinem Taschentuch habe er ihn wohl versehentlich mit herausgezogen. An dem, was er da geschrieben habe, sei natürlich nichts wahr. Deshalb habe er den Brief ja auch nie abgeschickt.

Im Sommer 1934, inzwischen waren die Nationalsozialisten an der Macht, sorgte der Fall Fehse erneut für Schlagzeilen. Das nationalsozialistische Wochenblatt *Der Stürmer* brachte in seiner Nr. 32 unter der Überschrift »Der Ritualmord in Breslau« einen völlig unzutreffenden, ja wirren Bericht über den Mordfall Fehse und behauptete allen Ernstes, dass es sich nicht etwa um einen Sexualmord, sondern um einen »Ritualmord«, verübt von einem Juden, gehandelt habe. Die Mär vom »Ritualmord« wurde nun vom *Stürmer* ausgeschlachtet. Darüber hinaus wurde die Breslauer Kriminalpolizei in unflätiger Weise herabgewürdigt und beschimpft.

Doch der stellvertretende Polizeipräsident von Breslau bewies Courage und setzte dem Spuk ein schnelles Ende: Er ließ das Blatt, zumindest in seinem Wirkungsbereich, sofort nach seinem Erscheinen beschlagnahmen und einstampfen.

Das Material zum Mordfall Fehse war im Laufe der Jahre auf 120 Bände angewachsen, und noch immer war kein Ermittlungsergebnis in Sicht. Im Sommer 1934 setzte der neue Polizeipräsident von Breslau noch einmal eine Sonderkommission auf den Fall an, und im Herbst 1934 schien es tatsächlich eine heiße Spur zu geben.

Im Zuge der wiederaufgenommenen Ermittlungen stieß die Polizei rein zufällig auf Herbert Höll, einen dreiunddreißigjährigen Mann, der seit 1924 unangemeldet in Breslau lebte. Ein Sonderling, der in der Dachkammer eines Wirtschaftsgebäudes einer Villa in einem Breslauer Vorort völlig weltabgeschieden hauste. Eine Haussuchung in der total verwahrlosten Wohnung brachte Verblüffendes zutage. Die Ermittler fanden nicht nur 6.700 pornographische Postkarten, sondern auch noch ganze Stöße von Manuskriptpapier, eng mit stenographischen Aufzeichnungen beschrieben. Die Stenogramme wurden von mehreren Sekretärinnen abgetippt. Das Ergebnis: ein Material von 3.944 Schreibmaschinenseiten! Die Aufzeichnungen enthielten samt und sonders Schilderungen von Lustmorden, die der Verfasser offenbar in seiner Phantasie durchgespielt hatte.

Doch damit nicht genug. Die Beamten entdeckten eine umfangreiche Kartei, die ausschließlich Adressen von Breslauer Kindern enthielt. Höll musste die Kinder verfolgt und so ihre Adressen ermittelt haben.

Zudem hatte er über viele Jahre alle Zeitungsartikel über Sexual- beziehungsweise Lustmorde gesammelt. Seltsamerweise fand sich darunter aber kein einziger Artikel zum Mord an den Fehse-Kindern, was schon insofern eigenartig war, als kaum ein anderer Mord in der Presse eine derartige Resonanz gefunden hatte.

Am 17. November 1934 wurde Höll verhaftet.

Er leugnete zwar jede Täterschaft, doch wurde er bei einer Gegenüberstellung von zwei Frauen unabhängig voneinander wiedererkannt, die ihn an dem fraglichen Nachmittag in Begleitung der Fehseschen Kinder gesehen haben wollten. Aber auch die Zeugen mussten sich unangenehme Fragen gefallen lassen. Konnten sie sich nach nunmehr acht Jahren tatsächlich noch an das Gesicht des Mannes erinnern?

Heute würde man es so formulieren: Höll passte ins Täterprofil. Der in Dresden geborene Herbert Höll war schon während seiner Schulzeit durch seine abnormen sexuellen Neigungen immer wieder aufgefallen und war wohl auch deshalb völlig isoliert. 1924 kam er nach Breslau, um Mathematik zu studieren. Er galt als überdurchschnittlich begabt, und seine Lehrer sagten ihm eine glänzende wissenschaftliche Laufbahn voraus. Kurzum: Höll war hochbegabt mit einer abnormen sexuellen Veranlagung.

Auf einmal meldeten sich Zeugen, die behaupteten, vor Jahren von Höll belästigt worden zu sein. Außerdem konnte die Kriminalpolizei ermitteln, dass er zur Zeit des Mordes in der Breslauer Innenstadt einen zweiten Unterschlupf hatte. Es konnte tatsächlich nachgewiesen werden, dass er von Zeit zu Zeit in einem abgelegenen Zimmer in der Groschengasse unmittelbar neben der Schweidnitzer Straße, der Hauptgeschäftsstraße Breslaus, hauste. Es lag durchaus im Bereich des Möglichen, dass Höll die Tat dort begangen hatte. Beweisen ließ es sich indes nicht.

Erst am 4. Februar 1935 teilte das Polizeipräsidium von Breslau der Öffentlichkeit in einer Pressekonferenz die Festnahme des Verdächtigen mit.

»Breslauer Kindermord nach acht Jahren vor der Aufklärung«, meldete der *Berliner Lokal-Anzeiger* am 5. Februar 1935, und *Der Westen* brachte einen Tag später unter der Überschrift »Der Unhold von Breslau. Wie der geheimnisvolle Sonderling entdeckt wurde« eine große Reportage. Die allgemeine Euphorie sollte jedoch schon bald einen Dämpfer bekommen.

Die Sache hatte nämlich einen Schönheitsfehler: Höll bestritt seine Schuld energisch, und wirklich stichhaltige Beweise dafür gab es nicht.

Verschiedene Zeugen, denen Höll gegenübergestellt wurde, behaupteten, in ihm einen der Männer wiederzuerkennen, die mit den Fehse-Kindern zuletzt gesehen worden waren. Doch selbst die Beamten der Sonderkommission zweifelten an der Glaubwürdigkeit der Zeugen, denn Höll hatte damals noch lockiges Haar getragen. Zudem hielten sie es für recht unwahrscheinlich, dass es möglich sein könnte, eine Person nach nunmehr neun Jahren noch zweifelsfrei zu identifizieren. Warum sie dennoch die Gegenüberstellungen vornahmen, sollte ihr Geheimnis bleiben.

Der Staatsanwaltschaft jedenfalls genügte das Material nicht, um Mordanklage gegen Höll zu erheben. Es reichte allenfalls zur Anklage wegen Erregung öffentlichen Ärgernisses, denn zahlreiche Frauen hatten ausgesagt, in den letzten Jahren von Höll belästigt worden zu sein. So wurde am 1. April 1936 vor der Breslauer Strafkammer doch noch der Prozess gegen den nunmehr 35-jährigen Höll eröffnet. Da sich die Zeuginnen in der Beschreibung des Täters aber erheblich widersprachen, sprach das Gericht Höll frei. Trotz des Freispruchs wurde Höll nicht auf freien Fuß gesetzt. Auf Veranlassung des Breslauer Polizeipräsidenten blieb er in Polizeigewahrsam.

Im August 1936 meldete sich bei der Polizei ein Breslauer Bürger, der sich absolut sicher war, den Täter zu kennen, ja ihn gar ermittelt zu haben. Ein gewisser Walter Krause behauptete, seinerzeit einen Mann beobachtet zu haben, der mit Sicherheit der Mörder der Fehse-Kinder sei. Der eifrige Hobby-Detektiv hatte den von ihm Verdächtigten tatsächlich bis ins kleinste Detail ausspioniert, seinen Namen, seine Wohnung, seine Lebensgewohnheiten. Es handelte sich um einen Dr. jur. Artur Engel. Krause war in der Tat fleißig gewesen. Er fand heraus, dass Engel 1924 als Student nach Breslau gekommen war, wo er bis 1926 gewohnt hatte, und dass er 1927 nach Berlin gezogen war. Schon unmittelbar nach dem Mord an den Fehse-Kindern war Krause bei der Polizei vorstellig geworden, man hatte ihn aber abgewimmelt. Kurz nachdem die Verhaftung von Höll bekanntgegeben worden war, meldete er sich erneut bei der Kripo und versuchte ihr zu erklären, dass sie auf dem Holzweg sei, er aber den Mörder kenne. Da man ihn offenbar nicht ernst nahm, beschloß er, den Fall »auf eigene Faust vorwärts zu treiben«. Und jetzt erstattete er Anzeige wegen Mordes gegen Dr. Engel. Krauses Ausführungen waren derart abwegig, dass hier nicht näher darauf eingegangen werden soll. Aber was machte jenen Dr. Artur Engel so verdächtig? Er war Jude. Krause, der aus seinem Antisemitismus kein Hehl machte, war sich sicher: Der Mord an den Fehse-Kindern war kein Lustmord, sondern ein »Ritualmord«.

Krause wusste sogar, wo Engel in Berlin wohnte: nämlich in Berlin-Wilmersdorf in der Motzstraße 78, bei einer jüdischen Familie, wie Krause ausdrücklich betonte.

Am 4. September 1936 wurde das Schreiben von Krause an Ernst Gennat in Berlin weitergeleitet. Der erfahrene Kriminalrat hasste Leute, die der Kriminalpolizei vorschreiben wollten, wie sie ihre Arbeit zu machen hätte. Für ihn gehörten sie in die Rubrik »Klugscheißer«.

Was Ernst Gennat von Krauses Darlegungen hielt, bewies wohl die Tatsache, dass er auf das Schreiben erst am 18. Januar 1937 antwortete, man habe Engel überprüft, ja sogar über einen längeren Zeitraum observiert, es läge aber kein Verdacht gegen ihn vor.

Der Mord an den Geschwistern Fehse ist nie geklärt worden.

Das Mädchen aus Pankow

»Schauen Sie, Fräulein Margarete, hier ist ein Brief für Sie«, sagte Frau Gerlach zu ihrem Dienstmädchen, das gerade aus der Waschküche kam, und reichte ihm den Brief. Margarete Keding erkannte an der Handschrift, dass es ein Brief von ihrer Mutter aus Rostock war. Erwartungsvoll riss sie ihn auf.

»Fünfzig Mark«, rief sie freudig aus und strahlte. »Frau Gerlach, schauen Sie nur, das ist ja wunderbar. Nun kann ich endlich zum Fotografen.«

»Sie wollen sich fotografieren lassen? Wollen Sie sich etwa bei der Ufa bewerben?«, fragte Frau Gerlach und lachte, denn sie kannte die Schwärmerei ihres Dienstmädchens für den Film nur zur Genüge.

»Aber Frau Gerlach, was Sie schon wieder denken. Ich will mich nicht einfach so fotografieren lassen. Ich brauche doch nun endlich Lichtbilder für den Pass, den ich beantragen muss.«

Frau Gerlach schüttelte den Kopf. »Sie wollen also wirklich nach Argentinien auswandern? Haben Sie sich das auch richtig überlegt?«

»Das habe ich mir ganz bestimmt richtig überlegt. Jetzt, wo mein Verlobter in Buenos Aires endlich eine so gute Stellung bekommen hat, will ich nicht mehr länger warten. Er hat mir letzte Woche erst wieder geschrieben, dass ich so schnell wie möglich kommen soll.«

Frau Gerlach seufzte tief. »Wenn ich nur wüsste, wie ich Ihnen das ausreden kann. Wir werden Sie sehr vermissen.«

»Ich werde Sie auch vermissen, aber mein Verlobter wird nicht ewig auf mich warten wollen.«

»Wenn das mal alles stimmt, was er Ihnen da erzählt.«

»Also Frau Gerlach! Wie können Sie nur so etwas denken. Mein Verlobter, das ist ein ganz feiner Mensch.«

Frau Gerlach zuckte mit den Schultern. »Sie müssen's ja wissen. Aber versprechen Sie mir, dass Sie mir schreiben. Und wenn's schiefgeht, können Sie jederzeit wieder zu uns kommen. Sie haben mein Wort.«

»Danke, Frau Gerlach. Sie sind so nett zu mir, das kann ich gar nicht wiedergutmachen.«

»Nun übertreiben Sie mal nicht, Margarete, das ist doch alles selbstverständlich.«

Margarete fand das gar nicht so selbstverständlich, denn sie kannte eine ganze Reihe von Dienstmädchen, die von ihren Herrschaften regelrecht ausgebeutet wurden. Sie hatte in der Tat in jeder Hinsicht Glück. Unschlüssig blieb sie in der Tür stehen und druckste herum.

»Haben Sie noch etwas auf dem Herzen?«, fragte Frau Gerlach. »Reden Sie nur.«

»Könnte ich heute Nachmittag freihaben? Ich würde gerne zu Wertheim am Leipziger Platz gehen. Da sollen sie die besten Lichtbilder machen.«

»Ja, natürlich. Heute ist es günstig, wo wir zum Abendessen mit dem Kind bei den Schwiegereltern eingeladen sind. Wenn Sie aber nach dem Mittagessen noch ein wenig mit Walter an die frische Luft gehen würden, wäre ich Ihnen sehr dankbar.«

»Aber das ist doch selbstverständlich, Frau Gerlach. Ich gehe bestimmt nicht vor fünf Uhr. Bis dahin kümmere ich mich um das Kind. Aber wenn Sie heute Abend sowieso nicht zu Hause sind, könnte ich da nicht vielleicht auch den Abend freibekommen?«

Frau Gerlach lachte. »Von mir aus. Was haben Sie denn vor?«

»Ich weiß noch nicht so recht. Vielleicht mal wieder tanzen gehen. Ich habe von einer neuen Tanzdiele gehört. Da sollen nette Jungs sein.«

»Ach, Margarete«, seufzte Frau Gerlach und schüttelte den Kopf. »Wenn das Ihr Verlobter wüsste. Müssen Sie sich denn immer herumtreiben?«

»Ich bin meinem Franz ja nicht untreu, aber so ein bißchen schäkern, da ist doch nichts dabei.«

Es war Sonnabend, der 12. Februar 1927.

Hugo Ostwald, der Wachmann von der Berliner Nachtwach-Gesellschaft, machte gerade seine zweite Runde. Die Nacht war ungewöhnlich ruhig. Keine randalierenden Betrunkenen, keine Penner, die in Hauseingängen herumlungerten. Gegen zwei Uhr vierzig bog er in die Stubnitzstraße ein, wo er unter anderem das Fleischergeschäft Kühn in der Nummer 55 kontrollierte. Nachdem bei Karl Kühn mehrfach eingebrochen worden war, hatte er vor ein paar Monaten die Wachgesellschaft engagiert. Ostwald stutzte, als er sich dem Geschäft näherte. Auf der Steinstufe vor dem Laden, in der kleinen Nische, kauerte ein Pärchen. Das war eigentlich nichts Ungewöhnliches, aber es war kalt, und die beiden schienen ihm viel zu dünn angezogen, um auf den bloßen Steinen zu sitzen.

Fahndungsplakat im Fall Margarete Keding (Vorderseite).

Nr. 21.

Der Polizeipräsident.
(Alexanderplatz.)

Laufzettel.

Abteilung IV.

Bestimmt für Vergnügungsstätten, auch Schankwirtschaften aller Art.

Berlin, den 18. Februar 1927.

1000 M. Belohnung.

Zum Pankower Mädchenmord.

Margarete Keding,

Stütze, 27 Jahre alt, aus Rostock, Pankow, Kissingenstraße 45, tätig und wohnhaft gewesen, wurde am

Sonntag, 13. Februar, gegen 3 Uhr früh, in Pankow vor dem Hause Stubnitzstr. 55

ermordet aufgefunden. Sie saß mit durchschnittenem Halse auf der Stufe der Ladentür der dort belegenen Schlächterei. Trotz der kalten Witterung hatte sie sich — offenbar freiwillig — mit einem Begleiter dort hingesetzt. Ein Wächter hat das Pärchen noch kurz vor der Tat sitzen sehen.

Fräulein **Keding** hat die Wohnung ihres Dienstgebers am Sonnabend, 12. Februar, nachmittags gegen 6 Uhr verlassen. Sie hat sich dann im Warenhaus Wertheim (Leipziger Straße) photographieren lassen; dort kaufte sie auch einen — offenbar für den kleinen Sohn ihres Dienstgebers bestimmten — Teddybären. Zwischen ½7 und 7 Uhr nachmittags dürfte sie das Warenhaus verlassen haben. Ihr weiterer Verbleib konnte bisher nicht mit Sicherheit festgestellt werden.

»Ihr werdet euch den Tod holen, wenn ihr hier noch lange rumsitzt«, warnte er die beiden.

»Wir gehen ja gleich wieder«, antwortete das Mädchen kichernd. »Wir müssen uns nur ein wenig ausruhen. Wir sind gleich wieder weg.«

»Bei meinem nächsten Gang will ich euch hier nicht mehr sehen. Habt ihr verstanden?«, brummte der Wachmann.

Fahndungsplakat im Fall Margarete Keding (Rückseite).

Wo hat sich Fräulein Keding von Sonnabend, 12. Februar, nachmittags 7 Uhr ab bis zu ihrer Auffindung aufgehalten?

Vermutlich hat sie ein Schanklokal oder irgendeine Vergnügungsstätte (Tanzlokal?) aufgesucht.

Beschreibung: mittelgroß, rundliche Formen, etwas starker Leib, langes dunkelblondes Haar, in der Mitte gescheitelt (kein Bubikopf), rundes volles Gesicht.

Kleidung: schwarzer topfförmiger Filzhut (siehe Abbildung), braunes Kostüm mit bläulichen Längsstreifen, rotbrauner netzartiger Seidenjumper, schwarzer Kaninpelzkragen, graue kunstseidene Strümpfe, schwarze Stoffschuhe mit hohen Hacken und Spangenverschluß, dunkelbraune Lederhandschuhe.

Besonders markant: der netzartige Jumper war derart weitmaschig, daß die weiße Unterwäsche durchschien (auch auf den Bildern klar erkennbar).

Weiterhin: der Teddybär (etwa 15 cm hoch), brauner Seidenplüsch (mit Stimme).

Schließlich: die Mitführung einer ziemlich großen kofferförmigen Handtasche (siehe Abbildung).

Wo ist Fräulein Keding persönlich bekannt? In welchen Lokalen hat sie überhaupt verkehrt?

Mitteilungen, die auf Wunsch vertraulich behandelt werden, werden an die Kriminalkommissare Johannes Müller und Dr. Braschwitz, Polizeipräsidium, Zimmer 195, Hausanruf 699, oder an die nächste polizeiliche Dienststelle erbeten.

Druck von A. W. Hayn's Erben, Berlin SW 68.

Das Mädchen antwortete nur mit einem Kichern. Kopfschüttelnd setzte Ostwald seinen Rundgang fort.

Als er gegen drei Uhr fünfundvierzig erneut in die Stubnitzstraße einbog, sah er schon von weitem die Menschenansammlung vor dem Schlachterladen. Diejenigen, die aus den umliegenden Häusern gekommen waren, hatten offensichtlich nur einen Mantel über ihren Schlafanzug geworfen.

So ein Gesindel, dachte Ostwald, haben die beiden sicher nur gewartet, bis ich weg bin, und dann den Laden aufgebrochen. Er beschleunigte seine Schritte, doch als er das schwarze »Mordauto« des Polizeipräsidiums vorfahren sah, ahnte er, dass es sich wohl nicht um einen Einbruch handelte. Er bahnte sich einen Weg durch die Menschenmenge und starrte erschüttert in Richtung Ladentür. Der Anblick schnürte ihm die Kehle zu. Die junge Frau von vorhin kauerte in einer Blutlache vor der Eingangstür. Offensichtlich war ihr die Kehle durchgeschnitten worden. Von dem jungen Mann, der vor einer Stunde neben ihr gesessen hatte, war weit und breit nichts zu sehen.

Die Kommissare Müller und Dr. Braschwitz waren mit den Ermittlungen beauftragt worden, aber auch der stellvertretende Leiter der Abteilung IV, Regierungsrat Scholz, und der Leiter der Kriminal-Inspektion A, Kriminalrat Gennat, waren an den Tatort gekommen.

Ostwald wandte sich an die Kommissare und sagte aus, was er beobachtet hatte.

Ob er den Mann, den er bei dem Mädchen gesehen hatte, beschreiben könne? Nein, das könne er leider nicht. So genau habe er nicht hingesehen, zudem sei es viel zu dunkel gewesen. Der Mann könnte ungefähr vierzig Jahre alt gewesen sein. Er musste aufstehen, als der Wächter die Tür kontrollierte. Da habe er unmittelbar neben ihm gestanden. Er war wohl so groß wie er selbst, also einszweiundsiebzig. Er trug einen dunklen Hut, hatte einen hellblonden, angestutzten Schnurrbart, einen dunklen Überzieher und dunkle Hosen. Eine Beschreibung, mit der die Polizei nicht viel anfangen konnte.

Die Spurensicherung entdeckte in einigem Abstand vom Tatort die dunkelbraune kofferähnliche Handtasche des Mädchens. Sie enthielt Schlüssel, einen Stoffteddy von etwa fünfzehn Zentimeter Größe, eine Geldbörse mit einigen Münzen, einen Abholschein des Fotografen bei Wertheim am Leipziger Platz und die Papiere des Mädchens.

»Margarete Keding«, las der Kommissar. »Geboren am 1. Januar 1900 in Rostock. In Berlin wohnte sie in der Kissingenstraße 45 bei Gerlach.«

Ein Raubmord? Ein Eifersuchtsdrama? Alles war möglich.

War sie neben ihrer Arbeit heimlich noch auf den Strich gegangen? fragten sich die Ermittler, denn das Mädchen war relativ aufreizend gekleidet. Sie trug einen aus Seidengarn gehäkelten Pullover, der so weitmaschig gearbeitet war, dass die weiße Unterwäsche durchschien, graue kunstseidene Strümpfe und schwarze hochhackige Stoffschuhe mit einer Spange. Das Mädchen war mittelgroß, von recht kräftiger Gestalt, ohne wirklich dick zu sein, hatte ein rundes volles Gesicht und langes, dunkelblondes Haar.

Die Beamten warteten noch ein paar Stunden, bevor sie kurz nach acht Uhr bei Familie Gerlach in der nahe gelegenen Kissingenstraße klingelten.

Offenbar war Frau Gerlach schon in großer Sorge um ihr Dienstmädchen und schien eine schlechte Nachricht bereits erwartet zu haben, denn sie war keineswegs überrascht.

»Sonst macht Fräulein Keding immer schon um sieben Uhr das Frühstück. Sie treibt sich zwar viel herum, aber dass sie, ohne ein Wort zu sagen, einfach nicht nach Hause kommt, das ist nicht ihre Art. Noch bevor sie sich anzieht, macht sie die Milch für das Kind warm. Da ist sie sehr gewissenhaft.«

»Können Sie sagen, wann Fräulein Keding das Haus verlassen hat?«

»Es muss gestern Nachmittag zwischen fünf und halb sechs gewesen sein.«

»Sie hat Ihnen nicht gesagt, wohin sie wollte?«

»Doch. Sie wollte zu Wertheim am Leipziger Platz, Passfotos machen lassen. Anschließend wollte sie noch zu einem Tanzvergnügen. Als wir gegen Mitternacht von meinen Schwiegereltern nach Hause kamen, habe ich mich nicht weiter gewundert, dass sie noch nicht da war. Ich hatte ihr ja ausdrücklich erlaubt auszugehen.«

Frau Gerlach erzählte dann noch von Margarete Kedings Absicht, nach Argentinien auszuwandern, und erwähnte auch, dass das Mädchen gestern von seiner Mutter fünfzig Mark bekommen hatte.

Kommissar Müller horchte auf.

»Hatte sie das Geld denn bei sich?«

»Ja. Sie wollte sich doch Passbilder machen lassen.«

Aus dem Abholschein ging allerdings nicht hervor, ob sie die Bilder bereits bezahlt hatte oder erst beim Abholen bezahlen wollte. Also doch ein Raubmord?

Die Ermittlungen in unmittelbarer Nähe des Tatortes verliefen ergebnislos. Außer dem Wachmann konnten keine weiteren Zeugen ermittelt werden, und verwertbare Spuren wurden auch nicht gefunden. Zwar entdeckte die Spurensicherung auf der mittleren Promenade der Berliner Straße ein Taschenmesser, doch die nähere Untersuchung ergab, dass es nicht die Tatwaffe gewesen sein konnte.

Am Montagmorgen holte Kommissar Müller bei Wertheim am Leipziger Platz die Passbilder ab. Sie wurden am 18. Februar 1927 im Tagesbericht des Polizeipräsidiums veröffentlicht. Auch den kleinen Stoffteddy hatte Margarete Keding, wie die Recherchen ergaben, bei Wertheim gekauft. Offenbar war er für den kleinen Sohn ihrer Herrschaft bestimmt, denn Margarete liebte das Kind über alles.

Nachdem die Tageszeitungen ausführlich über das Verbrechen berichtet hatten, meldeten sich zwar zahlreiche Zeugen, die das Mädchen irgendwo gesehen haben wollten, aber ein konkreter Hinweis befand sich nicht darunter. Die Fahndung nach dem Täter blieb erfolglos, obwohl eine Belohnung von 1.000 Mark ausgesetzt worden war.

Am 20. November 1930 erschien in Ernst Gennats Büro der Arbeiter Franz H. und erklärte, in der Wohnung des Kaufmanns Raue, bei dem er am Sonntag, dem 16. November zu Besuch war, habe er eine ihm bis dahin unbekannte Frau getroffen, die sehr mitgenommen ausgesehen habe. Sie erklärte, sie sei von ihrem Mann immer wieder misshandelt worden, und deshalb habe sie ihn verlassen. Sie erzählte auch, ihr Mann befürchte, sie könne zur Polizei gehen und Aussagen machen, denn ihr Mann sei es seinerzeit gewesen, der den Mädchenmord von Pankow verübt habe. Sie sei damals zwar vernommen worden, habe aber die Unwahrheit gesagt ...

Doch die Aussage der Frau war viel zu konfus, als dass die Ermittlungen noch einmal hätten aufgenommen werden können.

Tod einer Prostituierten oder der Sieg der Kriminalistik

Die extrem hohe Aufklärungsrate bei Kapitalverbrechen ging unter anderem darauf zurück, dass die Mehrzahl der Tötungsdelikte im Familienkreise stattfand. Meist handelte es sich um Beziehungs- oder Familiendramen, bei denen der Täter unmittelbar nach der Tat bekannt war und – oft gleich am Tatort – festgenommen werden konnte.

Stand der Täter hingegen nicht in einer persönlichen Beziehung zu seinem Opfer, war die Polizei auf die Mithilfe der Öffentlichkeit angewiesen. Zum Leidwesen der Kriminalpolizei kam es immer wieder vor, dass ein Täter tatsächlich so gut wie keine Spuren hinterließ, von niemandem am Tatort gesehen wurde und sich auch sonst in keiner Weise verdächtig machte. Blieb jedoch selbst die öffentliche Fahndung mit ausführlichen Meldungen in der Presse und im Rundfunk, der in den zwanziger Jahren bei der Unterstützung der Polizei bereits eine wichtige Rolle spielte, oder mit Plakaten ohne jede Reaktion aus der Bevölkerung, mussten die Ermittler ihr kriminalistisches Können unter Beweis stellen. Mit einem solchen Fall hatten es die Kommissare Lobbes und Zapfe 1927 zu tun.

Es war am 2. Juli 1927 gegen ein Uhr morgens, als die Nachtglocke des Hotels »Weinmeisterhof« in der Rosenthaler Straße 65 den Nachtportier aus seinem Nickerchen hochschrecken ließ. Ein Pärchen fragte nach einem Zimmer. Dass es nur für eine Nacht sein sollte, brauchten sie nicht hinzuzufügen. Hier blieb niemand länger. Der Portier legte ihnen den Meldezettel vor und griff nach einem Schlüssel.

»Nummer elf«, nuschelte er. »Das liegt im zweiten Stock. Ich muss Sie aber hochbringen. Wir haben da jetzt immer zugesperrt. Ist so viel geklaut worden in der letzten Zeit.«

Er nahm das Schlüsselbund aus einer Schublade seines Tresens, stieg vor dem Paar die Treppe hinauf und schloss eine aus Brettern genagelte Tür, die Treppe und Zimmerflur trennte, geräuschvoll auf. »Das Zimmer elf ist gleich rechts«, erklärte er und wies mit einer Kopfbewegung in die Richtung. »Um sieben Uhr wird geweckt. Wenn Sie vorher weg wollen, müssen Sie klingeln.«

Er gab dem Mann den Zimmerschlüssel, schloss hinter den beiden wieder ab und schlurfte die Treppe hinunter.

Mit dem Glockenschlag um sieben Uhr morgens übernahm der Wirt persönlich das Wecken. Er klopfte an jede Tür und wartete jeweils auf Antwort, um sicherzugehen, dass die Gäste auch tatsächlich wach waren. Doch aus Zimmer elf antwortete niemand. Vorsichtig drückte der Wirt die Klinke herunter. Es war nicht abgeschlossen, und er öffnete einen Spalt. Erst jetzt meldete sich eine Frauenstimme: »Wir kommen ja schon. Einen Moment noch.« Dann müssen die aus der Elf halt klingeln, wenn sie rauswollen, dachte er bei sich, ließ die Tür hinter sich ins Schloss fallen und ging.

Kurz nach acht Uhr klingelte es aus Zimmer elf.

Endlich wollen die gehen, dachte das Zimmermädchen und ging nach oben, um die Tür zwischen dem ersten und zweiten Stock aufzuschließen. Kaum hatte sie den Schlüssel herumgedreht, wurde die Tür so heftig von der anderen Seite aufgestoßen, dass sie an die Wand geschleudert wurde. Nach einer Schrecksekunde sah sie nur noch einen Schatten und hörte, wie jemand die Treppe hinunterrannte und die Eingangstür zuknallte.

Vorsichtig trat das Zimmermädchen in den Gang und sah, dass die Tür zu Zimmer elf offen stand. Sie ging hinein und schaute sich um. Auf dem Bett lag eine Frau. Sie war halb zugedeckt und schien vollständig bekleidet zu sein. Das Mädchen trat näher an das Bett heran, wich aber gleich wieder zurück. Die Frau starrte aus leeren Augen an die Decke. Aus Mund und Nase war ihr etwas Blut geflossen. Einen Aufschrei unterdrückend, stürzte das Mädchen aus dem Zimmer und rannte die Treppe hinunter.

»Kommen Sie schnell«, rief sie dem Wirt entgegen. »In Zimmer elf ist was passiert.«

Keine halbe Stunde mochte vergangen sein, bis die Kommissare Lobbes und Zapfe und kurz nach ihnen auch die Beamten der Spurensicherung sowie der Gerichtsarzt Prof. Dr. Strauch am Tatort eintrafen.

Der Gerichtsarzt hatte keinen Zweifel: Die Frau war erwürgt worden. Ihr Hals wies deutliche Würgemale und scharfe Eindrücke von Fingernägeln auf.

Während Professor Strauch die Tote untersuchte, widmete sich die Spurensicherung ihrer Handtasche, die auf dem Tisch stand. Sie enthielt ein Portemonnaie mit zehn Mark, ein Taschentuch, eine Nagelfeile und eine Puderdose, aber keine Ausweispapiere. Doch allein schon die Tatsache, dass die Frau in diesem Hotel aufgefunden wurde, legte den Schluss nahe, dass es sich um eine Prostituierte handelte. Lobbes studierte den Meldezettel. »Erich Lehmann und Frau, geborene Reimann«, las er und schüttelte den Kopf. Die Anmeldung besagte gar nichts. Niemand, der in solchen Absteigen nächtigte, gab seinen richtigen Namen preis. Auch der Nachtportier war der Polizei keine große Hilfe. Er konnte den angeblichen Herrn Lehmann nicht beschreiben. Er habe nicht so genau hingeschaut, sagte er. Die Nachtportiers in diesen Hotels haben eine gewisse Übung darin, durch ihre Gäste hindurchzuschauen.

Die Mordkommission ging davon aus, dass es sich hier nicht um einen Raub-, sondern um einen Lustmord handelte. Doch zunächst musste die Tote identifiziert werden. Die Tageszeitungen veröffentlichten eine detaillierte Beschreibung der Toten, und auch der Rundfunk berichtete ausführlich über den Frauenmord in der Rosenthaler Straße. Und schon einen Tag nach dem Mord, am 3. Juli 1927, meldete sich der Arbeiter Horst Schmidt aufgrund einer Pressenotiz in der *Berliner Morgenpost* auf dem Polizeipräsidium. Er war sich sicher, dass die Beschreibung der Ermordeten auf sein Logiermädchen, die fünfundzwanzigjährige Else Arndt, passte. Seit drei Jahren bewohnte sie bei den Schmidts in der Alexandrinenstraße eine winzige Mädchenkammer. Auf die Frage des Kommissars, womit diese Else

Arndt ihren Lebensunterhalt verdient habe, zuckte Schmidt mit den Schultern. Früher sei sie mal Hausangestellte gewesen, sagte er. »In den letzten Jahren sank sie aber immer tiefer. Sie ist wohl anschaffen gegangen«, vermutete er. Horst Schmidt und seine Ehefrau erklärten sich bereit, den Kommissar ins Leichenschauhaus in der Hannoverschen Straße zu begleiten, um die Ermordete zu identifizieren. Sie erkannten die Tote eindeutig als ihre Untermieterin Else Arndt.

Die Kommissare Lobbes und Zapfe ermittelten nun im Umfeld der Toten, suchten die Lokale in der Rosenthaler, der Münz- und der Weinmeisterstraße auf und brachten in Erfahrung, dass die Arndt tatsächlich in dieser Gegend strichen gegangen war. Seltsamerweise hatte sie aber keinen Zuhälter. Einen konkreten Hinweis auf ihren Freier, mit dem sie in der Nacht vom 2. auf den 3. Juli in den »Weinmeisterhof« gegangen war, bekamen sie allerdings nicht. Sie mussten sich also noch weitere Nächte um die Ohren schlagen und durch die zahllosen einschlägigen Kaschemmen des Scheunenviertels ziehen. Ihre Arbeit wurde noch dadurch erschwert, dass sie nicht einmal eine vage Beschreibung des Täters hatten.

Für Hinweise, die zur Ergreifung des Täters führen sollten, wurde auch in diesem Falle eine Belohnung von 1.000 Mark ausgesetzt.

Es gab zwar einige Verdächtige, doch die konnten alle ein unanfechtbares Alibi für die Tatzeit nachweisen. Doch Lobbes und Zapfe gaben nicht auf. Sie zogen weiter durch die Kaschemmen. In irgendeiner musste die Arndt schließlich mit ihrem Freier gewesen sein ...

Es passte den beiden Kommissaren ganz und gar nicht, dass sie am 6. August zu allem Überfluss schon wieder mit einem neuen Fall betraut wurden. Viel lieber wären sie erst einmal im Mordfall Else Arndt am Ball geblieben. Aber alles Murren nutzte nichts. Der Kriminalpolizei wurden keine weiteren Mittel bewilligt, von denen sie zusätzliches Personal hätte einstellen können.

So fuhren sie in die Kurfürstenstraße 45, wo in der Wohnung des Seifenhändlers Paul Gutkowski eine bereits stark verweste Mädchenleiche gefunden worden war. Zwischen den Beinen des

Mädchens lag ein totes Neugeborenes, das nicht einmal abgenabelt war. Der Gerichtsmediziner schüttelte den Kopf. An Ort und Stelle vermochte er nicht zu klären, was hier passiert war, und spekulieren wollte er nicht.

Das Obduktionsergebnis fiel für die Kriminalpolizei keineswegs befriedigend aus. Anzeichen von äußerer Gewaltanwendung konnten nicht festgestellt werden. Einen Hinweis auf einen Abtreibungsversuch gab es ebenfalls nicht. Höchstwahrscheinlich handelte es sich hier, so hieß es im Bericht, um eine sogenannte Sarggeburt. Das bedeutete, dass der Geburtsvorgang erst einsetzte, als das Mädchen schon tot war.

Der Zustand der Leiche ließ vermuten, dass der Wohnungsinhaber Gutkowski schon seit einigen Tagen nicht mehr in seiner Wohnung gewesen war. Hinweise auf seinen Aufenthaltsort gab es keine, er war spurlos verschwunden. Aber warum war er untergetaucht? Hatte er den Tod des Mädchens vielleicht doch auf irgendeine bisher noch nicht ermittelte Art verschuldet?

In der Handtasche der Toten befanden sich auch ihre Papiere. Es handelte sich um die in Bayern geborene zwanzigjährige Hausangestellte Hedwig Östreich, die als Fürsorgezögling zurzeit bei Pflegeeltern in der Hohenstaufenstraße 66 in Schöneberg wohnte.

Von der Pflegemutter erfuhren die Ermittler, dass das Mädchen am Mittwoch, dem 3. August die Wohnung verlassen hatte und unbedingt, obwohl sie hochschwanger war, tanzen gehen wollte. Gutkowski hatte sie also offenbar in einem Tanzlokal kennengelernt und dann mit in seine Wohnung genommen. Lobbes und Zapfe waren sich sicher, dass Gutkowski schuld am Tod der Östreich war.

Im Zuge der Überprüfung der Personalien des Paul Gutkowski machten sie eine interessante Entdeckung. Der sechsunddreißigjährige Gutkowski war ein ehemaliger Polizeiobermeister. Als die Fahndung nach ihm ausgeschrieben wurde, setzte die Polizeibehörde alles daran, diese Tatsache zu verheimlichen. Für die Fahndungsplakate und die Veröffentlichungen in der Presse hatten die Ermittler aber nur ein einziges Foto von Gutkowski zur Verfügung, und das zeigte ihn dummerweise in Polizeiuniform und -mütze. Das Foto wurde streng vertraulich an einen

Fotografen gegeben, der sich aufs Retouchieren verstand. Die Uniform zu »neutralisieren« war kein Problem, aber die Mütze war nicht so einfach zum Verschwinden zu bringen. Dennoch gelang es dem Fotokünstler, die Mütze so zu verfremden, dass der Betrachter annehmen konnte, Gutkowski trage eine Chauffeur-Mütze.

Die Zeitungsredaktionen ließen sich aber nicht so leicht an der Nase herumführen. Sie durchschauten den Trick und retouchierten ihrerseits. Die Ergebnisse waren ganz unterschiedlich. So hatte die *Berliner Volkszeitung* vom 16. August den hineinretouchierten Kragen wieder übermalt, so dass der Leser doch den Eindruck haben musste, der Gesuchte trage eine Uniform.

Ob Uniform oder nicht: Jedenfalls ging diesmal vonseiten der Bevölkerung nicht ein einziger Hinweis auf den Gesuchten bei der Mordkommission ein. Und so staunten Lobbes und Zapfe umso mehr, als Gutkowski am 12. August, also sechs Tage nach dem Leichenfund in seiner Wohnung, freiwillig auf dem Polizeipräsidium erschien. Er habe in der Zeitung gelesen, dass die Östreich in seiner Wohnung eines natürlichen Todes gestorben sei. Er habe an dem Abend das Mädchen mit nach Hause genommen, und als sie plötzlich starke Schmerzen bekam, habe sie sich hingelegt. Nach einer gewissen Zeit, er dachte, sie schlafe, habe er bemerkt, dass sie tot war. Er sei aus Angst, man könne ihn beschuldigen, ihren Tod verursacht zu haben, in Panik geraten, habe die Wohnung verlassen und sei seitdem in der Gegend herumgeirrt. Nun habe er in der Zeitung gelesen, dass nach ihm gefahndet werde. Deshalb stelle er sich freiwillig.

Kommissar Lobbes konnte sein Misstrauen nicht begründen, aber er glaubte diesem Mann kein Wort. Vielleicht war es ja tatsächlich der siebte Sinn des Kriminalisten, als ihm plötzlich eine Idee kam.

In dem Hotelzimmer in der Rosenthaler Straße konnten auf einem Glas zwei Fingerabdrücke sichergestellt werden: die eines Daumens und eines Mittelfingers. Lobbes zögerte nicht lange, sondern ließ von Gutkowski Fingerabdrücke nehmen und diese mit denen aus dem Hotelzimmer vergleichen.

Er konnte es selbst kaum glauben, aber die Fingerabdrücke waren identisch. Gutkowski war der Mann, der mit der Arndt im Hotel »Weinmeisterhof« gewesen war, und somit aller Wahrscheinlichkeit nach auch ihr Mörder. Gutkowski leugnete hartnäckig. Wieder und wieder stellte Lobbes ihm in endlosen Verhören die gleichen Fragen. Schritt für Schritt musste er das Beweismaterial vorlegen, die Fingerabdrücke, den mit falschem Namen ausgefüllten Meldezettel. Es dauerte Tage, bis Gutkowski endlich ein Geständnis ablegte. Er gab zu, die Arndt, die er zufällig auf der Straße kennengelernt hatte, angeblich im Verlaufe eines Streites erwürgt zu haben. War der Tod der Hedwig Östreich tatsächlich auf einen Unglücksfall zurückzuführen? Daran entstanden nun Zweifel.

Lobbes und Zapfe begannen im Umfeld Gutkowskis zu ermitteln. Von den Nachbarn erfuhren sie, dass er seinen Seifenladen nachlässig führte, weshalb er auch in finanziellen Schwierigkeiten steckte.

Der Mord an der Hausangestellten und Gelegenheitsprostituierten Else Arndt sowie der mysteriöse Tod der Östreich in seiner Wohnung ließen Kommissar Lobbes vermuten, dass Gutkowski im Zusammenhang mit weiteren noch ungeklärten Frauenmorden stehen könnte. Hatte er vielleicht auch etwas mit dem Mord an der Hausangestellten Frieda Ahrendt, nicht zu verwechseln mit Else Arndt, zu tun? Frieda Ahrendt war im März 1927 ermordet und ihre Leiche zerstückelt worden. Der Torso der Frau war am 29. März des Jahres an der Havel in der Schildhornbucht in Ufernähe gefunden worden. Weitere Leichenteile wurden am Schöneberger Ufer entdeckt sowie in der Grunewald- und der Stubenrauchstraße in Schöneberg, also in einer Gegend, von der Wohnung und Laden Gutkowskis nur wenige Minuten entfernt lagen. Alle Leichenteile waren in die gleiche Art Papier verpackt, in hellbraunes, gekrepptes Packpapier, das in Seifengeschäften zum Teil zum Verpacken von Waren, zum Teil zum Verkauf an die Kundschaft geführt wurde. Auch die Lieferanten sandten den Händlern die Ware in diesem Papier zu.

Doch diesen Mord leugnete Paul Gutkowski ebenso wie den in der Rosenthaler Straße. Und in diesem Fall hatte die Polizei auch keine guten Karten, denn es gab keinerlei Beweise. Die Tatsache, dass alle Leichenpakete, bis auf das in Schildhorn, in der Nähe von Gutkowskis Wohnung gefunden wurden, konnte nicht als

Beweis herhalten. Nicht einmal das Einwickelpapier. Schließlich gab es viele Seifenhändler in Berlin. Auch der Umstand, dass sich Frieda Ahrendt am Bülowbogen, in einer Gegend, in der auch Gutkowski verkehrte, herumgetrieben und Männerbekanntschaften gesucht hatte, war keineswegs beweiskräftig.

Lobbes und Zapfe konzentrierten ihre Ermittlungen nun auf das unmittelbare Umfeld Gutkowskis, speziell auf sein Stammlokal in der Kurfürstenstraße 40. Der Wirt Leo Kaschur bestätigte, dass Gutkowski in seinem Lokal Stammgast gewesen war.

»Ja. Der Paul kam oft her. Früher jedenfalls. Scheußlich, was man da in der Zeitung liest. Also so richtig glauben kann ich das gar nicht.«

»Ist Gutkowski immer allein gekommen?«, fragte Kommissar Lobbes.

Der Wirt schüttelte den Kopf. »Mittags ist er immer zusammen mit dem Friseur, dem Herrn Gilde, gekommen. Waren wohl alte Freunde. Aber auch abends waren sie oft hier. Mittags hat er immer bei mir gegessen, und abends ist er dann zum Skatspielen gekommen. Auf mich machte er stets den Eindruck eines sehr umgänglichen, angenehmen Menschen.«

»Sicher ist er auch öfter mal in Mädchenbegleitung gekommen?«

»Nee. Weiber hat er nie mitgebracht.«

»Er kam regelmäßig zum Mittagessen hierher?«

»In den letzten Monaten, seit Anfang März kam er nicht mehr. Von da an ließ er sich das Mittagessen täglich in seinen Laden bringen.«

»Und Sie haben es ihm dann gebracht?«

»Nein, die Martha, mein Dienstmädchen, ist immer rübergegangen.«

»Hat sie Ihnen gegenüber mal etwas über Gutkowski geäußert oder von besonderen Beobachtungen erzählt?«

»Nein. Nicht dass ich wüsste ... Das heißt, doch, warten Sie. Das muss so Ende März gewesen sein. Da kam sie mit dem Essen wieder zurück und sagte, Gutkowski habe geschlossen. Ich wollte das nicht glauben und bin dann selbst rüber. Die Martha hatte aber recht. Am nächsten Tag hatte er auch wieder geschlossen. Als ich Gutkowski dann ein paar Tage später darauf ansprach, sagte er, dass er krank gewesen sei. Nachdem die Martha bei mir gekündigt hatte, brachte meine neue Haushilfe, die Erika Petzold, ihm immer das Essen rüber. Ob sie was Außergewöhnliches beobachtet hat, kann ich nicht sagen. Ich kann mich nur noch erinnern, dass der Laden nach Ostern dann wieder einige Tage zu war.«

Erika Petzold, Kaschurs Nichte, hatte aber doch eine interessante Beobachtung gemacht:

»Ja, es stimmt, was mein Onkel sagt«, bestätigte sie. »Gutkowski hatte seinen Laden tatsächlich ziemlich oft geschlossen. Meistens montags und dienstags, manchmal aber auch an anderen Tagen. In der Woche vor dem Auffinden der Leiche dieser Östreich, also Ende Juli, ist mir dann etwas Eigenartiges aufgefallen. Ich brachte ihm das Essen hinüber, und als ich noch die Ladentür in der Hand hatte, hörte ich aus dem hinter dem Laden befindlichen Zimmer eine Frauenstimme, und als Gutkowski mich sah, rief er nach hinten: ›Sei still, es kommt jemand!‹ Ich stellte dann nur das Essen auf den Ladentisch und ging wieder. Gesehen habe ich die Frau nicht.«

»War Gutkowski in diesen Tagen so wie immer, oder schien er verändert? Nervös oder besorgt zum Beispiel.«

Die Petzold zögerte einen Augenblick. »Er war tatsächlich irgendwie verändert. Ich hatte in jenen Tagen immer das Gefühl, dass er mich möglichst schnell wieder loswerden wollte, dabei haben wir uns sonst immer noch unterhalten. Ich dachte, er hat vielleicht Ärger im Geschäft, und habe mir nichts weiter dabei gedacht.«

»Zu dieser Zeit ist er nicht mehr in das Lokal gekommen?«

»Nein. Auch abends ist er nicht mehr erschienen.«

»Ihr Onkel sagt, er sei seit Ende März nicht mehr erschienen.«

»Ja, das stimmt. Ich kann mich aber erinnern, dass er, nachdem die Leichenteile dieser Frieda Ahrendt gefunden worden waren, noch hier war. Mein Onkel hatte die polizeiliche Bekanntmachung im Lokal ausgehängt. Alle Gäste haben sie gelesen. Nur Gutkowski nicht.«

»Vielleicht hatte er sie ja schon woanders gelesen?«

»Mag sein. Aber ich kann mich noch genau erinnern, dass er ganz kurz vor der Zeit, als die Zeitungen über die Auffindung der einzelnen Leichenteile berichteten, seinen Laden an zwei Tagen geschlossen hatte. Meine Tante, die Hedwig Kaschur, machte sich Sorgen, denn es hätte ihm ja schließlich etwas passiert sein können, und bat einen Polizeibeamten, der hier in der Straße patrouillierte, nachzusehen, ob bei dem Seifenhändler alles in Ordnung sei. Nach einer Weile kam der Polizist zurück und sagte, dass Gutkowski ihm nicht geöffnet, sondern durch die geschlossene Tür gefragt habe, was denn los sei. Auf seine Frage, warum er seinen Laden nicht öffne, habe er behauptet, er sei krank und könne deshalb nicht aufmachen. Einige Tage nach diesem Vorfall, als bereits die Leichenteile gefunden worden waren, kam er in unser Lokal und regte sich fürchterlich auf, dass man ihm die Polizei auf den Hals gehetzt hätte, schließlich könne er machen, was er wolle, und ob er seinen Laden aufmache, sei einzig und allein seine Angelegenheit. Von dieser Zeit an wurden seine Besuche bei uns seltener, und zuletzt kam er gar nicht mehr.«

»Hatte Gutkowski seinen Seifenladen im Juli auch einige Tage geschlossen?«, wollte Lobbes wissen und dachte dabei an den Mord in der Rosenthaler Straße.

Die Petzold nickte. »Anfang Juli hatte er mindestens zwei Tage zu.«

Der Friseur Karl Gilde, der ebenfalls in der Kurfürstenstraße 45 seinen Salon hatte und Gutkowski seit seiner Kindheit kannte, hatte für die Tatsache, dass dieser sein Geschäft oft nicht öffnete, allerdings eine ganz andere, viel einfachere Erklärung: Er meinte, Paul Gutkowski habe gern getrunken und dann wohl seinen Rausch ausgeschlafen. Von seinen Nachbarn war er aber offenbar nie betrunken gesehen worden.

Die Mordkommission war fest davon überzeugt, dass Gutkowski Frieda Ahrendt ermordet und ihre Leiche zerstückelt hatte. Stichhaltige Beweise für eine Anklage hatte sie allerdings nicht.

Trotzdem konnte, dank Lobbes' kriminalistischen Spürsinns, wenigstens der Prostituiertenmord in der Rosenthaler Straße aufgeklärt und Gutkowski angelastet werden.

Gutkowski hatte seinen Dienst bei der Schutzpolizei im Übrigen erst im November 1926 quittiert. Auf besonderen Antrag erhielt nämlich jeder nach 12-jähriger Dienstzeit ausscheidende Schupobeamte eine Abfindungssumme, um sich eine neue Existenz zu gründen. Er hatte die Gelegenheit wahrgenommen und mit dem Geld am 4. Januar 1927 das Seifengeschäft eröffnet.

Paul Gutkowski wurde am 9. Juni 1928 vom Schwurgericht beim Landgericht I zu einer Zuchthausstrafe von drei Jahren sechs Monaten unter Anrechnung der Untersuchungshaft und zu fünf Jahren Ehrverlust verurteilt. Die Strafe wurde 1929 in eine Gefängnisstrafe von gleicher Dauer umgewandelt. Er verbüßte seine Strafe in der Zeit vom 12. August 1927 bis 10. Februar 1931.

Blutige Hände

Am Montagabend, dem 12. März 1928, kam die siebenunddreißigjährige Gerda Carlsson früher als gewöhnlich von der Arbeit. Vor knapp drei Jahren erst war sie zu Stiefvater und Stiefbruder von Mainz nach Berlin gezogen. Doch auch wenn die Wohnung im dritten Stock des linken Seitenflügels Charlottenstraße 79 eher bescheiden zu nennen war, hatte die Chemielaborantin diese Entscheidung nie bereut, denn erst in der Hauptstadt hatte sie die lang ersehnte, gut bezahlte Stellung in ihrem Beruf gefunden. Gut gelaunt ging sie, von der U-Bahn kommend, die Kochstraße hinunter und bog dann links in die Charlottenstraße ein. Hier war sie mitten im Herzen des Zeitungsviertels. Gleich an der Ecke das mächtige Ullsteinhaus, das modernste Verlagshaus Europas. *Berliner Morgenpost, BZ am Mittag, Berliner Illustrirte Zeitung* erschienen hier und seit 1914 auch die altehrwürdige *Vossische Zeitung.* An der Zimmerstraße hatte Hugenbergs erzkonservativer *Berliner Lokal-Anzeiger* seinen Sitz, noch weiter unten, an der Jerusalemer Straße, residierte der Mosse-Verlag, die Heimat von Theodor Wolffs renommiertem *Berliner Tageblatt*, dem Inbegriff des demokratischen Journalismus.

Das Haus Charlottenstraße 79 war das erste hinter der Zimmerstraße. Gerda schaute noch einmal auf die große Uhr gegenüber. Es war gleich Viertel vor sieben. Sie ging durch das Vorderhaus, über den Hof, stieß die Tür des Seitenflügels auf und drückte auf den Lichtschalter.

»Das darf doch wohl nicht wahr sein«, schimpfte sie vor sich hin. »Das geht ja immer noch nicht.«

Seit gut vierzehn Tagen funktionierte das Licht im linken Hinteraufgang nun schon nicht mehr, aber offenbar hatte sich noch niemand darum gekümmert. Die meisten Mieter zündeten eine Kerze an, wenn sie die Treppe hinauf oder hinunter wollten, Gerda indes fand sich inzwischen so gut zurecht, dass sie darauf verzichten konnte. Wie immer zählte sie die Stufen, doch als sie das Podest der ersten Etage erreicht hatte, stieß ihr rechter Fuß an etwas Schepperndes. Erschrocken zog sie den Fuß gleich wieder zurück, trat jetzt aber auf etwas Weiches.

»Was ist denn das!«, schrie sie auf. »Ist hier jemand?«

Keine Antwort. Alles blieb still.

Mit zitternden Knien rannte Gerda Carlsson die Treppe wieder hinunter in den Hof. In den hinteren Räumen des Gemüseladens brannte noch Licht, und sie atmete erleichtert auf, als sie durch die gardinenlosen Fenster sah, dass Ernst Lehmann, der Sohn der Inhaberin, noch da war. Heute Morgen hatte er ihr nämlich erzählt, dass er am Abend zum Sechstagerennen in den Sportpalast wollte. Europameister Max Schmeling, der Bezwinger Ted Moores, sollte heute im Rahmenprogramm vorgestellt werden, habe er gehört, und ob sie nicht mitgehen wolle. Sie hatte abgelehnt, denn sie machte sich nichts aus dieser leicht stumpfsinnig wirkenden Raserei im Oval ...

Gerda Carlsson klopfte an die Fensterscheibe und gab Lehmann mit einem Zeichen zu verstehen, er möge schnell in den Hof kommen.

Offenbar bemerkte Lehmann ihr verstörtes Gesicht und eilte durch den Laden und das Vorderhaus auf den Hof hinaus, und Gerda erzählte ihm, was ihr in der ersten Etage widerfahren war.

»Nachher liegt da ein Penner, den ich geweckt habe«, endete sie ihren Bericht. »Ich traue mich nicht allein nach oben. Ob Sie wohl mit einem Licht mitkommen und nachsehen könnten?«

Lehmann hatte zwar auch keine Kerze zur Hand, aber wenigstens Streichhölzer in der Hosentasche. Er riss eins an und ging vor. Auf dem Podest der ersten Etage entzündete er ein zweites.

»Um Himmels willen«, stammelte er. »Das ist ja entsetzlich.«

»Was ist denn los?« Gerda Carlsson war auf halber Treppe stehen geblieben und wagte sich keinen Schritt weiter.

»Hier liegt eine Tote.«

Umringt von Neugierigen, die von der Schutzpolizei zum Weitergehen ermahnt werden mussten, stand kurz nach acht Uhr das schwarze »Mordauto« des Polizeipräsidiums vor der Charlottenstraße 79. Die Reservemordkommission mit den Kommissaren Lipik und Salaw, der stellvertretende Leiter der Inspektion A, Kriminalkommissar Dr. Werneburg, der Gerichtsarzt Prof. Dr. Strauch und die Männer der Spurensicherung waren inzwischen in die erste Etage des linken Seitenflügels hinaufgestiegen und begannen im Licht der aufgestellten Scheinwerfer ihre Arbeit.

Erschüttert starrten die Männer auf die Tote. Die Beamten sahen auf den ersten Blick, dass die Frau erstochen worden war.

»Da muss ein ziemlich kräftiger Kerl am Werke gewesen sein«, bemerkte Professor Strauch, indem er die Stichwunden begutachtete. »Der Täter muss wie von Sinnen auf sein Opfer eingestochen haben.«

Was war hier geschehen? Der Tatort jedenfalls bot einen recht seltsamen Anblick. Zur rechten Hand befand sich die Hintertür zu den Büro- und Lagerräumen der Textilagentur Becker & Ehmer. Sie war verschlossen. Links davon lag eine Besenkammer, eine Kabuse, wie man sagte, von etwa einem mal zwei Meter Größe. Die Tür dieser Kammer stand weit offen, der Schlüssel steckte von außen. In der Mitte des Podests war ein das Flurfenster zur guten Hälfte verdeckender Verschlag eingebaut, in dem sich eine Toilette befand.

Offenbar hatte die Frau in der Besenkammer etwas gesucht und war dabei von ihrem Mörder überrascht worden, denn die Kabuse war halb ausgeräumt. Ein Fahrradständer, ein alter Petroleumofen und einige Stapel Altpapier waren herausgeholt worden. Unmittelbar an der Tür stand eine Kiste, ein großer Holzkasten, in dem offenbar Kistenbretter gesammelt wurden. Direkt daneben befand sich in hockender Stellung die Leiche. Ihr Oberkörper war, als habe sie gerade etwas herausnehmen wollen, über die Kiste gebeugt. Zur rechten Seite der Leiche war eine große Blutlache, und auch in der Kiste selbst war Blut.

Offenbar wollte die Frau sich nicht lange hier aufhalten, denn sie hatte ihren Mantel an. Hut und Pelzkragen lagen auf dem Petroleumofen. Hinter der Kiste lehnten noch einige Bretter an der Wand, und ein Stück Ofenrohr lag mitten auf dem Podest. Dieses Ofenrohr war es wohl, gegen das Gerda Carlsson mit dem Fuß gestoßen war.

»Das ist ja die Frau Schüler«, hörten die Ermittler plötzlich eine Stimme von der oberen Treppe her, als sie gerade dabei waren, die gefundene Handtasche nach Papieren zu durchsuchen.

Kurt Kunze, Gerda Carlssons Stiefbruder, war inzwischen heruntergekommen, um in Erfahrung zu bringen, ob es sich bei der Toten um eine Frau aus dem Haus handelte.

»Dürften wir bitte erst einmal erfahren, wer Sie sind?«, brummte Kommissar Salaw missgelaunt.

Kurt Kunze stellte sich vor und erklärte, dass es sich bei der Toten um die Putzfrau der Firma Berger & Ehmer handele.

»Wann haben Sie die Frau zum letzten Mal gesehen?«

»Ich bin mir nicht ganz sicher. Aber ich glaube, es war heute abend kurz nach sechs Uhr.«

»Geht es auch etwas genauer?«

»Ja. Aber das war ganz merkwürdig. Kurz vor sechs bin ich ins Vorderhaus gegangen, um von einem Freund ein Buch auszuleihen. Als ich nach etwa zwanzig Minuten wieder zurückkam, sah ich auf dem Podest der ersten Etage, dass die Tür der Kammer, die zu Becker & Ehmer gehört, weit offen stand und eine Frau mit einem angezündeten Streichholz in der Hand auf Knien nach irgendetwas suchte. Ich konnte die Frau zwar nicht erkennen, ging aber davon aus, dass es nur die Frau Schüler sein konnte. An der Toilette stand, mit dem Gesicht zum Geländer, ein junges Mädchen. Ich konnte nur erkennen, dass sie helle Strümpfe trug. Der Statur nach zu urteilen, nahm ich an, dass es Fräulein Arnold war, die Kontoristin der Firma. Leider sehe ich sehr schlecht und kann deshalb über das Mädchen keine genaueren Angaben machen. Ich habe ›Guten Abend‹ gesagt, aber nur eine der Frauen hat ziemlich leise mit ›'n Abend‹ zurückgegrüßt. Welche das war, kann ich nicht sagen, ich habe die Stimme nicht erkannt.«

Während Salaw und Lipik die Hausbewohner befragten, verfolgte der Erkennungsdienst die Blutspuren und stellte fest, dass von der großen Blutlache neben der Leiche eine deutliche Spur einzelner Blutstropfen die gesamte Treppe hinunter bis auf die Straße hinausführte. Eines war nun klar: Der Täter selbst musste erhebliche Verletzungen davongetragen haben. Die Blutspur ließ sich sogar noch weiter verfolgen: Ein Stück die Straße entlang, quer über den Fahrdamm bis in das Haus Charlottenstraße Nr. 17, durch den Flur in den Hof bis zu den Müllkästen. Der Deckel einer Mülltonne war ebenfalls mit Blut beschmiert. Die Durchsuchung des Mülls förderte schließlich ein stark mit Blut besudeltes Papier, ein aus einer illustrierten Zeitschrift herausgerissenes Notenblatt, zutage, auf dem deutliche Fingerabdrücke zu erkennen waren. Vom Müllkasten führte die Spur, jetzt allerdings schwächer, wieder zurück auf die Straße, dicht an der Hauswand entlang in Richtung Schützenstraße bis hin zur Druckerei Tausick und die beiden zum Geschäft führenden Stufen hinauf. Hier verlor sich die Spur.

Einige Personen aus der Nachbarschaft, die sich an der Suche nach der zur Schützenstraße hin führenden Blutspur beteiligt hatten, äußerten jedoch die Vermutung, dass das Blut von einem Hund stammen könnte, der am frühen Abend eine schwere Auseinandersetzung mit einer Katze gehabt haben und von dieser schwer verletzt worden sein sollte. Anwohner wollten gesehen haben, wie das verletzte Tier genau hier langgelaufen war. Die Vermutung erwies sich als richtig: Die Eigentümerin des Hundes, die Inhaberin der Konditorei Wulff im Haus Charlottenstraße 17, bestätigte, dass ihr Hund tatsächlich am Abend von einer Katze gekratzt worden und diese Strecke entlanggelaufen sei. Es erschien daher als wenig wahrscheinlich, dass die Blutspur vom Hause Charlottenstraße 17 bis zur Druckerei Tausick tatsächlich vom Täter herrührte.

Inzwischen war Felix Ehmer eingetroffen und bat die Beamten in sein Büro.

»Ich bin einer der Inhaber der Textilagentur«, stellte er sich den Kommissaren vor. »Ein Mieter des Hauses hat mich angerufen und mir mitgeteilt, dass unserer Aufwartefrau ein Unglück widerfahren ist. Das ist ja entsetzlich.«

»Handelt es sich bei der Toten also tatsächlich um Ihre Putzfrau?«, vergewisserte Kommissar Lipik sich noch einmal.

»Ja. Natürlich. Das ist unsere Frau Schüler.« Ehmer war sichtlich erschüttert.

»Es tut mir leid, aber ich muss Sie bitten, mir eine Liste aller Personen zusammenzustellen, die in Ihrer Firma arbeiten.«

»Frau Schüler mitgerechnet, sind wir fünf. Mein Kompagnon, Carl Becker, sein Sohn Heimfried sowie unsere Stenotypistin und Kontoristin, Fräulein Arnold. Mein Sohn Fritz arbeitet zwar auch in der Firma, aber immer nur für ein bis zwei Stunden in der Mittagszeit.«

Lipik notierte sich die Namen. »Seit wann arbeitete Frau Schüler bei Ihnen?«, fragte er.

»Das Geschäft besteht seit 1922. Seit ungefähr dieser Zeit ist auch Frau Schüler als Aufwärterin in der Firma. Sie kommt allerdings nur montags, mittwochs und freitags. Morgens um halb neun fängt sie an, und nachdem sie die Büroräume gesäubert hat, erledigt sie dann Botengänge, bringt Päckchen und Briefe weg. Im Allgemeinen ist sie bis zwölf Uhr tätig. Es kommt aber auch vor, dass sie bis drei Uhr oder noch länger da ist.«

»Und wann ist sie heute gegangen?«

»Gegen drei Uhr kam sie von einem Botengang zurück. Danach habe ich sie nach Hause geschickt.«

»Benutzen Sie den Hinterausgang regelmäßig?«

Der Kommissar deutete mit einer Kopfbewegung in Richtung Hintertür.

»Nein. Unser Haupteingang liegt im Vorderhaus. Der Ausgang in den Seitenflügel ist stets verschlossen, der Schlüssel steckt allerdings immer im Schloss, denn auf dem Hinteraufgang befinden sich auch unsere Toilette und die Besenkammer. Frau Schüler hatte hier ihre Putzutensilien untergestellt. Außerdem benutzen wir diese Kabuse als Rumpelkammer.«

»Wer hat den Schlüssel zu der Kammer?«

»Er hängt im hintersten Raum an einem Garderobenhaken. Ob Frau Schüler den Schlüssel an sich genommen hat, entzieht sich meiner Kenntnis. Zudem ist mir völlig unverständlich, warum Frau Schüler um sechs Uhr noch in der Kabuse herumwirtschaftete, obwohl ich sie bereits um drei Uhr nach Hause geschickt hatte.«

»Ist in der letzten Zeit bei Ihnen eingebrochen worden?«

»Nein. Das heißt, doch ... Warten Sie ... Vor eineinhalb Jahren ungefähr hat es einen Einbruchsversuch durch die Hintertür gegeben. Die Tür ist allerdings sehr stabil, innen mit Eisenblech beschlagen. Den Tätern ist es nicht gelungen, sie aufzubrechen. Anfang November des vergangenen Jahres gab es dann einen zweiten Einbruchsversuch. Danach aber nicht mehr.«

»Wann haben Sie das Büro verlassen?«

»Kurz vor sechs Uhr. Zusammen mit Herrn Becker senior. Unsere Stenotypistin hatte ungefähr zehn Minuten vor uns Feierabend gemacht.«

»Können Sie nähere Angaben zu Frau Schüler machen? Zu ihren Familienverhältnissen zum Beispiel?«

»Nein. Ich weiß nur, dass sie verheiratet und Mutter zweier Kinder ist. Ihr Mann soll Gürtler und in einer Ordenfabrik beschäftigt sein.«

»Hatten Sie Frau Schüler damit beauftragt, die Besenkammer aufzuräumen?«

»Aber nein. Ich habe auch nicht die leiseste Ahnung, was sie da wollte.«

Alle Bewohner des Hauses wurden nach verdächtigen Beobachtungen gefragt, ob sich beispielsweise in der letzten Zeit Bettler im Haus herumgetrieben hätten. Das Ergebnis war negativ. Allein Kurt Kunze erinnerte sich, dass am Nachmittag ein junger Mann bei ihnen geklopft habe und nach Herrn Wille, dem Vormieter, gefragt habe. Als Kunze ihm erklärte, dass Wille schon vor Jahren verstorben sei, habe er sich für die Auskunft bedankt und sei wieder gegangen. Eine Beschreibung des Mannes konnte Kunze allerdings nicht geben.

Inzwischen war es elf Uhr vorbei, und Lipik und Salaw beschlossen, die Kontoristin Erna Arnold zu so später Stunde nicht mehr zu behelligen.

»Wir suchen sie lieber gleich morgen früh im Büro auf«, meinte Salaw. »Wir müssen ja sowieso noch einmal hin.«

»Aber was ist mit der Aussage dieses Kurt Kunze? Sollten wir ihn nicht vielleicht noch einmal befragen?«, wandte Kommissar Lipik ein.

Salaw winkte ab. »Der Mann ist blind wie ein Maulwurf. Außerdem hat er doch schon gesagt, dass er die Frauen gar nicht eindeutig erkannt hat. Zudem suchen wir einen kräftigen Mann und kein zartes junges Mädchen. Sie haben doch gehört, was Professor Strauch gesagt hat.«

Am frühen Morgen, die Kommissare Lipik und Salaw hatten gerade ihren Dienst angetreten, erschien der einundsechzigjährige Kaufmann Hermann Pohl im Büro der Mordinspektion.

Er habe heute Morgen im *Berliner Lokal-Anzeiger* von dem Mord gelesen, sagte er. Dabei sei ihm ein Erlebnis eingefallen, das er gestern Abend gehabt habe. Zwischen drei Viertel sieben und sieben Uhr sei er die Charlottenstraße in Richtung Schützenstraße entlanggekommen. Er kenne die Gegend sehr gut, denn er sei einmal Geschäftsführer in den Blumensälen in der Zimmerstraße gewesen. Als er vor dem Haus Nummer 79 war, er könne die Nummer zwar nicht so genau sagen, aber es war ein Haus vor der Zimmerstraße, habe er Folgendes beobachtet:

»Als ich ungefähr zehn Schritte vor besagtem Haus war – die Straße war um diese Zeit sehr wenig belebt, lief plötzlich eine junge Dame aus der Haustür heraus. Ich konnte sehen, dass sie helle Strümpfe an hatte, einen dunklen Mantel und einen topfförmigen Hut trug. Kurz vor mir machte sie mit der Hand eine schüttelnde Bewegung. Sie rannte förmlich schräg über den Damm, und ich bemerkte an der linken Wade zahlreiche Blutspritzer. Ich konnte weiter verfolgen, dass die Person in ein gegenüberliegendes Haus, zu dem einige Steinstufen emporführen, hineinging. Wenn ich nicht irre, befindet sich in diesem Hause die Konditorei Wulff. Das Benehmen dieser Dame erschien mir äußerst eigenartig, jedoch dachte ich nicht im Traum daran, dass dort ein Mord geschehen sein könnte. Ich ergänze meine Aussage noch dahin, dass sich die Dame, bevor sie in dem gegenüberliegenden Haus verschwand, beim Aufmachen der Haustür noch einmal umsah. Ich hatte den Eindruck, dass das Mädchen nach Verfolgern Ausschau hielt. Da mir – wie gesagt – das Benehmen auffällig erschien, ging ich in den Hausflur des Hauses Nummer 79 hinein. Ich fand dort auf dem Steinboden zahlreiche Blutspuren. Ich sah auch zu dem nach dem Vorderhause führenden

Aufgang hinauf, konnte dort aber von Blut nichts entdecken. Anschließend warf ich dann noch einen Blick in das gegenüberliegende Haus. Auch hier waren deutliche Blutspuren zu sehen. Die Frau war allerdings wie vom Erdboden verschluckt.«

»Können Sie die Frau näher beschreiben?«

»Nein. Ich würde sie zwar wiedererkennen, aber beschreiben kann ich sie nicht sehr genau. Sie war sehr schlank und zierlich. Ihre Größe schätze ich auf einsfünfundsechzig. Aufgefallen ist mir nur noch, dass sie dunkle Handschuhe trug.«

Gegen neun Uhr trafen die Kommissare Lipik und Salaw im Büro der Firma Becker & Ehmer ein.

»Als erstes würden wir uns gerne mit Ihrer Kontoristin unterhalten«, erklärte Salaw, nachdem er sich und seinen Kollegen mit dem zweiten Seniorchef und dessen Sohn bekannt gemacht hatte.

»Das ist wirklich eigenartig. Obwohl ihr Dienst zwischen halb und drei viertel neun beginnt, ist Fräulein Arnold noch immer nicht da«, erklärte Felix Ehmer sichtlich verwundert. »Sie ist zwar selten auf die Minute pünktlich, aber so spät kommt sie nie.«

»Vielleicht ist sie ja doch krank«, warf Becker senior ein. »Gestern hat sie doch den ganzen Tag über Halsschmerzen geklagt.«

Um Viertel nach neun erschien Fräulein Arnold dann endlich. Ohne von den Beamten Notiz zu nehmen, ging sie sofort in die hinteren Räume und legte Hut und Mantel ab.

Die Kommissare folgten ihr.

»Guten Morgen, Fräulein Arnold«, begann Salaw. »Wir sind von der Kriminalpolizei. Sicher wissen Sie schon, was geschehen ist. Ihre Mitarbeiterin, die Frau Schüler, ist gestern ...«

»Ja. Herr Lehmann aus dem Gemüseladen hat es mir eben erzählt. Eine schreckliche Geschichte.«

Ohne die Kommissare anzusehen, setzte sie sich an ihren Schreibtisch und verschränkte die Hände, als ob sie friere, im Schoß.

»Leider müssen wir auch Ihnen ein paar Fragen stellen. Doch dazu möchten wir Sie bitten, uns auf das Polizeirevier in der

Schützenstraße zu begleiten, damit wir gleich ein Protokoll aufnehmen können.«

Erna Arnold stand wortlos auf, zog ihren Mantel an und folgte den Kommissaren. Als sie auf dem 15. Revier angekommen waren, überlegten die beiden es sich plötzlich anders und beschlossen, das Mädchen doch lieber gleich in der Mordinspektion zu vernehmen, denn auf dem Weg ins Polizeirevier war ihnen aufgefallen, dass die Arnold entweder die Hände, sie hatte die ganze Zeit schwarze Handschuhe an, in die Manteltaschen steckte oder sie verkrampft zusammenballte.

Ohne ihren Sinneswandel zu begründen, teilte Salaw ihr mit, dass sie sie nun doch lieber im Polizeipräsidium vernehmen wollten.

»Mir ist das egal«, sagte sie scheinbar gleichgültig.

Auf der Fahrt im Dienstwagen zum Alexanderplatz warfen Lipik und Salaw sich vielsagende Blicke zu, denn die Gleichgültigkeit, mit der die junge Frau aus dem Fenster schaute, war alles andere als echt. Irgendetwas stimmte mit diesem Fräulein Arnold nicht.

Im Büro der Mordinspektion wurden sie von Kommissar Werneburg bereits erwartet. Als sie das Dienstzimmer betraten, stand er hinter seinem Schreibtisch auf und streckte der Arnold die Hand entgegen. Doch zum Erstaunen aller reichte sie ihm die linke.

Werneburg begann das Verhör mit unverfänglichen, allgemeinen Fragen, den Geschäftsbetrieb und die Räumlichkeiten betreffend. Die ganze Zeit hielt Erna Arnold ihre behandschuhten Hände im Schoß verschränkt.

»Ach, zeichnen Sie uns doch bitte einen möglichst genauen Grundriss des Büros auf«, forderte Werneburg sie auf, schob ihr einen Block hin und reichte ihr einen Bleistift.

Erna Arnold ließ ihre Hände, wo sie waren und schüttelte den Kopf. »Ich kann nicht zeichnen. Ich kann das wirklich nicht.«

»Sie sollen ja auch kein Kunstwerk aufs Papier zaubern, sondern nur einen groben Grundriss skizzieren.«

»Ich kann das nicht. Ich bin in solchen Sachen völlig unbegabt.« Ihre Stimme klang weinerlich.

Erst nach der dritten Aufforderung ließ sie sich überreden und griff zögernd nach dem Bleistift. Doch mit den Wollhandschuhen konnte sie ihn nicht halten.

»Wollen Sie nicht lieber die Handschuhe ausziehen, Fräulein Arnold?«

Wieder schüttelte sie den Kopf.

»Haben Sie etwas mit Ihren Händen? Zeigen Sie doch mal.« Werneburg bemühte sich um einen besonders sanften Ton. Vorsichtig nahm er ihre Hände, begann ihr die Handschuhe auszuziehen, und sah sofort, dass sie blutverkrustet waren. Vor Schmerz verzog sie das Gesicht. Ihre Hände, insbesondere die rechte, wiesen tiefe Schnittwunden auf.

»Das muss ja schrecklich weh tun«, sagte Werneburg mitfühlend. »Die Wunden müssen auf schnellstem Wege ärztlich versorgt werden. Sie können sich die schlimmste Blutvergiftung holen. Wie ist Ihnen das denn passiert?«

»Ich habe im Büro ein Weinglas zerbrochen.«

»So? Und Ihre Chefs haben Sie nicht gleich zum Arzt geschickt? Das ist aber nicht nett.«

Erna Arnold zuckte nur mit den Schultern.

»Und mit den blutenden Händen sind Sie nach Hause gegangen?«

»Ich habe die Wunden erst ausgewaschen und dann die Handschuhe angezogen.«

»Sie wissen doch sicher, dass man solche Wunden nicht auswaschen darf. Sie hätten zu einem Arzt gehen müssen.«

»Ich wollte ja auch noch zum Arzt.«

Jetzt witterte Werneburg eine Chance, sie zu überrumpeln: »Ach, deshalb waren Sie im Haus gegenüber.«

»Nein. Da hatte ich eine Verabredung.«

Mit gesenktem Blick saß sie da. Werneburg schaute sie eindringlich an. »Fräulein Arnold, haben Sie Anna Schüler ermordet?«

Erna Arnold nickte nur. Tränen liefen über ihr Gesicht.

Doch bevor er weitere Fragen stellte, ließ Werneburg das Mädchen zum Gerichtsarzt bringen, der die Wunden versorgen und bei der Gelegenheit gleich schauen sollte, ob die Verletzungen tatsächlich von einem Weinglas herrühren konnten. Professor

Strauch und der ebenfalls anwesende Doktor Weimann waren sich absolut sicher: Die Wunden stammten mit Sicherheit nicht von Glasscherben. »Die Wundränder sind glatt«, erklärte Weimann, »und die Schnitte verlaufen fast parallel. Solche Wunden können nur von einer glatten Schneide herrühren, höchstwahrscheinlich von einem Messer. Es sieht fast so aus, als hätte das Mädchen mit den Fingern die Schneide umkrallt. Auf keinen Fall sind es Glasscherben-Schnitte.«

Professor Strauch teilte zwar die Ansicht des Kollegen, hielt es jedoch nach wie vor für ausgeschlossen, dass diese zierliche junge Frau über die Kraft verfügte, der Frau Schüler diese schweren Stichwunden zuzufügen. Er zweifelte an ihrem Geständnis, vermutete sogar, dass sie jemanden decken wollte.

Die Kommissare waren anderer Ansicht. Sie zogen das Geständnis keinesfalls in Zweifel. Im Gegenteil, sie waren sogar äußerst zufrieden: Nach knapp zwölf Stunden hatten sie die Mörderin gefasst.

Doch wirklich aufgeklärt war die Tat damit noch nicht. Welches Motiv mochte dieses Mädchen von gerade fünfundzwanzig Jahren gehabt haben, einen derart brutalen Mord zu begehen?

Nachdem die schweren Schnittverletzungen verarztet worden waren, brachte Werneburg Erna Arnold zurück ins Büro der Mordinspektion und ließ sie auf dem grünen Sofa Platz nehmen. Es war eigentlich Ernst Gennats Büro, aber der war gerade in Urlaub, und Werneburg war immerhin seine Vertretung. Die Sekretärin, Fräulein Ernst, brachte ihr Kaffee und überredete sie, ihn auch zu trinken.

»Haben Sie keine Angst, Fräulein Arnold«, redete Kommissar Salaw in sanftem Ton auf sie ein. Das hatte er sich vom Kollegen Gennat abgeguckt. »Erzählen Sie in aller Ruhe. Beschreiben Sie uns Ihren Büroalltag.«

Erna Arnold erzählte nun von ihrer Arbeit und ihren wichtigsten Aufgaben. Schließlich kam sie auf die Putzfrau zu sprechen und auf deren zusätzliche Funktion als Bürobotin. Nach ihrem Verhältnis zu Frau Schüler befragt, antwortete sie:

»Wir haben uns immer sehr gut verstanden, bis auf die kleinen Sticheleien, die von Frau Schüler ausgingen.«

»Was war denn der Anlass zu diesen ›Sticheleien‹, wie Sie es ausdrücken?«

Sie zögerte einen Augenblick, bevor sie weitersprach. »Ich hatte mit Herrn Becker senior ein Liebesverhältnis. Und einmal war Herr Becker mit mir in einem Café, wo uns Frau Schüler dann rein zufällig getroffen hat. Es war das erste und einzige Mal, dass Herr Becker mich irgendwohin eingeladen hat. Geschenke hat er mir im Übrigen auch nie gemacht.«

»Sie hatten also durch das Verhältnis zu Herrn Becker keine materiellen Vorteile?«

»Nein. Das war mir auch nicht so wichtig.«

Kommissar Salaw schüttelte fast unmerklich den Kopf.

»Gut. Erzählen Sie bitte weiter.«

»Frau Schüler wusste also von diesem Verhältnis und drohte immer, dieses Herrn Ehmer senior beziehungsweise der Frau des Herrn Becker zu hinterbringen. Ich gab Frau Schüler deshalb Geld, wovon sie für ihre Kinder etwas kaufen sollte. Ich gab ihr auch ein paarmal abgelegte Sachen von mir für das Mädchen mit, kaufte Kuchen und Schokolade, damit sie nur über das Verhältnis zwischen mir und Becker nichts erzählte.«

»Und? Hat sie was erzählt?«

»Nein, aber sie hat immer wieder damit gedroht.«

»Nun erzählen Sie bitte, was am Montag geschehen ist. Von Ihrem Dienstbeginn an.«

»Am Montagmorgen kam ich gegen halb neun Uhr vormittags ins Büro. Herr Becker senior und Frau Schüler waren schon da. Ich erledigte wie üblich meine Büroarbeiten, tippte Stenogramme ab, nahm Diktate auf. Frau Schüler war meines Wissens bis fünf Uhr mit Botengängen beschäftigt. Am Vormittag gab ich ihr einen Brief für die Firma Martin Herzberg in der Lindenstraße, den sie auf dem Nachhauseweg abliefern sollte. Am Nachmittag, es muss um fünf Uhr herum gewesen sein, schickte ich sie dann mit einem Brief in eigener Sache in die Chausseestraße 16 zum Finanzbüro. Gegen halb sechs kam sie zurück. Sie musste sich dann allerdings noch einmal mit einer Geschäftssache in die Leipziger Straße begeben. Ich selbst habe ungefähr zehn Minuten vor sechs die Büroräume verlassen. Herr Ehmer und Herr Becker senior, die abends immer sämtliche Räume abschließen, waren zu diesem Zeitpunkt noch im Büro. Ich bin dann gleich in den linken Seitenflügel gegangen, wo ich mit Frau Schüler verabredet war.«

»Sie waren mit Frau Schüler im Seitenflügel verabredet?« Kommissar Salaw vermochte sein Erstaunen kaum zu unterdrücken. »Was um alles in der Welt haben Sie da gewollt?«

»Ich sollte der Frau Schüler den Schlüssel zur Besenkammer übergeben. In der Kammer sammelt Frau Schüler Papier und Holzabfälle, die sie dann zum Verheizen mit nach Hause nimmt. Gestern Abend wollte sie sich davon etwas holen und ...«

»Einen Moment bitte«, fiel Salaw ihr ins Wort. »Das verstehe ich nicht. Warum haben Sie ihr den Schlüssel denn nicht schon im Büro gegeben? Wenn sie ihre Putzutensilien holte, mussten Sie doch sicher auch nicht mitgehen.«

»Sie bat mich, ihr eine Kerze zu halten, weil das Licht im Seitenflügel schon seit Tagen kaputt ist.«

»Und? Haben Sie eine Kerze mitgenommen?«

»Ja. Aber sie ging immer wieder aus. Das kam wohl von der Zugluft.«

»Sie sind dann im Dunkeln hinaufgegangen?«

»Nein. Frau Schüler hatte Streichhölzer bei sich. Mit denen hat sie uns, nachdem wir noch eine Weile geplaudert hatten, nach oben geleuchtet. Oben habe ich die Kerze dann noch einmal angezündet und habe ihr geholfen, das Gerümpel aus der Kabuse zu räumen, damit sie an die Bretter kam, die sie mitnehmen wollte. Während sie noch irgendetwas suchte und in der Kiste kramte, habe ich die Kerze gehalten. Nach einer Weile habe ich dann gesagt, dass ich nun unbedingt gehen müsse, weil wir zu Hause Besuch erwarteten. Sie bat mich aber, noch zu bleiben. Ich lehnte jedoch ab, weil ich es eilig hatte. Darauf sagte Frau Schüler, falls ich ihr den Gefallen nicht täte, sähe sie sich gezwungen, mein Verhältnis mit dem Chef ans Tageslicht zu bringen. Es sei sehr ungezogen von mir, dass ich ihr nicht einmal diesen kleinen Gefallen täte, wo sie doch über mein Verhältnis schwiege. Diese Worte lösten eine solch unbändige Wut in mir aus, dass ich nach dem Messer griff, das in der Kiste lag, und blindlings auf Frau Schüler einstach. Sie gab keinen Laut von sich, hat nicht einmal geschrien ... Wenn sie das getan hätte, dann wäre ich sicher wieder zur Besinnung gekommen und hätte von Frau Schüler abgelassen. Als ich dann sah, dass Frau Schüler in sich zusammensank, bin ich weggelaufen, auf die Straße und über den Damm in das schräg gegenüberliegende Haus; denn ich hatte inzwischen bemerkt, dass ich mir die Hände aufgeschnitten hatte und stark blutete. Und weil ich kein Taschentuch bei mir hatte, nahm ich das Notenblatt, das in meiner Handtasche war, und wischte mir die Hände daran ab. Ich ging auf den Hof des Hauses und warf das blutverschmierte Papier in den Müllkasten.«

»Und das Messer? Was haben Sie mit dem Messer gemacht?«

»Das Messer war noch in meiner Manteltasche. Ich hatte es in Zeitungspapier, das in der Kabuse ja überall herumlag, eingewickelt. Auf dem Nachhauseweg warf ich es in der Wisbyer Straße in einen Gully.«

»Wo genau?«, wollte Salaw wissen.

»Ich kann es nicht sagen, aber wenn ich hingeführt werde, finde ich die Stelle mit Sicherheit wieder.«

»Gut. Aber darüber unterhalten wir uns später. Erzählen Sie erst einmal weiter.«

»Als ich wieder im Hausflur war, bemerkte ich, dass ich auch Blutflecke an den Strümpfen hatte. Ich verließ nun das Haus, nahm mir in der Charlottenstraße eine Taxe und fuhr nach Hause. Das heißt, nicht direkt nach Hause. Ich ließ den Fahrer schon in der Cantianstraße halten und irrte dann noch ziellos herum; so kam ich auch zur Wisbyer Straße, wo ich – wie schon erwähnt – das Messer in den Gully warf. Als ich, es muss kurz nach sieben gewesen sein, zu Hause ankam, ging ich sofort in die Badestube, reinigte meine Hände und Strümpfe vom Blut und ging dann in unser Wohnzimmer zu meinen Eltern. Mein Verlobter, den ich für den Abend eingeladen hatte und den ich meinen Eltern vorstellen wollte, war schon da. Wir saßen dann bis gegen halb elf zusammen. Danach ging ich gleich zu Bett, doch etwas Schlaf konnte ich erst gegen Morgen finden. Um sieben Uhr bin ich aufgestanden, und bevor ich gegen halb neun ins Büro ging, hörte ich, wie meine Schwester und meine Mutter sich über den Vorfall in der Charlottenstraße unterhielten. Ich ließ mich nicht sehen, sondern bin gleich gegangen.«

Kommissar Salaw beschloss, jetzt keine weiteren Fragen mehr zu stellen, sondern das völlig erschöpfte Mädchen ins Polizeigefängnis bringen zu lassen. Ihre Aussagen mussten ohnehin erst überprüft werden.

Zunächst wurde Erna Arnolds Verlobter, der achtundzwanzigjährige Fritz Rose, aufs Präsidium zitiert. Er bestätigte, am Vorabend zum ersten Mal bei ihren Eltern eingeladen gewesen zu sein. Sie musizierten zusammen. Erna spielte Klavier.

Ob er an den Händen der Freundin Schnittwunden bemerkt habe, fragte ihn der Kommissar. Rose verneinte und wollte nun endlich wissen, was die ganze Fragerei sollte. Als er hörte, dass Erna Arnold des Mordes verdächtigt wurde, fiel er aus allen Wolken.

»Nein, das kann unmöglich sein«, rief er empört aus. »Das ist ja lächerlich. Die Erna ist doch keine Mörderin. Nie und nimmer.«

Im Laufe des Tages wurde auch Herr Ehmer noch einmal vernommen und danach befragt, ob Frau Schüler überhaupt eigenmächtig irgendetwas aus der Kabuse habe mitnehmen dürfen, sei es auch noch so wertlos.

Nein, sagte er. Das habe sie auch nie getan. Sie fragte immer. Selbst wenn sie nur Brennholz mitnehmen wollte.

»Welche von den beiden Frauen hatte eigentlich den Schlüssel zu der Kabuse?«, forschte der Kommissar weiter.

»Keine von beiden. Er hängt, wie ich schon sagte, im hintersten Raum an einem Garderobenhaken. Beide Frauen hatten nach Geschäftsschluss nichts dort zu suchen.«

»Könnten Sie uns vielleicht eine Aufstellung dessen machen, was in der Kabuse aufbewahrt wurde?«

»Das kann ich nicht so genau sagen. Da waren zum Beispiel zwei kleine Petroleumöfen, Altpapier und Kistenbretter. Gerümpel halt.«

»Ein Messer befand sich nicht in der Besenkammer?«

»Ein Messer? Nein, bestimmt nicht.«

Die etwas heikle Aufgabe, Carl Becker nach seinem Verhältnis mit Erna Arnold zu befragen, zögerten die Kommissare so lange wie möglich hinaus. Doch Becker gab sein Verhältnis mit der Kontoristin unumwunden zu.

»Sie ist ein liebes, anständiges Mädchen mit guten Manieren«, sagte Becker senior. »Eine Schönheit im eigentlichen Sinne ist sie zwar nicht, aber sie hat das gewisse Etwas. Als sie vor knapp fünf Jahren in die Firma kam, begeisterte sie sich für den Segelsport, womit sie wohl ihre gesamte Freizeit verbrachte. Zudem war sie immer sehr apart angezogen, was aber wohl ihre Finanzen bei weitem überstieg.«

»Wie viel hat sie denn bei Ihnen verdient?«

»Hundertfünfzig Mark im Monat.«

»Vielleicht hat sie von ihren Eltern ja Geld bekommen.«

Becker schüttelte den Kopf. »Nein. Ganz bestimmt nicht. Fräulein Arnolds Mutter ist einmal zu Besuch in der Firma gewesen. Bei der Gelegenheit hat sie sich bitter darüber beklagt, dass ihre Tochter immer ohne Geld sei. Dabei verdiene sie doch genug und müsse auch nur vierzig Mark im Monat zu Hause abgeben.«

Den Kommissaren reichte die Erklärung nicht. Was machte Erna Arnold mit ihrem Geld? Gab sie tatsächlich alles für schöne Kleider aus? Doch schon kurze Zeit später sollte die Frage, warum ihr Portemonnaie ständig leer war, beantwortet werden.

Als Salaw und Lipik ins Polizeipräsidium zurückkamen, ging ein junger Mann vor der Tür des Büros der Mordkommission auf und ab, als warte er auf jemanden.

»Können wir Ihnen irgendwie helfen?«, fragte Lipik.

»Mein Name ist Herbert Baumann«, stellte er sich vor. »Es geht um die Sache in der Charlottenstraße. Ich möchte gerne eine Aussage machen.«

Die Kommissare baten den jungen Mann in ihr Büro.

Er habe in der Zeitung gelesen, dass die Polizei Erna Arnold des Mordes verdächtige, erklärte er. Vor einiger Zeit sei er mit ihr verlobt gewesen. Auf Anraten ihres Vaters habe sie die Verlobung allerdings wieder lösen müssen, denn Herr Arnold habe in Erfahrung gebracht, dass er, Herbert Baumann, vorbestraft sei.

»Ich halte Erna Arnold für eine ruhige, sehr gutmütige Person, die für den Menschen, den sie liebt, alles opfert«, sagte er am Ende seiner Ausführungen. »So entsinne ich mich noch genau, dass sie selbst mir größere Geldopfer gebracht hat, denn ich verdiene als Musiker nicht viel. Ich kann einfach nicht glauben, dass Erna eine Tat, wie sie in den Zeitungen beschrieben ist, ausgeführt haben soll.«

»Das ist sehr liebenswürdig von Ihnen, dass Sie Ihre Ex-Verlobte entlasten wollen. Doch Fräulein Arnold hat bereits ein umfassendes Geständnis abgelegt.«

Resigniert schüttelte Baumann den Kopf. »Ob es möglich ist, dass ich mit ihr rede? Ich bitte Sie darum.«

Ob Baumann die Bitte gewährt wurde, ist nicht bekannt.

Die Ermittlungen, die im Umfeld der Ermordeten angestellt wurden, waren nicht sehr ergiebig. Anna Schülers Ehemann konnte sich nicht vorstellen, dass seine Frau die Arnold erpresst haben sollte. So etwas Gemeines passe einfach nicht zu seiner Frau, meinte er.

Ein völlig neuer Aspekt ergab sich erst durch die Aussage einer Freundin Anna Schülers: Bertha Arndt wohnte im selben Haus wie die Schülers und vertrat die Freundin hin und wieder bei Becker & Ehmer. So kam es auch, dass sie sich ziemlich oft über die Firma unterhielten. Die Schüler habe ihr erzählt, erklärte Frau Arndt, dass Erna Arnold ihr unentwegt von ihren Männerbekanntschaften berichte, auch von ihrem Verhältnis mit Becker senior. Die Schüler habe ihr davon abgeraten, sich mit verheirateten Männern einzulassen, aber die Arnold habe darüber nur gelacht.

»Halten Sie es für möglich, dass Frau Schüler die Arnold erpresst hat?«, fragte Kommissar Salaw.

Frau Arndt zuckte mit den Schultern. »Gesagt hat sie es mir nicht. Ich kann es mir eigentlich auch nicht denken.«

»Gab es sonst irgendwelche Probleme in der Firma?«

»Nicht dass ich wüsste. Da war nur diese Sache mit der Invalidenkarte.«

»Invalidenkarte?« Salaw horchte auf.

»Es ist schon Monate her, da sagte mir Frau Schüler, sie vermute, dass die Arnold für ihre Invalidenkarte keine Marken klebe. Sie habe nämlich die Bescheinigung über die Marken verlangt, doch die Arnold habe immer wieder Ausflüchte gemacht, immer eine andere Ausrede gehabt. Diese Angelegenheit beunruhigte sie verständlicherweise sehr.«

Am nächsten Tag wurde Erna Arnold von neuem verhört. Einige Details, die am Vortag nicht mehr zur Sprache gekommen waren, galt es noch zu klären. Als Erstes fragte Salaw nach dem Inhalt des Briefes, den die Schüler für sie in der Chausseestraße hatte abgeben sollen.

»Der Brief war an das Finanzbüro. Ich erfragte darin nur die näheren Bedingungen, um Geld aufnehmen zu können.«

»Sie wollten sich Geld leihen?«

»Ja.«

»Uns wurde gesagt, Sie hätten monatlich 150 Mark und müssten zu Hause nicht viel abgeben. Zu welchem Zweck brauchen Sie das Geld?«

»Ich habe Läpperschulden«, erklärte sie. »Ich muss meinen Pelzmantel noch abzahlen, und auch in anderen Geschäften habe ich noch Schulden. Außerdem gehe ich am Wochenende gerne aus. Dafür brauche ich relativ viel Geld.«

»Sie haben behauptet, die Tatwaffe in der Wisbyer Straße in einen Gully geworfen zu haben«, wechselte der Kommissar plötzlich das Thema, denn nach den Invalidenmarken wollte er sie erst später fragen.

»Würden Sie uns die Stelle bitte zeigen?«

Die Arnold nickte.

Gemeinsam fuhren sie in die Wisbyer Straße, und Erna Arnold glaubte den besagten Gully wiedergefunden zu haben. Mit Hilfe der Stadtreinigung gelang es tatsächlich, das Messer zu finden.

»Woher wussten Sie von dem Messer in der Kabuse?«, fragte Salaw, als sie wieder im Polizeipräsidium waren.

»Weil ich es selbst hineingelegt habe.«

»Wann?«, fragte Salaw überrascht.

»Schon vor ein paar Wochen.«

»Und warum haben Sie das getan?«

»Um mir im Büro Brot für meine Stullen abschneiden zu können, habe ich mir dieses Messer gekauft. Meine Stullen waren immer trocken, wenn ich sie von zu Hause mitgebracht hatte. Darum wollte ich sie mir lieber erst im Büro schmieren.«

»Und dazu brauchten Sie ein Fleischmesser mit einer Klinge von siebenunddreißig Zentimetern Länge?«

»Es ist doch egal, was für ein Messer.«

»Aber wenn Sie es brauchten, warum haben Sie es dann in die Kiste in der Kabuse gelegt?«

»Immer wenn ich meine Schreibtischschublade aufzog und das Messer sah, habe ich an Frau Schüler gedacht. Weil sie doch so gemein war zu mir, wäre ich am liebsten damals schon mit dem Messer auf sie losgegangen. Als ich den Gedanken nicht mehr ertragen konnte, habe ich es dann in die Kabuse gebracht, um es nicht mehr jeden Tag sehen zu müssen ...«

»... und um aus dem dummen Gedanken keine blutige Realität werden zu lassen«, ergänzte Salaw.

»Ja. Sozusagen.«

Die Frage nach den Invalidenmarken für die Schüler war nun allerdings noch immer offen. Heimfried Becker, der für die Finanzen der Firma zuständige Juniorchef, erklärte, dass er nicht wisse, ob für die Putzfrau Invalidenmarken geklebt worden seien, denn damit habe er nichts zu tun gehabt. Der Ankauf und das Kleben der Versicherungsmarken sei die Aufgabe von Fräulein Arnold gewesen. Das Geld dafür habe sie direkt von Herrn Ehmer bekommen.

Die näheren Nachforschungen ergaben, was der Kommissar vermutet hatte: Erna Arnold hatte einen Teil der Gelder unterschlagen.

Völlig unerwartet erschien am nächsten Tag noch einmal Herr Ehmer auf dem Präsidium. Er hatte inzwischen herausgefunden, dass die Arnold noch weitere Gelder unterschlagen beziehungsweise veruntreut hatte. Zudem waren in ihrem Schreibtisch alte Steuerkarten und unbenutzte Steuermarkenbogen entdeckt worden. Hatte sie sich zudem noch der Steuerfälschung schuldig gemacht? Aber das zu klären war Angelegenheit des Finanzamts Mitte.

Die Frage nach dem Mordmotiv war nun endlich geklärt. Erna Arnold hatte die Aufwartefrau Anna Schüler aus zweierlei Gründen getötet: Aus Angst, ihr Verhältnis mit Becker senior könnte publik werden, und aus Angst, dass die Firma Becker & Ehmer ihre Unterschlagungen aufdeckte.

Erna Arnold war jedoch nicht das bedauernswerte Opfer unglücklicher Verhältnisse. Im Gegenteil: Sie war die verwöhnte, behütete Beamtentochter, der die Eltern jeden Wunsch von den Augen ablasen. Ein verzogenes Mädchen, das nicht erwachsen werden wollte und gedankenlos über seine Verhältnisse lebte.

Die Richter billigten Erna Arnold »Sinnesverwirrung zur Zeit der Tat« zu und verurteilten sie zu fünf Jahren Gefängnis.

Die Reise nach Wien oder ein fast perfekter Mord

»Selbstständiger Kaufmann, eigenes Geschäft im Berliner Westen, sucht ehrliche, einfühlsame Ehefrau nicht älter als vierzig.« Die Hausangestellte Frieda Thomas las die Anzeige aus der *Berliner Morgenpost* laut vor und umrandete sie mit Rotstift. »Warte mal, hier ist noch eine, die sich ganz interessant anhört«, fuhr sie nach einer Weile fort. »Postbeamter, Selbstinserent, sucht einfache, sparsame Ehefrau bis vierzig.« Sie hob den Blick und schaute nachdenklich zu ihrer Freundin Henriette hinüber. »Was meinst du? Soll ich einem von denen schreiben? Oder vielleicht gleich beiden?«

»Ick weeß nich.« Die Köchin Henriette Scholz warf eine geschälte Kartoffel in die Schüssel, legte das Messer weg, wischte die Hände an ihrer Schürze ab und stand auf.

»Also mir wär det nischt, uff 'ne Heiratsannonce zu antworten. Du weeßt doch jar nich, wat det für eener is.«

»Du hast gut reden«, gab Frieda Thomas gereizt zurück. »Dann verrate mir doch mal, wo ich sonst jemanden kennenlernen soll. Etwa auf diesen gräßlichen Witwenbällen mit Damenwahl? Das ist nun wirklich nichts für mich. Aber als alte Jungfer will ich schließlich auch nicht sterben.«

»Nu mach aber mal halblang! Deine siebenunddreißig sieht man dir wirklich nich an.«

Frieda Thomas lachte bitter. »Und was hab ich davon, wenn ich hier als Hausmädchen versauere?«

Die Scholz ging um den Küchentisch herum, schaute der Thomas über die Schulter und tippte auf die zweite Annonce. »Hier, den Postbeamten würd' ick an deine Stelle nehmen. 'N Selbstständiger, det is nischt. Wo so ville Jeschäfte jetzt Pleite jehn. Nimm den Beamten. Da haste wat Solidet und später mal 'ne scheene Pension.«

Eine halbe Stunde später saß Frieda Thomas an dem kleinen Schreibtisch in ihrer Kammer im Dachgeschoss.

»Sehr geehrter Herr!«, schrieb sie. »Eigentlich ist es nicht meine Art, auf Annoncen zu antworten, aber einmal ist, wie man so schön sagt, keinmal ...«

Es war Sonntag, der 12. Mai 1929, gegen acht Uhr abends.

Jeden Morgen fieberte Frieda Thomas der Post entgegen, und nach einer Woche etwa war tatsächlich ein Brief für sie dabei. Ungeduldig riss sie ihn auf. Er war von einem gewissen Paul Anton Gerritzen unterzeichnet. Er bedankte sich für ihren ›lieben Brief‹, lobte ihren ›eleganten Stil‹ und schlug ihr für den nächsten Tag ein Treffen im Café Trumpf an der Kaiser-Wilhelm-Gedächtnis-Kirche vor. Als Erkennungszeichen würde er eine gelbe Rose mitbringen, schrieb er, und um Missverständnisse zu vermeiden, möge bitte auch sie mit einer solchen kommen.

Freudestrahlend stürzte die Thomas in die Küche und zeigte den Brief der Scholz.

»Und da willste wirklich hinjehn? Also mir wär det nich janz jeheuer.«

»Du mit deinem ewigen Misstrauen«, fuhr die Thomas sie an. »Wir treffen uns in einem Café. Was soll da schon groß passieren?«

Henriette Scholz ließ sich nicht so leicht überzeugen. Abfällig schlug sie mit dem Handrücken auf die Rückseite des Briefumschlags.

»Nu kiek dir det doch mal an. Nich mal 'n Absender is uff'n Umschlag. Da stimmt doch wat nich.«

»Meine Güte! Nun halt dich doch nicht an solchen Kleinigkeiten fest. Er wird es vergessen haben, das passiert doch jedem mal!« Beleidigt nahm die Thomas ihr den Brief aus der Hand und verließ die Küche.

»Vielleicht issa ja ooch schon längst verheiratet. Du gloobst ja jar nich, wie ville von diesen Annoncen-Knilchen nur uff 'n Abenteuer aus sind«, rief ihr die Freundin hinterher.

Am nächsten Tag zog Frieda Thomas ihr bestes Kleid an und frisierte ihren brünetten Bubikopf. Sie nahm die gelbe Rose, die sie sich schon am Vormittag gekauft hatte, fuhr mit dem Bus zum Kurfürstendamm und stieg eine gute halbe Stunde vor der verabredeten Zeit am Auguste-Viktoria-Platz (heute Breitscheidplatz) aus. Als sie das Café Trumpf erreicht hatte, schaute sie noch einmal auf die Uhr. Eine Frau sollte nie vor der Zeit zu einer Verabredung kommen, dachte sie und beschloss, noch ein wenig den Boulevard hinunterzuschlendern und Schaufenster anzuschauen.

Als sie sich wieder dem Café Trumpf näherte, schlug es von der Kaiser-Wilhelm-Gedächtnis-Kirche vier Uhr. Neugierig betrachtete sie die Passanten. Typisches Kurfürstendamm-Publikum: Elegant gekleidete Frauen mit großen Hüten, die Pelzstola lässig über die Schulter geworfen. Die meisten trugen Tüten und Pakete mit den Aufschriften der großen Modehäuser. Frieda Thomas war ein wenig neidisch und kam sich in ihrem altmodischen Kleid ziemlich deplatziert vor. Aber von ihrem bescheidenen Gehalt konnte sie sich keine modischen Kleider leisten. Und vom Kurfürstendamm schon gar nicht ...

Plötzlich blieb sie wie angewurzelt stehen und verbarg die gelbe Rose schnell hinter ihrem Rücken. Dieser Mann, der da mit einer gelben Rose in der Hand auf und ab ging, konnte unmöglich ihr Postbeamter sein. Die gelbe Rose war sicher nur ein Zufall. Offenbar hatte jemand die gleiche Idee gehabt. Sie blieb ein wenig abseits stehen und musterte den Mann. Er war etwa vierzig Jahre alt, hatte einen leicht gewölbten Rücken und hängende Schultern. Das dunkelblonde, ungepflegte Haar war nach hinten gekämmt und stand im Nacken leicht ab. Besonders auffallend aber waren seine großen, abstehenden Ohren und seine kantige Nase. Gerade wollte sie ihre Rose wegwerfen und gehen, als er lächelnd auf sie zukam.

»Fräulein Frieda Thomas, wie ich vermute?«

Süßsauer lächelnd bejahte sie. Er reichte ihr die Hand und deutete einen Handkuss an. Erst jetzt, als er unmittelbar vor ihr stand, bemerkte sie die Tränensäcke unter seinen grauen Augen. Zudem hatte er lückenhafte gelbe Zähne und eine zu dick geratene Unterlippe. Sein Teint war unrein und narbenhaft, so als wäre er einmal an Pocken erkrankt gewesen. Ein Adonis war dieser Gerritzen weiß Gott nicht, aber was konnte sie schon erwarten? Wenn man einen Mann über eine Annonce sucht, darf man wohl nicht wählerisch sein, dachte sie bei sich. Da muss man halt nehmen, was kommt. Dennoch vermochte sie ihre Enttäuschung kaum zu verbergen.

Er führte sie in das Café, wo sie einen Platz am Fenster fanden, und nach einigen verlegenen Höflichkeitsfloskeln entwickelte sich eine angeregte Konversation. Frieda Thomas sollte ihr anfänglich negatives Urteil bald revidieren, denn im Laufe des Nachmittags entpuppte sich Anton Gerritzen als ein charmanter, unterhaltsamer Gesprächspartner. Er erzählte, er sei Inspektor bei der Bahnpost am Potsdamer Bahnhof, liebe es zu reisen, sei sehr naturverbunden, gehe aber auch gerne ins Kino, hin und wieder ins Theater oder sogar in die Oper. Er spendierte ihr Mokka und Schokoladentorte, und der Nachmittag verging wie im Fluge. Frieda Thomas' Enttäuschung war verflogen, seine körperlichen Mängel erschienen ihr plötzlich irrelevant.

Henriette Scholz war gerade damit beschäftigt, das Abenddiner für die Herrschaft vorzubereiten, als Frieda Thomas überglücklich in der Küche erschien. Jedes Detail erzählte sie der Freundin, auch von ihrer anfänglichen Enttäuschung.

»Er sieht zwar nicht besonders attraktiv aus«, räumte sie ein, »aber er ist in seiner Art so zauberhaft, dass das gar nicht weiter ins Gewicht fällt. Er ist charmant, zuvorkommend, aufmerksam; zudem ist er auch noch gebildet. Ich hätte mich noch stundenlang mit ihm unterhalten können. Für übermorgen haben wir uns wieder verabredet«, endete die Thomas ihren Bericht und ließ sich auf einen Küchenstuhl sinken. »Wir wollen ins Kino gehen.«

Ohne eine Miene zu verziehen, hatte Henriette Scholz zugehört. »Meinste nich, dass de da 'n bissken zu euphorisch bist?«

»Wie meinst du das?«

»Na wie soll ick det schon meinen? Sei bloß vorsichtig und lass dir nich überreden, mit ihm in seine Wohnung zu jehn. Na, du weeßt schon ...«

»Aber Henriette!«, rief Frieda Thomas empört aus. »Wofür hältst du mich? Außerdem würde er so etwas nie tun. Er ist ein echter Kavalier, höflich und rücksichtsvoll.«

Zwei Tage später gingen Frieda Thomas und Gerritzen ins Kino, wieder zwei Tage später in den Lunapark, und am Wochenende verabredeten sie einen Spaziergang in den Tiergarten. Sie sahen sich regelmäßig, und Frieda Thomas wusste bald sicher: Paul Anton Gerritzen war der Mann fürs Leben!

Nach einem Kinobesuch, es war Mitte Juni, lud Gerritzen seine »Braut« zur »Feier des Tages«, wie er es ausdrückte, in den »Zigeunerkeller« am Kurfürstendamm ein, denn er habe ihr etwas Wichtiges mitzuteilen.

»Auch wenn wir uns erst knapp fünf Wochen kennen, sollten wir nicht länger warten, meine Liebe. Schließlich sind wir beide nicht mehr die Jüngsten«, begann er feierlich. »Fräulein Frieda, ich will nicht länger drum herumreden, will keine großen Worte machen. Deshalb frage ich Sie frei heraus: Wollen Sie meine Frau werden?«

Obwohl sie sich nichts sehnlicher wünschte, war sie nun doch überrascht. Ohne zu zögern, sagte sie »Ja«.

Doch plötzlich machte Gerritzen ein besorgtes Gesicht.

»Ihr ›Ja‹, mein liebes Fräulein Frieda«, fuhr er in seinem gestelzten Ton fort, »macht mich mehr als glücklich. Wenn es nach mir ginge, könnten wir umgehend das Aufgebot bestellen, aber ...«

Mitten im Satz brach er ab und schüttelte resigniert den Kopf.

Frieda schaute erschrocken zu ihm hinüber. »Ist da irgendetwas, was Sie mir verschweigen haben?« Ihre Stimme bebte.

»Ja«, erwiderte Gerritzen mit gesenktem Blick und begann sein Weinglas zwischen den Fingern zu drehen. »Da ist in der Tat etwas sehr, sehr Unangenehmes.«

»Und? Wollen Sie mir nicht sagen, was es ist?« Das Herz klopfte ihr bis zum Hals. Sollte Henriette etwa recht behalten? War er vielleicht doch längst verheiratet? Hatte sie sich zu früh gefreut?

Gerritzen seufzte schwer. »Meine Tante.«

»Ihre Tante?«

»Ja, leider. Und die alte Dame ist nun mal sehr eigensinnig.«

»Aber was hat Ihre Tante mit unserer Hochzeit zu tun?«, fragte Frieda Thomas verwundert und erleichtert zugleich.

»Leider sehr viel. Tante Amalie lebt in Wien. Sie ist sehr wohlhabend, um nicht zu sagen steinreich. Ich bin ihr einziger Verwandter und somit der Erbe ihres gesamten Vermögens. Das gute Tantchen fürchtet nun, ich könnte an eine Erbschleicherin geraten, und besteht darauf, meine Braut vor der Hochzeit kennenzulernen und auf Herz und Nieren zu prüfen. Andernfalls droht sie, mich auf der Stelle zu enterben und ihr Vermögen der Heilsarmee zu vermachen.«

In Friedas Gesicht zeichnete sich Erleichterung ab, und sie musste einen Lachanfall unterdrücken.

»Aber ich bitte Sie!«, sagte sie kichernd. »Ich wusste doch bis eben nicht einmal, dass Sie ...«

»Nein, natürlich nicht. Aber Sie wissen doch sicher, wie halsstarrig alte Leute sein können.«

»Gewiss. Das ist manchmal bestimmt nicht leicht«, pflichtete sie ihm bei.

»Und nun möchte ich Ihnen einen Vorschlag machen«, fuhr Gerritzen etwas zögerlich fort. »Ich schlage Ihnen vor, noch vor der Hochzeit mit mir nach Wien zu reisen. Ich hätte freilich vollstes Verständnis, wenn Sie ablehnten ...«

Mit einer theatralischen Geste griff er nach ihrer Hand. »Ich könnte Sie gut verstehen, wo wir uns doch erst so kurze Zeit kennen; aber Ihre Ablehnung wäre für mich, das gebe ich unumwunden zu, ein schwerer Schlag.«

Frieda Thomas strahlte. »Eine Reise nach Wien? Aber das ist ja wunderbar. Einmal im Leben nach Wien. Das habe ich mir schon immer gewünscht.«

Doch gleich wurde sie wieder ernst.

»Ich hoffe nur, dass Frau Kaiser mir freigibt, denn eigentlich habe ich keinen Urlaub mehr zu bekommen.«

»Aber das lässt sich doch bestimmt regeln.«

Frieda zuckte mit den Schultern. »Wie lange wird die Reise denn dauern?«

»Zehn Tage müssten wir schon bleiben. Ich werde natürlich die Gelegenheit nutzen, um Ihnen Wien zu zeigen.«

»Zehn Tage? Ach, das wäre wirklich wunderbar, aber ich fürchte, das kann ich mir nicht leisten.«

»So lange müssten wir aber mindestens bleiben. Es gibt viel zu sehen in Wien. Und was das Finanzielle betrifft, da machen Sie sich bitte keine Sorgen. Für die Kosten werde ich selbstverständlich in vollem Umfange aufkommen«, beruhigte Gerritzen sie und lächelte dabei charmant.

Frieda Thomas konnte es kaum noch erwarten, denn über den Spreewald hinaus war sie bisher nicht gekommen.

Der Reisetermin stand nun endgültig fest: der 23. Juni 1929. Ohne zu zögern, hatte Frau Kaiser ihr freigegeben, denn sie freute sich aufrichtig über Friedas Glück und schenkte ihr für die Reise zwanzig Mark.

Henriette hingegen war diese Reise suspekt. »Wenn det mal jut jeht!«, unkte sie gegenüber ihrer Dienstherrin.

Am Morgen des 23. Juni verabschiedete sich Frieda Thomas von Frau Kaiser, von Henriette und dem restlichen Personal. Pünktlich um acht Uhr holte Gerritzen sie mit einem Taxi ab.

In der Tür umarmte Henriette sie noch einmal.

»Und dass de mir ja 'ne scheene Ansichtskarte schickst!«, rief sie ihr hinterher.

»Jeden Tag schreib ich dir eine«, versprach Frieda Thomas und winkte aus dem geöffneten Taxifenster.

Henriette Scholz war enttäuscht. Auch am zehnten Tag brachte der Postbote keine Ansichtskarte aus Wien.

»Morjen kommt die Frieda schon zurück, und noch immer is keene Karte jekommen«, sagte sie am Abend zu ihrem Mann, der bei den Kaisers als Chauffeur angestellt war. »Braucht denn die Post aus Wien tatsächlich so lange?«

»Wat fragste mir?«, brummte Karl Scholz uninteressiert, ohne von seiner Zeitung aufzublicken. »Frag doch bei die Post nach.«

Am nächsten Tag wartete die Scholz auf die Rückkehr ihrer Freundin. Doch Frieda kam nicht. Nicht am 3., nicht am 4. und auch nicht am 5. Juli. Es kam auch keine Postkarte. Kein Lebenszeichen.

»Vielleicht gefällt es ihr so gut, dass sie beschlossen hat, noch ein paar Tage länger zu bleiben«, versuchte Frau Kaiser ihre Köchin zu beruhigen. »Und was die Post betrifft: Man weiß ja nicht, wie lange die aus Wien dauert. Sie sollten sich keine Sorgen machen. Morgen oder übermorgen kommt Frieda bestimmt.«

Am zehnten Tag begann auch Frau Kaiser unruhig zu werden und beschloss, gleich am nächsten Morgen ins Polizeipräsidium zu fahren und Vermisstenanzeige zu erstatten, denn dass Frieda Thomas mit Gerritzen durchgebrannt war, hielt sie für ausgeschlossen. Die Thomas hatte nur Kleider und Wäsche für etwa zehn Tage mitgenommen. All ihre persönlichen Sachen waren noch in ihrer Kammer, und ihre Ersparnisse hatte sie vor der Reise Frau Kaiser persönlich anvertraut, und diese verwahrte den Umschlag mit dem Geld, auch wenn es sich nur um eine bescheidene Summe handelte, in ihrem Safe.

Es war kein Geheimnis, dass Vermisstenanzeigen von der Kriminalpolizei eher lustlos bearbeitet wurden, denn nur ein Bruchteil der jährlich als vermisst Gemeldeten fiel tatsächlich einem Verbrechen zum Opfer. Nur allzu oft kam es vor, dass Vermisste plötzlich wieder auftauchten und einen ganz banalen Grund für ihr vermeintliches Verschwinden anführen konnten. Seit jeher zählten die Ermittlungen in Vermisstensachen zu den undankbarsten Angelegenheiten, mit denen sich die Kriminalpolizei auseinanderzusetzen hatte.

Viel vermochte das Vermisstendezernat auch in diesem Fall nicht auszurichten. Verwandte hatte Frieda Thomas nicht, dafür viele Freunde und Bekannte. Sie alle wurden befragt. Die meisten wussten auch, dass Frieda Thomas bald heiraten wollte, aber Angaben, die die Polizei weiterbrachten, vermochten sie nicht zu machen. Henriette Scholz hatte den angeblichen »Bräutigam«

Das siebenunddreißigjährige Hausmädchen Frieda Thomas wurde seit Juni 1929 vermisst.

der Thomas wenigstens einmal kurz gesehen und konnte ihn beschreiben. Zudem meinte sie zu wissen, dass dieser Paul Anton Gerritzen Inspektor bei der Bahnpost am Potsdamer Bahnhof sei. Frieda Thomas hatte es ihr wenigstens so erzählt.

Die Ermittlungen brachten jedoch ans Licht, dass es bei der Bahnpost keinen Paul Anton Gerritzen gab. Überhaupt arbeitete bei der Post niemand mit diesem Namen. Hatte die Thomas das nur erzählt, um sich vor ihren Freunden wichtig zu tun? Oder hatte Gerritzen die Thomas belogen und die gesicherte Stellung nur vorgetäuscht?

Die Kriminalpolizei steckte in einem Dilemma. Sie war zwar überzeugt davon, dass Frieda Thomas einem Verbrechen zum Opfer gefallen war, aber ohne Leiche konnte es auch keine Mordermittlung geben. Der Fall Frieda Thomas blieb folglich beim Vermisstendezernat.

Eine Frage stellte sich allerdings: Stand ihr Verschwinden in irgendeinem Zusammenhang mit der Mordserie, die gerade in Düsseldorf die Schlagzeilen beherrschte? Eine Frage, die niemand zu beantworten vermochte. Wie dem auch sei, jedenfalls liefen alle weiteren Ermittlungen ins Leere. Frieda Thomas blieb spurlos verschwunden und Paul Anton Gerritzen unauffindbar.

Am frühen Morgen des 13. August 1930 brachen Elli und Hans Schuster mit ihrem schwarzen Labrador von Eberswalde in die

Barnimer Heide zum Pilzesuchen auf. Ihr Korb war schon gut gefüllt, als der Hund plötzlich aufgeregt anschlug. Schuster rief ihn zurück, aber das sonst so folgsame Tier gehorchte nicht. Schimpfend kroch Schuster schließlich durch das Unterholz in die Richtung, aus der das Gebell kam, um seinen Hund zurückzuholen, und entdeckte ihn in einer Lichtung. Mit hochgestelltem Schwanz und gesträubtem Nackenfell bellte er irgendetwas an. Schuster rief noch einmal energisch und drückte die Äste zurück. Als er sich aufrichtete, sah er, was den Hund so aufregte. Schnell lief er zu ihm hinüber, packte ihn am Halsband und zog ihn mit sich fort.

»Bleib da«, warnte er seine Frau, die gerade die Lichtung erreicht hatte. »Das ist kein schöner Anblick.«

Mehr als zwei Stunden dauerte es, bis die Mordkommission und mit ihr die Spurensicherung und der Gerichtsmediziner im Jagen 120 in der Barnimer Heide eintrafen. Hans Schuster führte die Männer zu der Stelle, wo sein Hund eine grausige Entdeckung gemacht hatte: Unter einer Fichte kauerte in halb verwitterten Frauenkleidern ein Skelett. Von einem Ast hing eine Schlinge und an dieser, festgehalten von den Haaren, der Schädel. Auf den ersten Blick sah es so aus, als habe sich die Frau erhängt. Der Gerichtsmediziner löste den Schädel von der Schlinge, nahm eine erste Untersuchung vor und präparierte das Skelett vorsichtig zum Abtransport in die Rechtsmedizin. Auch die Reste der Kleidung wurden mit allergrößter Sorgfalt behandelt. Sie sollten bei der Identifizierung der Frau helfen.

»Is wohl'n Selbstmord«, meinte der Kommissar und begutachtete die Schlinge.

Der Gerichtsmediziner schüttelte den Kopf. »Tod durch Erhängen schließe ich aus.«

»Was soll das heißen?«

»Das soll heißen, dass sich die Frau nicht erhängt hat«, brummte er.

»Und die Schlinge?«

»Der Selbstmord ist nur vorgetäuscht und noch dazu sehr dilettantisch. Schauen Sie sich das an.« Der Gerichtsmediziner wies auf den Totenschädel. »Haben Sie schon einmal versucht, sich zu erhängen, nachdem Sie sich den Schädel eingeschlagen haben? Und umgekehrt geht es wohl auch nicht. Zudem hätte sich an diesem dünnen Ast kaum jemand erhängen können. Die Schlinge ist der Frau nachträglich um den Hals gelegt und die Leine, offenbar eine Wäscheleine, provisorisch an dem Ast befestigt worden.«

»Was meinen Sie, wann ist die Frau ermordet worden?«

Der Arzt zuckte mit den Schultern. »Das ist schwer zu sagen. Vor einem Jahr? Es kann aber auch wesentlich länger her sein. Warten Sie den Obduktionsbericht ab. Vorher kann ich wirklich nichts Genaues sagen ...«

Obwohl die Spurensicherung die Lichtung gründlich absuchte, fand sie nichts, was einen Hinweis auf die Tat hätte geben können.

Als erstes galt es, die Identität der Toten festzustellen, was anhand der Reste der Kleidungsstücke nicht einfach zu werden versprach. Zudem ließ sich der Todeszeitpunkt nur schwer bestimmen. Theoretisch konnte es sich um jede Frau handeln, die etwa zwischen März und August, vielleicht aber auch im September oder Oktober des vergangenen Jahres verschwunden war. Den Überresten der Kleidung nach zu urteilen, musste es allerdings eher im Sommer als im Frühjahr oder im Herbst gewesen sein.

Die Ermittlungen schleppten sich dahin. Wochen vergingen, bis ein Kommissar des Vermisstendezernats rein zufällig auf den Fall der vermissten Frieda Thomas stieß. Umgehend wurden die Reste der Kleider Frau Adelheid Kaiser, der damaligen Dienstherrin der Thomas, und der Köchin Henriette Scholz gezeigt. Letztere brach weinend zusammen, als sie die Kleidungsstücke sah, und auch Frau Kaiser vermochte die Fragen der Beamten nur mit Mühe zu beantworten. Beide Frauen waren sich sicher: Das waren die Kleider der Frieda Thomas.

»Ick hab's ja jleich jesacht. Dieser Gerritzen, det is ihr Unjlück«, schluchzte die Scholz.

Unverzüglich wurde die Fahndung nach Paul Anton Gerritzen eingeleitet, stand er jetzt doch unter dem dringenden Verdacht, Frieda Thomas verschleppt und ermordet zu haben. In großer Aufmachung berichteten die Zeitungen von dem grausigen Fund in der Barnimer Heide, und für Hinweise, die zur Ergreifung des

Täters führten, wurde eine Belohnung von 1.000 Mark ausgesetzt. Aber der angebliche Gerritzen blieb unauffindbar.

Zudem waren noch viele Fragen offen. Hatte der Mann, der sich Gerritzen nannte, vielleicht noch mehr Frauen auf dem Gewissen? Gab es noch andere heiratswillige Damen, die auf seine Annonce geschrieben hatten? Und wenn ja, welche Erfahrungen hatten sie mit ihm gemacht?

Fragen, auf die die Kriminalpolizei schneller als vermutet eine Antwort bekommen sollte:

Am selben Tag, an dem die Tageszeitungen die Fahndung nach dem mutmaßlichen Frauenmörder Gerritzen veröffentlichten, meldete sich der Hauswart Hermann van Oel aus der Mommsenstraße auf dem Polizeipräsidium. Eine gute Bekannte von ihm könne mit Sicherheit eine interessante Aussage zu dem Gesuchten machen, erklärte er. Die Hausangestellte Martha Dorn sei zu jener Zeit bei reichen Russen, die in seinem Haus wohnten, in Stellung gewesen. Vor gut einem Jahr sei es gewesen, als sie ihm von einem Mann erzählte, den sie über eine Heiratsannonce kennengelernt habe.

Umgehend wurde die vierzigjährige Martha Dorn vorgeladen.

Sie habe in den letzten Tagen leider keine Zeit gehabt, Zeitungen zu lesen, entschuldigte sie sich. Andernfalls wäre sie selbstverständlich von sich aus gekommen, denn sie könne über diesen Gerritzen mehr als genug erzählen.

Am Abend des 12. Mai 1929, zur gleichen Zeit also, als Frieda Thomas auf die Annonce in der *Berliner Morgenpost* antwortete, hatte Martha Dorn es sich zusammen mit ihrer Schwester Dorothea im gemeinsamen Wohnzimmer in der Geisbergstraße 31 gemütlich gemacht. Während Dorothea eine Patience legte, las Martha Dorn aus der *Berliner Morgenpost* eben jene Heiratsanzeige vor. »Dem werde ich mal schreiben«, sagte sie. »Das ist die einfachste. Die andern Annoncen sind mir alle zu selbstherrlich formuliert. Wenn das alles so tolle Hechte sind, müssten die doch an jedem Finger mindestens eine haben. Bei dem Frauenüberschuss, der bei uns herrscht.« Nachdenklich schaute sie ihre Schwester an.

»Also was meinst du, soll ich dem schreiben? Nun gib mir doch mal einen Rat.«

Dorothea zuckte mit den Schultern. »Was soll ich dazu sagen? Wie ich dich kenne, findest du sowieso wieder ein Haar in der Suppe. Und überhaupt: Wo du so misstrauisch bist.«

»Ein gesundes Misstrauen kann nie schaden. Ich muss ohnehin erst noch darüber schlafen. So etwas will gründlich überlegt sein.«

Martha Dorn brauchte dann auch tatsächlich zwei Nächte, um endlich den Entschluss zu fassen, auf die Annonce zu schreiben. Immer wieder musste sie an Hermann van Oel denken, den netten holländischen Hauswart aus der Mommsenstraße 67, wo sie bei ziemlich reichen Russen in Stellung war. Oft tranken sie in seiner Wohnung Kaffee zusammen und plauderten über Gott und die Welt, offenbar hatte er aber kein Interesse an ihr. Und sie war nun mal nicht der Typ, der sich anbiederte. Außerdem munkelte man in der Nachbarschaft, er sei vom anderen Ufer.

Am 24. Mai 1929 bekam sie Antwort. Gespannt riss sie den Brief auf und las. Dorothea schaute ihr neugierig über die Schulter.

»Das kann ja wohl nicht wahr sein«, brauste Martha Dorn auf. »Der Mann ist doch nicht ganz dicht! Bestellt mich an die Endhaltestelle der Omnibuslinie 10. Ich bin doch nicht blöd und treffe mich mit einem wildfremden Mann jwd! Den lass ich erst mal zappeln.«

Die Dorn wartete zwei Tage, dann schrieb sie dem Absender des Briefes, einem gewissen Paul Anton Gerritzen, dass ihr der Treffpunkt unpassend erscheine, und schlug statt dessen ein Treffen in der Tauentzienstraße am Wittenbergplatz vor.

»Da sind so viele Leute, da kann er nicht auf dumme Gedanken kommen«, erklärte sie ihrer Schwester grinsend.

Am 1. Juni 1929 erhielt sie prompt die Antwort: Er bestellte sie für den 2. Juni, einen Sonntag, gegen 22.30 Uhr zu dem von ihr angegebenen Treffpunkt. Um 22.30 Uhr! Die Dorn war schon wieder empört und ging einfach nicht hin. Stattdessen schrieb sie ihm am Montag einen gepfefferten Brief: Was er sich denn einbilde; schließlich sei sie keines dieser billigen Mädchen, die sich zu so später Stunde noch mit wildfremden Herren herumtrieben!

Am 6. Juni kam ein überaus freundlicher Brief von Gerritzen. Er halte sie keineswegs für ein solches Mädchen, schrieb er, aber es sei doch ganz normal, dass man sich in der Gegend rund um den Kurfürstendamm zu so später Stunde noch treffe, und schlug nun für Sonnabend, den 8. Juni, ein Rendezvous an dem von ihr gewünschten Ort vor. Diesmal allerdings um 23 Uhr!

Ungeachtet ihrer Bedenken ging die Dorn zur verabredeten Zeit zum Wittenbergplatz, wo tatsächlich noch immer Hochbetrieb herrschte. Die Menschen strömten aus den Kinos und verteilten sich auf die umliegenden Bars und Restaurants. Scharen von hübschen, extravagant gekleideten jungen Männern mit gepuderten Gesichtern schlenderten lässig umher.

Martha Dorn war ebenso enttäuscht wie Frieda Thomas, als Gerritzen aufkreuzte. Aber auch sie wollte schließlich nicht ewig Dienstmädchen bleiben, und in ihrem Alter fand man eben nichts Besseres. Doch die Dorn war skeptischer als die gutgläubige Thomas. Sie wollte ganz genau wissen, wo Gerritzen arbeitete und wie viel er verdiente. Auch ihr erzählte er, dass er bei der Bahnpost am Potsdamer Bahnhof angestellt sei und dreihundert Mark im Monat verdiene.

Offenbar meinte er aber, mit der Dorn ganz anders reden zu können als mit der verträumten Frieda Thomas. Deshalb sagte er ihr auch gleich klipp und klar, dass er unbedingt im August heiraten wolle, weil er da Urlaub habe; doch müsse er vorher seine zukünftige Frau seiner Erbtante in Wien vorstellen. Von der Reise hänge viel für ihn ab, und sie müsste unbedingt mitkommen.

Die Dorn konnte ihr Mundwerk mal wieder nicht zügeln. »Ich bin doch nicht plemplem«, sagte sie und tippte sich mit dem Zeigefinger an die Stirn. »Ich fahre doch nicht mit einem wildfremden Mann nach Wien. Ihre Erbtante kann mir gestohlen bleiben. Soll sie sich ihre Erbschaft doch sonstwohin stecken. Ich habe alles, was ich brauche.«

Was sie denke, wer sie sei, empörte sich Gerritzen über die freche Antwort. Diese Reise sei nun mal die Voraussetzung für eine Heirat. Andere Frauen würden sich darum reißen, mit ihm nach Wien zu fahren.

»Na, dann nehmen Sie doch eine von denen«, konterte sie.

Als er sich wieder beruhigt hatte, schlug er vor, mit ihr in ein Lokal in der Nürnberger Straße zu gehen. Auch das lehnte die Dorn mit der Begründung ab, sie habe keine Lust, gleich am ersten Abend mit ihm auszugehen. Schließlich erlaubte sie ihm aber, sie nach Hause zu begleiten. Auf dem Viktoria-Louise-Platz legten sie eine Zwischenstation ein, setzten sich auf eine Bank und plauderten eine Weile. Plötzlich wurde Gerritzen zudringlich und fasste ihr unter den Rock, wofür er sich eine schallende Ohrfeige einhandelte.

Eine solche Unverschämtheit habe sich ihm gegenüber noch nie eine Frau erlaubt, ereiferte er sich. Er lege nun mal sehr viel Wert auf Liebe; mit einer frigiden Frau könne er nichts anfangen. Dann könne er sich auch eine Wirtschafterin nehmen.

Das mit der Wirtschafterin sei eine ganz ausgezeichnete Idee, erwiderte die Dorn trocken, denn unter Liebe verstünde sie etwas anderes. Das, was er wolle, habe nun beim besten Willen nichts mit Liebe zu tun. Dazu brauche er nicht zu heiraten. Das bekäme er am Bülowbogen für weitaus weniger Geld.

Gerritzen erwiderte nichts. Wortlos begleitete er sie bis vor ihre Haustür, wollte aber zum Abschied noch wissen, wann er denn nun endlich eine Antwort auf seinen Heiratsantrag bekäme. Die Dorn versprach grinsend, sein Anliegen wohlwollend zu prüfen. Als sie sich von ihm verabschieden wollte, druckste er herum und gestand schließlich, dass er sich gerne ihre Wohnung ansehen würde, denn er wolle sich vergewissern, ob ihre Angaben auch stimmten.

»Na schön«, sagte die Dorn und lachte. »Wenn Sie Zeit haben, und wenn es Ihnen Spaß macht, können Sie ruhig meine Sachen begucken kommen.«

Doch als er sich anschickte, sich gleich mit ihr durch die Tür zu schieben, schob sie ihn zurück.

»Nee, nee, mein Lieber, so haben wir nicht gewettet. Erstens müssen Sie tagsüber kommen, am besten am Vormittag, und zweitens müssen Sie mir versprechen, ganz artig zu sein, denn sonst gibt's Keile.«

Offenbar ließ Gerritzen sich durch nichts abschrecken, denn am nächsten Tag – einem Sonntag – kam er um Punkt elf Uhr und sah sich die Wohnung bis auf das Schlafzimmer an, denn hierher hatte sich Dorothea Dorn zurückgezogen, um im Notfall eingreifen zu können. Wieder wollte er wissen, was nun werden solle, ob sie ihn heiraten wolle. Die Dorn zuckte mit den Schultern. Sie könne ihm beim besten Willen noch keine feste Antwort geben, sagte sie. Sie brauche wohl noch sehr viel Zeit, um gründlich darüber nachzudenken.

Nach etwa einer Stunde verabschiedete Gerritzen sich, mit der Begründung zum Dienst zu müssen.

»Und wieso sind Sie dann nicht in Uniform?«, wunderte sich die argwöhnische Dorn.

»Ich mag es nicht, uniformiert auf der Straße herumzulaufen«, behauptete er. »Ich lasse die Uniform grundsätzlich auf dem Bahnhof und ziehe mich dort erst um.«

Die Dorn glaubte ihm kein Wort.

Sie verabredeten eine neue Zusammenkunft für den kommenden Dienstag, und weil er noch nicht wusste, wann er Feierabend machen könne, machte sie ihm den Vorschlag, er solle sie aus ihrer Wohnung abholen, sobald er könne.

Seit diesem Abend war sich Martha Dorn sicher, dass mit Gerritzen etwas nicht stimmte: Als er gegen halb sieben bei ihr klingelte, hatte sie gerade Besuch von einer Freundin. Sie bat ihn in die gute Stube und stellte ihn der Freundin vor. Die Dorn merkte sofort, dass Gerritzen erschrak. Er schien sogar völlig aus der Fassung zu geraten. Er setzte sich auf die äußerste Kante eines Stuhls, trommelte nervös mit den Fingern auf die Tischplatte, als wartete er darauf, dass die Frau bald ging.

»Nachdem meine Freundin gegangen war, machte er mir schwere Vorwürfe«, gab die Dorn später zu Protokoll. »Er hielt mir vor, dass er mich doch ausdrücklich darum gebeten habe, von der Sache nicht zu sprechen und ihn auch nicht mit anderen Personen zusammenzubringen. Er wolle mich nur allein vorfinden, wenn er mich besuchte. Ich widersprach natürlich, denn schließlich ist es meine Wohnung, und ich kann einladen, wen ich will. Er hätte ja wieder gehen können.

Für den nächsten Tag hat er sich dann mit mir für sechs Uhr abends am U-Bahnhof Thielplatz in Dahlem verabredet. Ich fuhr auch hin, kehrte aber, weil es zu sehr regnete und er noch nicht da war, gleich wieder um. Noch am gleichen Abend schrieb ich ihm einen Brief und erklärte ihm, dass ich wegen des starken Regens nicht auf ihn habe warten wollen. Am darauffolgenden Montag kam er und brachte mir einen Brief mit, den er, wenn er mich nicht angetroffen hätte, in meinen Briefkasten gesteckt hätte. Er hielt sich einige Zeit bei mir auf, und ich legte ihm kommentarlos verschiedene Zeitungsartikel über verschwundene Mädchen und Frauen vor sowie einen längeren Artikel über den Pariser Frauenmörder Landru. Er stutzte, wurde dann sehr heftig und fragte mich, was ich mir eigentlich einbilde, ob ich denn jeden Menschen für einen Verbrecher hielte. Ich bejahte seine Frage und fügte noch hinzu, dass ich schon sehr böse Erfahrungen gemacht habe. Und weil wir nun schon bei dem Thema waren, fragte ich ihn, warum er sich, wo er doch angeblich in der Brückenstraße wohne und am Potsdamer Bahnhof arbeite, seine Briefe postlagernd auf das Postamt W 57 in der Steinmetzstraße in Schöneberg schicken lasse. Daraufhin erklärte er mir, dass er in der Brückenstraße in einem Privatheim wohne und sich dorthin die Post nicht schicken lassen könne, weil alle Post geöffnet werde. Zudem habe er einen Freund in besagtem Postamt, der ihm seine Post immer gleich mit den Postsäcken, die er zum Bahnhof schicke, mitgebe. Dann wollte ich noch wissen, aus welchem Grund er seine Briefe an mich immer in Charlottenburg aufgebe. Da habe er doch gar nichts zu suchen. Meine Fragen waren ihm sichtlich unbequem, und er sagte, er habe ein so misstrauisches Weib wie mich überhaupt noch nicht gesehen.

Für den kommenden Sonntag bestellte er mich dann für halb sieben Uhr abends an die Siegessäule. Er sagte, er wolle mit mir eine kleine Fahrt nach außerhalb unternehmen. Ich wunderte mich natürlich, dass er um diese Zeit noch wegfahren wollte, wo andere Leute nach Hause fuhren. Er führe lieber um diese Zeit ins Umland, weil er es nicht liebe, unter so vielen Menschen zu sein. Ich sagte zwar zu, ging dann aber doch nicht hin und schickte ihm stattdessen einen Brief. Die Zeitungsausschnitte, die ich ihm schon in meiner Wohnung gezeigt hatte, legte ich mit hinein und schrieb einen Zettel dazu, dass er mich doch lieber leben lassen solle, denn ich hätte bisher noch nichts von meinem Leben gehabt und wolle nicht unbedingt einem Berliner Landru in die Hände geraten. Nach etwa 14 Tagen bekam ich den Brief mit dem Vermerk, dass er nicht abgeholt worden sei, zurück.«

Der Tag, an dem sich der angebliche Gerritzen mit Martha Dorn an der Siegessäule treffen wollte, war der 23. Juni 1929, der Tag, an dem ein gewisser Paul Anton Gerritzen mit der Hausangestellten Frieda Thomas nach Wien fahren wollte ...

Die Fahndung nach dem Mann, der sich Paul Anton Gerritzen nannte, lief ins Leere. Der Mörder der Frieda Thomas wurde nie gefasst.

Letztlich waren es Martha Dorns wacher Verstand und vor allem aber ihr freches Mundwerk, die ihr das Leben gerettet hatten.

Mord? Selbstmord? Unfall? – Todesermittlungen und ihre Tücken

Die Erscheinungsformen eines Selbstmordes, eines Unfalls, ja selbst eines natürlichen Todes oder einer Tötung durch fremde Hand können sich im ersten Augenblick so ähnlich sein, dass eine eindeutige Zuordnung für den Kriminalisten zunächst unmöglich ist. Aus diesem Grunde legte gerade der bekannte Mordexperte Ernst Gennat großen Wert darauf, jeden Fall erst einmal als »Todesermittlungssache« und nicht als »Mordsache« zu betrachten. Was die Revierpolizei, die stets zuerst am Tatort war, als eindeutigen Mord ansah, konnte sich bei näherer Untersuchung durchaus als Unfall oder Selbstmord erweisen. Aber auch die umgekehrte Variante war keineswegs selten, dass sich nämlich ein dem ersten Anschein nach offensichtlicher Selbstmord oder tödlicher Unfall später als vertuschter Mord herausstellte. Wo die kriminalistische Diagnose an ihre Grenzen stieß, war – daran hat sich bis heute nichts geändert – der Gerichtsmediziner gefordert.

So wurde der Mordinspektion im August 1926 ein Frauenmord auf dem Kleingartengelände zwischen Mahlsdorf und Kaulsdorf bei Berlin gemeldet. Gegen achtzehn Uhr war eine Frau mittleren Alters in ihrer Laube in einer Blutlache liegend aufgefunden worden. Der aus Mahlsdorf herbeigerufene Arzt konnte der Frau nicht mehr helfen, doch die Todesursache vermochte er auch nicht genau festzustellen. Die Tote wies eine verdächtige Verletzung am Hinterkopf auf. Ein Fremdverschulden konnte also nicht ausgeschlossen werden. Der Arzt vermutete, dass die Frau erschlagen worden war, und alarmierte sicherheitshalber die Revierpolizei, die nach kurzer Tatortbesichtigung die Mordinspektion im Polizeipräsidium benachrichtigte. Der erste Anschein sprach tatsächlich für Mord. Doch in diesem Falle geriet selbst der erfahrene Kriminalrat Gennat ins Grübeln. Die Verletzung am Hinterkopf sah zwar harmlos aus, aber das vermochte er als medizinischer Laie nicht eindeutig zu beurteilen. Jedenfalls lag die Frau in einer Blutlache. Da auf den ersten Blick keine Stiche oder sonstigen Verletzungen auszumachen waren, konnte der Kommissar sich die Blutlache nicht erklären, zumal die Frau nicht mit dem Kopf, sondern mit den Beinen im Blut lag. Der Gerichtsmediziner, Medizinalrat Dr. Störmer, nahm die Untersuchung vor, und die Erklärung war verblüffend einfach: Die Frau war an einer Krampfaderblutung verstorben. Die Kopfverletzung hatte sie sich offenbar zugezogen, als sie mit dem Kopf auf die Tischkante aufgeschlagen war. Es lag also kein Fremdverschulden vor.

Die Zahl der Kapitalverbrechen jedoch, die aufgrund schlampiger Ermittlungsarbeit als »natürlicher Tod« eingestuft wurden, wird für immer im Dunkeln bleiben. Manchmal war es nur einem Zufall oder einem besonders skeptischen Ermittler zu verdanken, wenn ein als Unfall vertuschter Mord ans Tageslicht kam. Zudem geschah es immer wieder, dass nicht ausreichend qualifizierte Ärzte Totenscheine aufgrund einer Fehldiagnose ausstellten.

Von einem solchen Fall berichtete Ernst Gennat unter dem von ihm verfassten Stichwort »Mord« in dem »Handwörterbuch für Kriminologie« von 1936: An einem schönen Sommermorgen wurde ein älterer Mann mit schweren Kopfverletzungen auf dem Gehsteig vor seinem Haus gefunden. Das Fenster zu seinem Wohnzimmer im dritten Stock stand weit offen. Befund des herbeigerufenen Arztes: Der Mann war herzkrank, hatte in einem Anfall von Atemnot das Fenster geöffnet, sich zu weit hinausgelehnt und war in die Tiefe gestürzt. Ein tragischer Unfall. Doch der skeptische Revierpolizeibeamte verständigte die Mordkommission, und die veranlasste eine Obduktion. Das Ergebnis war eindeutig: Die Kopfverletzungen des alten Mannes resultierten nicht etwa aus dem Fenstersturz, sondern aus Schlägen mit einem stumpfen Gegenstand. Der Mann war bereits tot, als er aus dem Fenster fiel. Die sofort eingeleiteten Mordermittlungen konnten schnell zu Ende gebracht werden. Der Mann war von seinem Untermieter, der ihn berauben wollte, mit einem Hammer erschlagen und aus dem Fenster gestoßen worden.

Zu einer richtigen Blamage für die Kriminalpolizei wurde der Fall des sechsundachtzigjährigen Schneiders Kleinschmidt:

Der als Einzelgänger und Sonderling bekannte Kleinschmidt hauste schon seit 1911 in einem fensterlosen Bretterverschlag in der Laubenkolonie »Wiesengrund« in Charlottenburg. Der Alte verließ die Kolonie zwar nur selten, aber in das nahe gelegene Lokal kam er schon seit Jahren jeden Abend und holte sich Bier, Brot und etwas Wurst. Am 17. September 1932 hatte man ihn dort das letzte Mal gesehen. Als er mehrere Tage hintereinander nicht auftauchte, hielt es der Wirt für besser, die Polizei zu verständigen. Vielleicht war dem Alten ja etwas passiert.

Die Befürchtungen des Wirtes sollten sich bestätigen: Der Alte lag tot in seinem Verschlag. Offensichtlich hatte Kleinschmidt einen Selbstmordversuch unternommen. Um den Hals hatte er eine dünne Hanfschnur, und ein Nagel in der Wand war nach unten gebogen. Der Arzt, der den Totenschein ausstellte, ging davon aus, dass der alte Mann, als der Nagel nachgegeben hatte, gestürzt und mit dem Kopf auf die eiserne Kante des Bettgestells aufgeschlagen war. Hilflos war er liegengeblieben und gestorben. Auch die herbeigeholte Revierpolizei fand keinerlei Anhaltspunkte, die auf ein Verbrechen hingedeutet hätten. So wurde die Leiche von der Staatsanwaltschaft freigegeben.

Da aber bei Toten, die keine Verwandten haben, zu Lehrzwecken eine Obduktion vorgenommen werden kann, wurde auch Kleinschmidt obduziert. Die Untersuchung brachte ans Licht, dass der alte Mann keineswegs einen Selbstmordversuch unternommen hatte, denn in seiner Brusthöhle wurde ein Taschentuch in Form eines Knebels entdeckt. Er war also ermordet worden.

Zum Thema Suizid schrieb Gennat in dem erwähnten Artikel: »Im Jahre 1932 wurden von 2.053 Selbstmorden 769, d. h. nahezu 1/3, durch Vergiftung mit Leuchtgas verübt. Nur in einem einzigen dieser 769 Fälle ist der Nachweis gelungen, dass der Selbstmord nur vorgetäuscht war und Mord seitens der Ehefrau vorlag. Man geht wohl nicht fehl in der Annahme, dass sich hinter den 768 Selbstmorden durch Gasvergiftung (hinzu kommen 94 tödliche Unglücksfälle durch Gasvergiftung) noch sehr viel mehr Verbrechen verbergen als nur dieser eine Fall.«

Hier verschwieg Gennat allerdings die Wahrheit, denn die hier erwähnte Ehefrau war keineswegs des Gattenmordes überführt worden, sondern hatte sich aus freien Stücken der Polizei gestellt.

Doch zuweilen kann auch der Gerichtsmediziner die Todesursache nicht mehr feststellen. Pech für die Kriminalpolizei, der, selbst wenn sie davon überzeugt ist, dass es sich um einen Mord handelt, die Hände gebunden sind, wenn Fremdverschulden nicht nachgewiesen werden kann.

Der folgende Fall ist ein solcher:

Am 29. November 1929, einem grauen, ungemütlichen Herbsttag, sollte ein Abrissunternehmen damit beginnen, das Haus Landsberger Straße 69 abzureißen.

»Woll'n wa nich lieber erst'n Rundjang machen, bevor's richtich losjeht? Nachher liegt da wieder so'n besoffener Penner im vierten Stock und kriegt dann die Klamotten uff'n Kopp«, schlug der Maurergeselle Pohl vor, stemmte die Hände in die Hüften und schaute an der bröckelnden Fassade hoch.

»Hast recht, is wohl sicherer«, stimmte der Polier, der auf dem Holztritt des Bauwagens saß und aus seiner Thermosflasche Kaffee in einen Becher goss, seinem Gesellen zu. »Man kann nie wissen, wat sich in diese Ruinen für Jesindel verkrochen hat.« Und über die Schulter rief er in den Wagen hinein: »He, Scholz! Jeh mal mit dem Kollegen Pohl nachkieken, ob da noch eener drin is.«

Murrend folgte Scholz der Aufforderung.

»Ick kontrollier den Keller. Jeh du schon mal nach oben. Aba in alle Räume musste kieken. Haste det vastandn?«, kommandierte Pohl den Lehrling.

»Bin ja schließlich nich blöd«, murmelte Scholz und stieg die geländerlose Treppe hinauf. Kaum hatte er das Podest des ersten Stocks erreicht, als aus dem Keller die aufgeregte Stimme seines Kollegen zu ihm drang.

»Mensch, Scholz, komm mal schnell. Hier liegt 'ne Frau. Ick jloobe, die lebt nich mehr.«

Die herbeigerufene Ambulanz, die nur noch feststellen konnte, dass die Frau bereits seit mehreren Stunden tot war, verständigte umgehend das nächste Polizeirevier.

Zusammen mit der Spurensicherung, dem Fotografen und dem Gerichtsarzt traf die 1. Reserve-Mordkommission wenig später in der Landsberger Straße ein. Auf den ersten Blick sah es so aus, als sei die Frau die Treppe heruntergestürzt, unglücklich mit dem Kopf aufgeschlagen und an ihren Verletzungen gestorben. Es konnte aber ebenso gut ein vorsätzlicher Mord oder Totschlag gewesen sein. Sogar ein Selbstmord war nicht ausgeschlossen. Eines allerdings stand fest: Die Frau war stark alkoholisiert. Vielleicht handelte es sich um einen Raubmord, denn die Frau hatte keine Handtasche bei sich, jedenfalls wurde keine gefunden. Die Ermittler entdeckten in unmittelbarer Nähe der Leiche lediglich ein paar Münzen und ein Schlüsselbund.

»Hatte die Frau Papiere bei sich?«, erkundigte sich Kriminalassistent Klein bei dem Kollegen von der Spurensicherung.

»Wir haben keine gefunden.«

»Wie schön«, seufzte Klein. »Endlich mal wieder eine unbekannte Tote für unsere Galerie.«

Die Tote musste möglichst schnell identifiziert werden. Hinweise auf einen eventuellen Täter gab es am Tatort nicht. Es wurde auch nichts gefunden, was als Tatwerkzeug hätte dienen können. Also konnte erneut nur eine Obduktion an den Tag bringen, ob ein Fremdverschulden vorlag oder nicht. Am nächsten Morgen berichteten die Zeitungen von der »unbekannten Toten« aus der Landsberger Straße; eine detaillierte Beschreibung der Frau wurde auch im Rundfunk durchgegeben und ihr Foto in der Galerie der unbekannten Toten im Polizeipräsidium ausgehängt. Im Leichenschauhaus in der Hannoverschen Straße konnten Neugierige die Leiche »besichtigen«.

Kriminalassistent Klein wollte aber nicht warten. Er hatte seine eigene Theorie. Eigentlich lag es auf der Hand, dass es sich bei der Toten um eine Prostituierte handelte, die, um das Geld für die Absteige zu sparen, mit ihren Freiern in die Abrisshäuser der Landsberger Straße ging. Diese waren, wie die Polizei seit langem wusste, für die Stricherinnen besonders aus der Münz- und der Dragonerstraße ein beliebtes Ziel.

Klein nahm das Foto der Toten und begab sich in die Münzstraße. Viele der Strichmädchen kannte er hier. Sie hatten Vertrauen zu ihm. Und wenn es um den Mord an einer der ihren ging, würden sie ihm helfen. Da war er sich sicher.

Klein brauchte tatsächlich nicht lange zu suchen.

»Das ist die Anna Kröger«, sagte die Mieze, die an der Ecke Dragonerstraße ihren Stammplatz hatte. »Da bin ich mir ganz sicher.«

»Haben Sie diese Anna Kröger gut gekannt?«

Die Mieze zuckte mit den Schultern. »Nicht so richtig. Eigentlich nur vom Sehen. Sie war eine Säuferin. Und so etwas mag ich nun mal nicht. Sie geht schon ziemlich lange auf den Strich. In der Dragonerstraße und in der Münzstraße. In der letzten Zeit allerdings nur noch sporadisch. Früher, bevor sie Kröger kennenlernte, zog sie durch die Kneipen und verkaufte Bücklinge und Apfelsinen.«

»Sie kennen also auch ihren Mann? Wissen Sie, wo der wohnt?«

»Und ob ich den Kröger kenne. Der war mal Lude hier im Viertel. Einer von der ganz miesen Sorte, der seine Nutten verprügelte, wenn sie nicht genug anschafften.«

»Und wo finde ich Kröger?«

»Alexanderstraße 14 c.«

Dass Kröger mehrfach vorbestraft war, ließ sich schnell ermitteln. Die Mieze hatte recht. Er war tatsächlich ein polizeibekannter Zuhälter mit reichem Vorstrafenregister. Ob er es war, der seine Frau die Kellertreppe hinuntergestoßen hatte? Noch am selben Vormittag begaben sich Klein und sein Kollege Müller in die Alexanderstraße 14 c. Der stumme Portier zeigte ihnen an, dass die Krögers im Vorderhaus im vierten Stock wohnten. Sie stiegen die vier Treppen hinauf und klingelten. Nichts rührte sich. Sie klingelten ein zweites Mal und warteten. Klein legte sein Ohr an die Tür.

»Da drin ist jemand«, flüsterte er seinem Kollegen zu. »Ich hör da was.«

»Herr Kröger, machen Sie auf, Polizei. Wir müssen dringend mit Ihnen sprechen.«

Nichts.

»Geh mal zur Seite.« Müller nahm Anlauf und warf sich gegen die Tür, die kaum Widerstand bot. Müller fiel förmlich in die Wohnung hinein. Erst jetzt bemerkten die Beamten, dass sich die dünne Holztür so stark verzogen hatte, dass sie sich gar nicht mehr richtig schließen ließ.

Mit gemischten Gefühlen traten sie in die Wohnung, denn sie wussten nicht, was sie hier erwartete und rechneten mit dem Schlimmsten. Kriminalbeamte rechnen immer mit dem Schlimmsten!

Von dem winzigen Korridor gingen zwei Türen ab. Eine führte in die Küche, die andere stand einen Spalt breit offen. Aus diesem Raum drang ein eigenartiges Geräusch. Klein stieß die Tür behutsam auf und starrte in ein völlig verwahrlostes, vermülltes Zimmer. Ein älterer Mann, vermutlich Kröger, lag im Bett und schnarchte. Das war also das Geräusch, das sie gehört hatten. Erst jetzt schaute er richtig hin und glaubte seinen Augen nicht zu trauen. Neben dem Mann lag ein Kind. Ein kleines Mädchen von etwa vier Jahren.

»Herr Kröger, wir müssen Sie dringend sprechen.« Klein bemühte sich um einen herrischen Tonfall.

»Wat is denn? Kannste mir nich ausschlafen lassen?«, brummte Kröger.

»Herr Kröger, bitte stehen Sie auf. Wir sind von der Kriminalpolizei. Wir müssen Sie dringend sprechen.« Klein war kurz davor, die Geduld zu verlieren.

Endlich schlug Kröger die Augen auf und fuhr hoch, als er die Männer vor seinem Bett erblickte.

»Wat soll denn det. Wer sind Sie, wie kommen Sie hier rin?«

Klein erklärte kurz die näheren Umstände ihres Besuchs und stellte sich und seinen Kollegen vor.

»Es geht um Ihre Frau. Wir müssen Ihnen eine traurige Mitteilung machen. Wir haben gute Gründe anzunehmen, dass Ihre Frau einen Unfall hatte.«

»Wat is denn passiert, wo isse denn?«

»Ist das Ihre Tochter?«, fragte Klein und schaute das kleine Mädchen an, das jetzt ebenfalls wach geworden war und sich die Augen rieb.

»Nee. Unser Pflegekind. Die kleene Nichte von meine Frau. Mutter is im Irrenhaus, Vater im Zuchthaus. Da is die Kleene nu halt bei uns.«

Klein versuchte das verstört dreinschauende Kind anzulächeln, aber es lächelte nicht zurück. Unter dem linken Auge des Mädchens fiel ihm eine etwa drei Zentimeter lange Wunde auf, die schlecht verheilt war.

»Bitte ziehen Sie sich an, Herr Kröger. Sie müssen uns ins Präsidium begleiten.«

»Und wat wird mit die Kleene?«

»Machen Sie sich keine Sorgen. Darum werde ich mich schon kümmern.«

»Und wat soll ick uff's Präsidium?«

»Wir haben Ihre Frau gefunden. Sie hatte einen Unfall.«

»Meine Frau? Einen Unfall? Und wo haben Sie sie hinjebracht?«

»In die Hannoversche Straße«, sagte Klein, in dem gerade eine undefinierbare Wut aufstieg.

Und als Kröger ihn begriffsstutzig anschaute, fügte er hinzu: »Leider ist sie tot. Sie müssen uns aufs Präsidium und in die Hannoversche Straße begleiten, um sie zu identifizieren.«

»Muss det sein?«

»Leider ja. Mein Kollege wird Sie aufs Präsidium bringen. Ich werde mich inzwischen um das Kind kümmern.«

Während Kröger sich anzog, flüsterte Klein seinem Kollegen zu: »Schick mir so schnell es geht einen Wagen.«

Weiter brauchte er nichts zu sagen. Der Kollege verstand auch so, worum es ging. Offenbar war in ihm beim Anblick des Kindes im Bett des Mannes der gleiche böse Verdacht aufgestiegen.

»Hat das Kind kein eigenes Bett?«, fragte Klein aggressiv.

»Doch, inne Küche. Aba die jrault sich imma so alleene.«

Die Zeit, bis der Wagen eintraf, nutzte Klein, um das Mädchen anzuziehen. Er fand Blutspuren auf dem Bettlaken, aber da es offensichtlich seit Wochen nicht mehr gewechselt worden war, konnte dies nicht als Beweis gelten.

»Wenn du angezogen bist, dann gehen wir beiden frühstücken, und du bekommst eine Tasse Kakao.«

»Kaukau und 'ne Schrippe«, strahlte das Kind.

»Ich heiße Hans. Und wie heißt du?«

»Vera.«

»Vera. Das ist ein sehr schöner Name.«

Er wies auf die schlecht verheilte Wunde unter dem Auge. »Was hast du denn da gemacht?«

»Das war der Papa«, sagte Vera und zog eine Schippe.

»Der Herr Kröger?«

Das Mädchen nickte.

»Wie ist das denn passiert?«

»Die Zigarre hat noch gebrannt. Das hat ganz doll weh getan.«

»Aber das hat er doch nicht absichtlich gemacht.«

»Er hat das gemacht, weil ich böse war.«

Inzwischen war der Wagen da. Das Mädchen bekam in einem Café am Alexanderplatz eine Schrippe und Kakao, und anschließend fuhr Klein mit ihm in die Charité, um es untersuchen zu lassen.

Seine Befürchtungen bestätigten sich. Das Kind war erst kürzlich sexuell missbraucht worden.

Kröger identifizierte die Tote eindeutig als seine Ehefrau Anna Kröger, geborene Kohlhoff. Seit einem Jahr waren sie erst verheiratet, lebten aber schon seit gut vierzehn Jahren zusammen. Die plötzliche Heirat sollte wohl vertuschen, dass Kröger in Wirklichkeit ihr Zuhälter war, denn offensichtlich lebte er von dem Geld, das seine Frau anschaffte. Kinder waren aus dieser Beziehung nicht hervorgegangen. Seit fünf Monaten lebte nun aber das Kind von Anna Krögers Schwester bei ihnen. Weniger aus Liebe zu dem Kind als vielmehr aus finanziellen Gründen hatten sie das Mädchen aufgenommen. Immerhin zahlte das Wohlfahrtsamt den Krögers 40 Reichsmark im Monat für die Pflege.

Die Frage, ob seine Frau Selbstmordabsichten gehabt haben könnte, verneinte Kröger, und über seine Ehe befragt, sagte er, sie sei ganz normal gewesen. Es hätte zwar hin und wieder Streit gegeben, aber nicht in größerem Maße als bei anderen Ehepaaren auch. Allerdings habe seine Frau ihn des Öfteren verlassen und sei dann für mehrere Tage weggeblieben. Jedesmal habe er dann Vermisstenanzeige erstattet. Doch sie sei immer wieder zurückgekommen und habe dann auch offen eingestanden, sich mit Männern herumgetrieben zu haben. Wenn er ihr dann Vorhaltungen machte, drohte sie zwar jedes Mal, »ins Wasser zu gehen«, was sie allerdings nur so gesagt habe. Früher habe seine Frau unter »sittenpolizeilicher Kontrolle« gestanden, und auch in den letzten Jahren sei sie immer wieder auf den Strich gegangen. Außerdem sei sie eine Trinkerin gewesen. Immer wieder sei sie völlig betrunken nach Hause gekommen.

Am Abend des 27. November 1929 war sie gegen halb zehn noch einmal fortgegangen. Wohin, das hatte sie nicht gesagt. Sie sagte Kröger nie, wo sie hinging. Als sie am nächsten Morgen nicht nach Hause kam, dachte er, dass sie sich mal wieder herumtreibe. Kröger betonte noch einmal, dass er es für völlig ausgeschlossen halte, dass seine Frau Selbstmord verübt haben könnte. Er war der festen Überzeugung, jemand habe sie vorsätzlich die Treppe hinuntergestoßen.

Kröger könnte mit dieser Vermutung durchaus recht gehabt haben, denn einige der Prostituierten aus der Münz- und der Dragonerstraße hatten ausgesagt, dass sie mit ihren Freiern oft »Krach ums Geld« hatte. Dabei ging sie mit ihnen nicht einmal in Absteigen, sondern erledigte die Angelegenheit in der Regel in Hausfluren.

Laut Abschlussbericht war kein Fremdverschulden erkennbar. Es wurde nie geklärt, auf welche Art und Weise Anna Kröger ums Leben gekommen war.

Tödliches Mitleid

»Es tut mir leid, aber ich muss Sie leider wieder wegschicken«, sagte Margarethe Zimmer zu dem blinden Klavierstimmer, der sich für heute angekündigt hatte.

»Na dann eben nicht«, entgegnete der Blinde schroff, tastete nach dem Treppengeländer und tippte mit seinem Stock an die erste Stufe. »Wenn Sie Ihre Schüler auf einem verstimmten Instrument spielen lassen, brauchen Sie sich nicht zu wundern, dass niemand bei Ihnen Unterricht nimmt. Aber Sie müssen's ja wissen.«

Margarete Zimmer wollte etwas erwidern, schwieg dann aber doch lieber, und als sie die Wohnungstür wieder geschlossen hatte, hörte sie noch, wie der Blinde schimpfend die Treppe hinuntertappte.

Der arme Mann, dachte sie, war nun vergeblich die drei Treppen hinaufgestiegen. Aber was hätte sie denn tun sollen? Ihre angespannte finanzielle Situation erlaubte es nun einmal nicht, Geld für den Klavierstimmer auszugeben, zumal sie schon seit gut zwei Monaten keine Schüler mehr hatte. Die Wirtschaftskrise machte vor niemandem halt. Die Menschen hielten das Geld zusammen und waren nicht mehr bereit, für ihre Kinder privaten Musikunterricht zu bezahlen.

Wo sie auch hinschaute, überall herrschte Mangel. Zum Glück hatte sie ihre beiden Untermieter, die ihr je fünfunddreißig Mark im Monat zahlten. Doch wie sollte es weitergehen, wenn sich die wirtschaftliche Situation nicht bald besserte? Sie hatte nie geklebt, war immer Privatlehrerin gewesen. Wenn nicht bald wieder Schüler kamen, wusste sie nicht, was sie machen sollte. In den vergangenen Wochen hatte sie ihre letzten Wertsachen verkaufen müssen. Jetzt war nichts mehr da. Und ihre Cousine mochte sie nicht anpumpen. Die hatte ja selbst nichts.

Doch sie wollte nicht klagen, wo es doch so viele Menschen gab, denen es weitaus schlechter ging als ihr, und sie dachte dabei an das ständig wachsende Heer der Bettler, die ja zumeist auch noch obdachlos waren.

Gut gelaunt betrat der vierundzwanzigjährige Schlosser Emanuel Lenz am späten Nachmittag des 6. Februar 1930 das Haus in der Steinmetzstraße 53 und stieg die Treppen bis in die dritte Etage hinauf, wo er bei der Klavierlehrerin Zimmer zur Untermiete wohnte. Die Zimmer wird Augen machen, wenn sie den Umschlag öffnet, dachte er. Neulich hat sie erst davon gesprochen, wie sehr sie es bedauert, dass sie es sich nicht einmal mehr leisten kann, in die Oper oder in ein Konzert zu gehen. Nun hatte ihm sein Chef heute ein Billett für die Städtische Oper geschenkt, für »Rigoletto« am 9. Februar. Eigentlich war es das Abonnement seiner Frau, aber die befand sich gerade zur Kur irgendwo im Harz. »Sie wohnen doch bei einer Klavierlehrerin«, hatte der Chef gesagt. »Schenken Sie ihr doch die Eintrittskarte.«

Lenz schloss das Drückerschloss auf, öffnete die Tür und blieb wie angewurzelt stehen. Irgendwas stimmt hier nicht, dachte er, und betrat vorsichtig die Wohnung. Alle Türen standen weit offen, auch die Tür zu seinem Zimmer. Die Kästen der Kommode im Korridor waren herausgezogen, und der Inhalt, vornehmlich Papierkram, alte Zeitschriften und Notenblätter, lag auf dem Boden.

»Frau Zimmer?«, rief er. »Sind Sie da?«

Als keine Antwort kam, trat er in ihre Stube. Auch hier herrschte ein heilloses Durcheinander. Der Kleiderschrank stand offen, Wäsche und Kleider waren herausgerissen. Erst jetzt sah Lenz, dass Frau Zimmer mit dem Gesicht auf dem Kissen auf ihrem Bett lag. Sie war gefesselt und geknebelt. Er trat näher heran und versuchte ihren Puls zu fühlen. Obwohl er sich sicher war, dass jede Hilfe zu spät kam, holte er schnell einen Arzt und rief die Polizei.

Gegen sechs Uhr abends traf die Aktive Mordkommission mit den Kommissaren Müller, Thomas sowie dem Leiter der Kriminalinspektion A, Dr. Werneburg, und dem Gerichtsarzt, Medizinalrat Prof. Dr. Strauch, am Tatort ein.

Strauch untersuchte die Tote. Sie lag auf dem Bauch und war vollständig bekleidet, mit einem schwarzen Kleid und schwarzen Strümpfen. Ihr graumeliertes, stumpfes, ungepflegtes Haar war zu einem Knoten hochgesteckt. Obwohl sie erst 49 Jahre alt war, wirkte sie wie eine Sechzigjährige. Der Täter hatte sie nicht nur an Händen und Füßen gefesselt, sondern auch geknebelt. Der

Hals wies offensichtliche Würgemale auf. Der Professor ging davon aus, dass die Frau schon mehrere Stunden tot war.

Von dem kleinen Korridor gingen sechs Türen ab. In dem zur Straße gehenden Zimmer, erste Tür rechts, befand sich die Leiche. Alle Schränke waren geöffnet, ihr Inhalt lag am Boden verstreut.

Auch die Zimmer der beiden Untermieter waren durchwühlt worden. Bei Lenz waren zahlreiche Kleidungsstücke gestohlen worden, unter anderem sein neuer dunkelblauer Kammgarnanzug, ein schwarzer Wintermantel, ein Sommermantel, ein großer Teil seiner Wäsche und Oberhemden sowie sein brauner Rohrplattenkoffer. Inzwischen war auch der zweite Untermieter eingetroffen. Sein Zimmer bot das gleiche Bild. Alle Schränke waren durchwühlt worden. Bei einer ersten Sichtung stellte er fest: auch ihm war ein großer Teil seiner Garderobe gestohlen worden, unter anderem ein nagelneuer Herrenulster, aber auch Anzüge, Krawatten, Oberhemden und Wäsche. Sogar seine Socken hatten die Täter mitgehen lassen, dazu einen Siegelring mit einem graublauen Stein, einen gelblichen Lederkoffer und einen aus Stroh geflochtenen Koffer mit zwei Riemen. Brauchbare Spuren, wie zum Beispiel Fingerabdrücke, wurden nicht gefunden.

Die Ermittlungen in der Nachbarschaft ergaben, dass die Täter gegen zehn Uhr vormittags gesehen worden waren, als sie das Haus in Richtung Göbenstraße verließen. Wahrscheinlich hatten sie die geraubten Mäntel übergezogen. Drei große Koffer sollen sie bei sich gehabt haben. Den Beschreibungen der Zeugen zufolge handelte es sich dabei offensichtlich um die gestohlenen.

Aus der Tatsache, dass die Täter auch Unterwäsche, ja sogar Schlafanzüge und Socken mitgenommen hatten, schloss Kommissar Johannes Müller, dass es sich um Bettler handeln könnte. Die Ermittlungen konzentrierten sich zunächst also auf die Herbergen und Obdachlosenasyle.

Lenz sagte aus, die Zimmer habe in der letzten Zeit so gut wie gar keine Klavierschüler mehr gehabt. Sie habe sogar ihre letzten Wertsachen versetzen müssen, um einigermaßen über die Runden zu kommen.

»Dann hatten Sie also einen engeren Kontakt zu Frau Zimmer?«, wollte Müller wissen.

Die Täter hatten die Zimmer der beiden Untermieter ebenfalls durchwühlt.

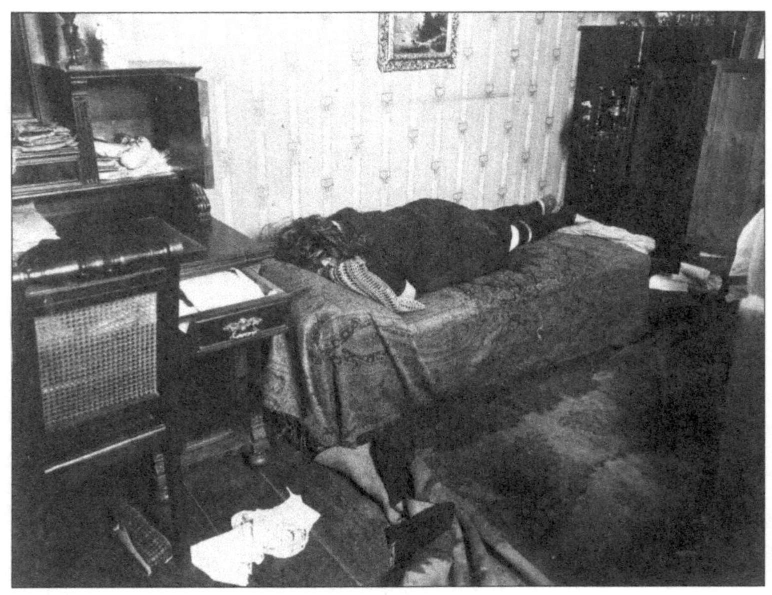

Die neunundvierzigjährige Klavierlehrerin Margarethe Zimmer wurde von einem ihrer Untermieter ermordet aufgefunden.

»Nein, eher nicht«, korrigierte Lenz. »Ich bin morgens um halb sieben aus dem Haus gegangen und nachmittags selten vor fünf Uhr nach Hause gekommen. Hin und wieder tranken wir morgens zusammen in der Küche unseren Kaffee. Bei der Gelegenheit erzählte sie dann immer alles Mögliche. Sie hatte ja sonst niemanden. Sie lebte sehr zurückgezogen.«

»Dann können Sie vielleicht doch Näheres über ihre Lebensgewohnheiten sagen.«

»Was soll ich da sagen. Sie war einfach ein guter Mensch. Vielleicht war sie ja auch nur zu gut.«

»Wie meinen Sie das?«

»Obwohl sie selbst kaum genug zum Leben hatte, dachte sie immer noch an die Ärmeren. Sie hatte stets ein Herz für die Bettler, nahm sie sogar mit in die Wohnung und bewirtete sie.«

Kommissar Müller schaute erwartungsvoll zu Lenz hinüber.

»Wissen Sie zufällig, ob sie in den letzten Tagen ebenfalls Bettler bewirtete?«

»Ja. Ziemlich sicher sogar. Am Dienstagmorgen erzählte sie mir, dass am Montag ein netter junger Mann bei ihr gebettelt habe. Sie ließ ihn kleine Botengänge erledigen, den Mülleimer hinuntertragen, Milch, Kaffee und Zucker holen. Am Donnerstag, also heute, wollte derselbe junge Mann dann mit einem Freund zum Teppichklopfen wiederkommen.«

Am Abend und in der Nacht zogen Mitarbeiter der Mordkommission durch die einschlägigen Kaschemmen und billigen Volksspeisehäuser, in denen sich vorzugsweise Bettler und Obdachlose aufhielten. – Ohne Ergebnis.

Als Müller am nächsten Morgen ins Büro kam, teilte ihm die Sekretärin mit, dass schon vor acht Uhr ein Mann dagewesen wäre, der unbedingt den Kriminalkommissar Müller sprechen wollte. Persönlich, wie er betonte. Er hatte wohl noch eine Weile vor der Tür gewartet, war dann aber wieder gegangen.

Gegen neun Uhr erschien eine Besucherin, die in der *Berliner Morgenpost* von dem Raubmord gelesen hatte und eine Aussage zur Sache machen wollte. Die Frau stellte sich als Berta Binder vor, die Nichte der Zimmer.

»Ich bin Tante Margarethes, ich meine Frau Zimmers, einzige Verwandte«, erklärte sie. »Und ich glaube, dass ich zur Aufklärung des Verbrechens beitragen kann.«

Müller bat die Frau, Platz zu nehmen. »Sie standen also in engem Kontakt zu ihrer Tante?«, begann er das Gespräch, nahm einen Notizblock und einen Bleistift.

Berta Binder zögerte einen Augenblick. »Das kann man eigentlich nicht so sagen. Meine Tante hatte erhebliche Probleme mit ihren Knien. Sie konnte nur noch sehr schlecht laufen. Das kam wohl vom vielen Sitzen am Klavier. Deshalb ist sie fast gar nicht mehr zu uns gekommen, und ich habe nicht so viel Zeit, sie zu besuchen. Aber am Mittwochnachmittag, also einen Tag, bevor sie ermordet wurde, war ich noch bei ihr. Sie erzählte mir, sie habe bei einem Händler an der Haustür Bettwäsche gekauft, die sie abzahlen könne. Ich fragte, ob sie den Händler denn etwa in die Wohnung gelassen habe. Sie sagte: ›Ja. Da ist doch nichts dabei. Es sind doch schließlich nicht alle Leute schlecht.‹ Ich versuchte, wie schon so oft, ihr klarzumachen, dass das gefährlicher

Leichtsinn sei. Aber sie sah das einfach nicht ein. Dabei kannte sie weder den Namen noch die Adresse dieses Händlers. Meine Tante war nun mal unvernünftig gutmütig und vertrauensselig. Wir haben dann zusammen Kaffee getrunken, und bei der Gelegenheit erzählte sie mir noch, dass am Vormittag ein netter junger Mann bei ihr gebettelt habe, den sie gleich losgeschickt habe, ein paar Einkäufe zu erledigen. Und morgen würde er, gegen Bezahlung freilich, zum Teppichklopfen wiederkommen. Zwei Mark fünfundzwanzig wollte sie ihm dafür geben. Ich fragte sie, ob das nicht zu wenig sei. Meine Tante meinte aber, das sei in Ordnung. Sie würde ihm dann ja schließlich auch noch Frühstück machen.«

»Ist es richtig, dass sich Ihre Tante in finanziellen Schwierigkeiten befand und in letzter Zeit mehrere Wertgegenstände versetzt hat?«

»Ja. Das ist richtig.«

»Könnte es sein, dass ihr noch Wertgegenstände gestohlen wurden?«

»Ich weiß es nicht, aber ich glaube, sie hatte nichts mehr.«

Aufgrund der ausführlichen Zeitungsberichte meldete sich kurze Zeit später ein verwahrlost aussehender Mann bei Kommissar Müller, der wohnungslose Schlächtergeselle Leo Gehrmann. Seit einigen Tagen übernachte er im Asyl in der Fröbelstraße, erzählte er. Tagsüber, wenn er sich nicht gerade auf Stellungsuche in der Hirtenstraße 20 befinde, halte er sich in der Wärmehalle in der Ackerstraße in der ehemaligen Wagenhalle der Straßenbahn auf. Am Donnerstag, dem 6. Februar, seien gegen Mittag zwei Männer in die Halle gekommen, die aus zwei Koffern Wäsche und Oberhemden angeboten hätten. Die Koffer wären denen sehr ähnlich gewesen, die in den Zeitungsberichten beschrieben worden waren. Gehrmann vermochte sogar eine recht brauchbare Beschreibung der beiden Männer zu geben, so dass danach ein Fahndungsplakat angefertigt werden konnte. Der Druck der Plakate erübrigte sich allerdings.

Kommissar Müller glaubte seinen Augen nicht zu trauen, als am späten Vormittag ein Mann ins Büro der Mordkommission trat, auf den die Beschreibung, die er gerade für die Fahndungsplakate formuliert hatte, haargenau passte. Es war eben jener junge Mann, der sich am frühen Morgen bereits nach dem Kommissar erkundigt hatte.

»Mein Name ist Alfons Ganski. Hier bin ich«, sagte er und sah den Kommissar an.

»Und? Was kann ich für Sie tun?«, fragte Müller, noch immer irritiert.

»Sie suchen mich doch. Ich bin einer von den beiden Tätern aus der Steinmetzstraße«, sagte Ganski und legte dann ein umfassendes Geständnis ab.

Es war tatsächlich der achtundzwanzigjährige Alfons Ganski, der bei Frau Zimmer am Mittwoch gebettelt und dann einige Einkäufe für sie getätigt hatte. Sie habe ihm dann angeboten, am Donnerstag, gegen Bezahlung versteht sich, wiederzukommen und ihre Teppiche zu klopfen. Da er sich körperlich der schweren Arbeit aber nicht gewachsen fühlte, suchte er nach einem Helfer und fragte unter seinen Kumpanen im Aufenthaltsraum der Herberge der Heilsarmee in der Kastanienallee 71 in Prenzlauer Berg herum, wer mitkommen wolle. Daraufhin sprach ihn der ein Jahr jüngere Martin Opitz an. Die Idee, die Frau zu überfallen und auszurauben, sei zuerst Opitz gekommen. Er habe ihn praktisch dazu überredet.

Am Donnerstagvormittag klingelten sie dann bei Frau Zimmer, taten zunächst so, als hätten sie tatsächlich vor, ihre Teppiche zu klopfen, überwältigten sie schließlich, fesselten und knebelten sie, legten sie aufs Bett und durchwühlten die Wohnung nach Wertgegenständen. Brauchbares fanden sie aber nur in den Zimmern der beiden Untermieter.

Ganski beteuerte jedoch, dass die Frau noch lebte, als sie die Wohnung wieder verließen. Schließlich wollten sie sie nicht umbringen, sondern nur außer Gefecht setzen.

Dank Ganskis Geständnis konnte Opitz wenig später in einer Wärmehalle festgenommen werden. Auch er legte, nach einigem Hin und Her allerdings erst, ein Geständnis ab.

Martin Opitz, Sohn eines Eisenbahners und ältestes von fünf Geschwistern, wuchs bei den Großeltern in Breslau auf. Seine Eltern hielten ihn für schwer erziehbar und wollten ihn deshalb nicht bei sich haben. Opitz aber liebte seine Großeltern, denn sie behandelten ihn viel besser als die Eltern und ließen ihn sogar die Realschule besuchen. Bei den Großeltern jedenfalls erwies er sich offenbar nicht als »schwer erziehbar«. Als die Eltern, die wegen des Berufs des Vaters oft den Wohnort wechselten, dann nach Breslau zogen, nahmen sie ihn wieder zu sich. Doch er hatte oft Streit mit ihnen und den Geschwistern, lief immer wieder von zu Hause weg und kehrte zu den Großeltern zurück. Die Eltern nahmen ihn aus der Quarta der Realschule und schickten ihn in eine Erziehungsanstalt nach Hamburg, in das sogenannte Rauhe Haus, wo er eine Schlosserlehre begann. 1921 flüchtete er jedoch aus der strengen Erziehungsanstalt und ging zurück nach Breslau zu seinen Großeltern, die sich dafür einsetzten, dass er bei ihnen bleiben konnte.

Schließlich beschloss er, ein völlig neues Leben zu beginnen und Seemann zu werden. Tatsächlich heuerte er auf einem Frachter in Kiel an. Nach einer längeren Fahrt nach Schweden und Finnland havarierte das Schiff und musste ins Dock geschleppt werden. Die gesamte Mannschaft wurde abgemustert. Die Heuer, die er ausgezahlt bekam, brachte er jedoch in kürzester Zeit durch.

Völlig mittellos kehrte er 1922 zurück zu seinen Eltern, wo es gleich wieder zu einem heftigen Streit kam. Diesmal verließ er sein Elternhaus endgültig. Er ging nach Hamburg, geriet in schlechte Gesellschaft, kam mit dem Gesetz in Konflikt und setzte sich nach Berlin ab. Er hielt sich mehr schlecht als recht als Gelegenheitsarbeiter über Wasser und hatte von Zeit zu Zeit sogar eine feste Wohnung. Wegen kleinerer Vergehen kam er allerdings immer wieder in Haft. Erst am 4. Januar 1930 war er wieder einmal aus dem Gefängnis entlassen worden. Jetzt erhielt er Wohlfahrtsunterstützung, konnte aber nicht Fuß fassen. Er verspürte auch nicht viel Lust, einer regelmäßigen Arbeit nachzugehen. So wollte er lieber wieder eine Straftat begehen, um zurück ins Gefängnis zu kommen.

Den Mord an Margarethe Zimmer bedauerte Opitz allerdings. Auch er behauptete, sie hätten die Frau nicht töten wollen.

»Als Ganski dann von seinem Plan sprach, habe ich mich ohne besondere Hemmungen zur Teilnahme bereit erklärt«, gab er zu Protokoll. »Ich habe allerdings nicht daran gedacht, dass es zu einer so schweren Tat kommen könnte. Ganski hatte mir die Frau als schwächlich und kränklich geschildert, so dass ich annahm, wir könnten ohne besondere Gewaltanwendung dort etwas holen.«

Ganskis Lebenslauf war dem des Opitz nicht unähnlich. Nach dem Tod seiner Eltern bestimmte das Gericht seinen vierzehn Jahre älteren Bruder zu seinem Vormund. Bis 1921 lebte Alfons in der Familie seines Bruders in Stettin, wo er aber immer nur das fünfte Rad am Wagen war. Schließlich fand er im Lindenhotel in Berlin eine Lehrstelle, die er jedoch bald wieder aufgab. Er geriet in kriminelle Kreise und rutschte immer weiter ab.

Martin Opitz und Alfons Ganski: Zwei typische Kriminellen-Karrieren.

Beide wurden verurteilt, das Strafmaß geht aus den Akten jedoch leider nicht hervor..

Das Wunderkind oder »Ödipus vom Kurfürstendamm«

Die hohe Aufklärungsrate bei Kapitalverbrechen ging unter anderem auf die Tatsache zurück, dass die meisten Morde Beziehungstaten sind, also von Personen verübt werden, die in einer engen Beziehung zu ihrem Opfer stehen. In diesen Fällen wurden die Täter relativ rasch ermittelt oder sogar noch am Tatort festgenommen: für die Kriminalpolizei unspektakuläre Routinefälle. Konnte ein Täter tatsächlich gleich am Tatort festgenommen werden, machten sich die Kommissare gerne den Spaß und schrieben ins Protokoll: »Täter liegt bei.«

Doch nicht immer war es so einfach. Selbst wenn sich der Täter stellte und ein umfassendes Geständnis ablegte, konnte sich ein Fall als durchaus kompliziert erweisen.

Der Morgen des 7. August 1930 begann auf dem Polizeirevier 157 in der Nestorstraße in Berlin-Halensee wie jeder andere.

»War nicht viel los heute Nacht«, berichtete der Beamte der Nachtschicht dem gerade eintreffenden Kollegen Möller von der

Frühschicht. »Eine Keilerei zwischen Betrunkenen im Lunapark, ein Taschendiebstahl, ein geklautes Auto an der Johann-Georg-Straße, und wieder mal haben SA-Rabauken vor dem Universum-Filmpalast am Lehniner Platz jüdisch aussehende Passanten angepöbelt.«

Möller verzog das Gesicht. »Diesen Krakeelern müsste endlich mal jemand das Maul stopfen. – War sonst noch was?«

Schulze schüttelte den Kopf. »Nee, nischt.«

Möller wollte gerade damit beginnen, die Papiere auf seinem Schreibtisch zu sichten, als es zaghaft an der Tür klopfte.

Auf sein herrisches »Herein« öffnete sich die Tür und ein junger Mann trat ein.

Möller hob den Blick von seinen Papieren und sah den Burschen mit der gelockten Mähne und dem auffällig zarten Teint skeptisch an.

»Guten Morgen«, sagte dieser mit unsicherer Stimme. »Ich möchte mich selbst anzeigen.«

Er stellte eine Aktentasche auf den Tresen, der den Raum in zwei Teile teilte. Der blonde Jüngling öffnete seine Tasche und zog zum Erstaunen des Beamten einen zweischneidigen Dolch und eine Armeepistole heraus.

»Ich habe meinen Vormund ermordet«, behauptete der Besucher und ergänzte mit sanfter Stimme: »Ich habe in Notwehr gehandelt. Er hat mich bedroht.«

Möller musterte den seltsamen jungen Mann noch immer misstrauisch. Ein Intellektueller, dachte er, sicher so ein Spinner aus dem »Romanischen Café«. Einer, der sich wichtig tun will. Er griff nach einem vorgedruckten Formular.

»Name?«, fragte er teilnahmslos.

»Calis Sujamani.«

»Wie bitte?«

»Calis Sujamani.«

»Könn'n Se das ooch buchstabieren?«

Der junge Mann buchstabierte.

»Adresse?«

»Joachim-Friedrich-Straße 33.«

»Beruf?«

»Journalist.«

Das Haus Joachim-Friedrich-Straße 33 im Jahre 1955.

Möller schob das Papier zur Seite und schaute den Besucher mit dem seltsamen Namen wieder zweifelnd an.

»Sie behaupten also, Ihren Vormund ermordet zu haben.« Er deutete mit einer Kopfbewegung auf die Waffen. »Haben Sie ihn nun erschossen oder erstochen?«

»Ich habe ihn mit dem Dolch getötet. Er hat mich mit der Pistole bedroht.«

Der junge Mann war sehr gefasst, geradezu ungerührt. Verhielt sich so jemand, der angeblich gerade erst einen Mord begangen hatte? Möller zweifelte.

»Gut. Lassen Sie das alles hier. Gehen Sie schon mal nach Hause. Ich schicke Ihnen jemanden vorbei, sobald wir Zeit haben.«

»Nein, Sie müssen gleich kommen. Ich gehe nicht allein zurück in die Wohnung«, protestierte der junge Mann.

»Na schön, wenn's unbedingt sein muss, geht mein Kollege halt mit«, knurrte Möller unwillig.

Einer der Beamten begleitete Sujamani in die Joachim-Friedrich-Straße 33 und stieg mit ihm die vier Treppen des Gartenhauses hinauf. – Das Wort Hinterhaus war verpönt im noblen Neuen Westen. Hier hießen sie Gartenhäuser. – Der junge Mann schloss die Wohnung auf und führte den Beamten ins Bad.

Der Polizist stutzte, schüttelte den Kopf und schaute Sujamani verblüfft an. So etwas hatte er noch nie gesehen.

Er ließ sich zeigen, wo das Telefon stand, und verständigte umgehend die Mordinspektion im Polizeipräsidium. Kriminalrat Gennat schickte Kommissar Arthur Nebe nach Halensee.

Eine halbe Stunde später erschien Nebe, der jahrelang erfolgreich das Rauschgiftdezernat geleitet hatte und später unter dem Nationalsozialismus zum Reichskriminaldirektor avancieren sollte, mit den Leuten von der Spurensicherung am Tatort.

»Schön, dass Sie so schnell kommen konnten, Herr Kommissar«, begrüßte der Revierbeamte ihn. »Ich habe noch nichts angerührt. Ich wollte keinen Fehler machen. Sie müssen sich das selbst ansehen. Also so etwas ist mir noch nicht untergekommen.«

»Das ist in Ordnung«, brummte Nebe, »aber worum geht es eigentlich?«

Der Beamte berichtete von dem Besuch des jungen Mannes auf dem Polizeirevier und führte den Kommissar dann ins Badezimmer.

Nebe stutzte und schaute den Beamten kopfschüttelnd an. Auch er vermochte sein Erstaunen nicht zu verbergen. »Was ist das denn?«, entfuhr es ihm.

»Ich wollte meinen Vormund nach indianischer Sitte beisetzen«, erklärte der junge Mann.

Nebe überlegte. Den Blutspuren an den Wänden und in der Badewanne nach zu urteilen, war hier tatsächlich eine Bluttat verübt worden. Selbst auf den rostroten, sechseckigen Bodenfliesen ließen sich deutliche Blutspuren ausmachen. Ratlos stand er im Bad. Auch er wollte keinen Fehler machen und benachrichtigte den Gerichtsmediziner Dr. Waldemar Weimann.

Es verging noch einmal eine knappe halbe Stunde, bis Weimann am Tatort eintraf.

»Hier haben wir es mit einer ganz seltsamen Sache zu tun«, flüsterte Nebe, indem der den Mediziner ins Bad führte. Der Erkennungsdienst hatte inzwischen seine Scheinwerfer aufgestellt, und der Fotograf lichtete die Szenerie ab.

Auch Weimann war verblüfft, als er das Badezimmer betrat: Neben der Wanne lag, oder hockte vielmehr, ein seltsames Gebilde, das auf den ersten Blick wie eine lebensgroße Puppe aussah, die man in sitzender Stellung verpackt hatte. Sie war sorgfältig in eine schwarze Stoffbahn gehüllt und mit weißem Tüll wirkungsvoll drapiert.

»Ich wollte meinen Vormund nach den indianischen Bestattungsriten begraben«, wiederholte Calis Sujamani.

Weimann wusste sofort Bescheid, denn zufällig kannte er sich mit Begräbnisriten und Mumifizierungsmethoden alter Kulturvölker gut aus. »So wie hier«, schrieb Weimann in seinem Buch »Diagnose Mord«, »haben die alten Inkas und Mayas ihre Toten hergerichtet, bevor sie in Felsengräbern oder Tempeln eingemauert wurden. Aber wie kommt eine Maya-Mumie in ein Badezimmer am Kurfürstendamm – im Jahre 1930 nach Christus?«

»Der junge Mann wohnt hier?«, fragte Weimann.

»Ja«, erwiderte Nebe. »Mit seiner Mutter, seiner Frau und seinem Baby. Im Augenblick scheint er aber allein in der Wohnung zu sein. Bloß dieser widerliche Köter ist hier.« Nebe zeigte auf einen verwahrlosten, stinkenden weißen Hund, der wohl ein Pudel sein wollte.

»Er gibt vor, in Notwehr gehandelt zu haben. Angeblich hat sein Vormund ihn mit einer Waffe bedroht. Ich denke, das ist alles blanker Unsinn, was das seltsame Bürschchen uns da auftischen will. Wenn Sie mich fragen, hat er die Leiche eingepackt, um sie wegzuschaffen, hat sich überschätzt, wusste nicht wohin damit und ist dann in seiner Verzweiflung zur Polizei gegangen.«

Weimann zuckte mit den Schultern. Er mochte keine voreiligen Schlüsse. Kriminalrat Gennat würde ganz anders an den Fall herangehen, dachte er, würde alle Möglichkeiten in Betracht ziehen und sorgfältig abwägen. Obwohl Dr. Weimann Nebe für einen ausgezeichneten Kriminalisten hielt, mochte er Nebes überhebliches Wesen nicht.

Weimann schlug vor, die Mumie, so wie sie war, in die Hannoversche Straße ins Leichenschauhaus zu schaffen. Nebe war einverstanden, bestand aber darauf, dass Calis Sujamani sie begleitete.

»Zehn Minuten später liegt das seltsame Gebilde vor uns auf dem Seziertisch im hellen Obduktionsraum«, berichtet Weimann in seinen bereits erwähnten Erinnerungen. »Die Polizeifotografen haben ihre Kameras aufgebaut. Vorsichtig hebe ich das weiße Tuch am unteren Ende auf. Sowohl dieses Tuch wie die schwarze Umhüllung darunter sind unversehrt, kein Stich, kein Einschussloch. Ich klappe das Tuch auf. Angewinkelte Knie werden sichtbar, von einem kräftigen Strick umschlungen. Ich stutze. Auch Kriminalkommissar Nebe wird aufmerksam. Dann schlage ich das Tuch vollends zurück ...«

Beide glaubten ihren Augen nicht zu trauen: Vor ihnen lag eine nackte Frau.

Nebe hatte sofort begriffen. Wutentbrannt stürzte er aus dem Raum, und Weimann hörte ihn draußen brüllen.

»Was haben Sie uns da für ein Märchen erzählt? Von wegen Vormund. Die Ähnlichkeit ist unverkennbar. Sie haben Ihre Mutter ermordet.«

»Nein, ich habe nicht gelogen. Seit Jahren habe ich meine Mutter nur noch meinen Vormund genannt. Sie hat mich gequält und pausenlos gedemütigt. Es war Notwehr«, empörte sich Sujamani.

Nebe bestand darauf, dass Sujamani die Leiche identifizierte, und zerrte ihn in den Sezierraum. Angesichts der Leiche brach dieser in einem Weinkrampf zusammen. Nebe ließ ihn, als er sich wieder beruhigt hatte, ins Polizeigefängnis bringen.

Dr. Weimann hatte die Leiche inzwischen näher untersucht und insgesamt dreizehn Stichverletzungen gezählt. Sieben am Hals, vier in der linken Brustseite, zwei im linken Unterarm. Zudem kleinere Wunden am Arm, die das Opfer offenbar erhalten hatte, als es zur Abwehr instinktiv die Arme hob. Angesichts der Zahl der Stichwunden konnte von Notwehr keine Rede sein. Doch als Weimann die Leiche wendete und den Rücken untersuchte, bot sich ihm eine Überraschung: Er entdeckte noch zwei weitere, weit voneinander entfernte Stiche unterhalb der Schulterblätter.

Für Nebe war der Fall klar. Sujamani hatte gelogen. Er hatte nicht in Notwehr gehandelt, sondern seine Mutter kaltblütig und hinterhältig ermordet.

»Hab ich's doch gleich gesagt«, triumphierte er.

Doch Dr. Weimann mahnte zur Vorsicht, denn nichts sei trügerischer, erklärte er, als Stichverletzungen.

»Niemals kann man aus der Lage der Einstiche mit Sicherheit schließen, welche Wunde tödlich war, welche nicht. Von der Stellung des Opfers und von der Richtung des Stichs hängt es ab, ob lebenswichtige Organe oder Blutgefäße getroffen worden sind. Gerade bei so zahlreichen Stichverletzungen bereitet der Sektionsbefund oft Überraschungen. Man findet tödliche Verblutungen an Stellen, wo man sie nicht vermutet hätte, oder stellt fest, dass gefährlich aussehende Stiche kein Organ, kein großes Gefäß getroffen haben. Dafür findet sich in der rechten Herzkammer schaumiges Blut, weil durch einen unscheinbaren Halsstich Luft in eine Vene gelangt ist – schlagartiger Tod durch Luftembolie«, dozierte Dr. Weimann.

Würde Nebe recht behalten, dass dem Opfer zuerst die Stiche in den Rücken beigebracht worden waren? Dr. Weimann zweifelte daran angesichts der typischen Abwehrverletzungen an den Armen der Toten. Für Nebe gab es keinen Zweifel. Für Weimann schon. Er war auch nicht bereit, sich in irgendeiner Weise beeinflussen zu lassen, denn vom Obduktionsbefund hing Sujamanis Schicksal ab: ob man ihn wegen Mordes oder Totschlags anklagen würde.

Es galt also zu untersuchen, in welcher Reihenfolge dem Opfer die Verletzungen beigebracht worden waren. Für den erfahrenen Gerichtsmediziner reine Routine.

Kommissar Nebe musste indes herausfinden, welches Motiv Calis Sujamani, der eigentlich Calistros Thieme hieß, hatte, seine Mutter zu töten. Weil der Fall gerichtsmedizinisch nicht eindeutig war, bestand er darauf, dass Dr. Weimann bei der Vernehmung anwesend war.

Der Gerichtsmediziner nahm etwas abseits Platz und folgte gespannt dem Verhör. »Je länger ich Calistros Th. beobachte«, schrieb er später, »desto unwahrscheinlicher will es mir vorkommen, daß dieser Mensch überhaupt einer Gewalttat fähig sein soll, erst recht nicht eines so unbegreiflichen Verbrechens wie dem des Muttermordes. Der Fünfundzwanzigjährige wirkt überfeinert, aber nicht dekadent, intellektuell, aber nicht arrogant. Er spricht leise, in einem etwas gedrechselten Deutsch wie einer, der besser schreiben als reden kann. Manchmal, wenn er um einen Ausdruck ringt, hebt er die Hände in einer suchenden Geste. Es sind schmale, schön geformte Künstlerhände.«

Doch Nebe sollte schon bald den Schlüssel zu diesem Verbrechen finden. Er lag unzweifelhaft in der Kindheit des jungen Mannes begründet. Den Lebenslauf, den dieser in der Untersuchungshaft niedergeschrieben hatte und der in der Übertragung einundvierzig Schreibmaschinenseiten umfaßte, las Nebe immer wieder.

Calistros Thieme wurde 1905 als uneheliches Kind der Schneiderin Camilla Zerneck, die für ein renommiertes Modehaus arbeitete, in Berlin geboren. Camilla war überglücklich, und alle Welt bewunderte den bildhübschen Jungen. Sie kleidete ihn wie eine Puppe. Die Leute auf dem Kurfürstendamm blieben stehen und schauten der schönen Mutter mit dem entzückenden Kind hinterher. Für kein Geld der Welt hätte Camilla sich von ihrem Sohn, den sie Calistros nannte, getrennt. Nicht einmal für einen einzigen Tag. Von der bösen Außenwelt schirmte sie ihn ab, so gut sie nur konnte, ließ ihn auch nicht mit anderen Kindern spielen. Sie wollte ihr Kind mit niemandem teilen, fürchtete, es könnte ihr durch ungünstige Einflüsse von außen entfremdet werden.

In seinem Lebenslauf erzählte Calistros von seiner Kindheit in einer Kellerwohnung im Westen Berlins. Eine Schilderung, die nicht auf eine glückliche, behütete Zeit, sondern eher auf Vernachlässigung schließen ließ.

»Ich spielte mit Garnrollen am liebsten«, schrieb Calistros. »Da waren weiße, rote und schwarze, große, kleine und ganz kleine. Mit diesen spielte ich äußerst behutsam, denn sie waren selten und für mich kostbar. Wenn ich auf dem Brett des Fensters spielte, welches mit dem Hof auf gleichem Niveau lag und nur durch fünf senkrechte Eisenstäbe markiert war, und die Rollen nach Größe und Farbe aufmarschieren ließ oder auf Bindfaden zusammenreihte, besuchte mich zuweilen mein einziger Spielgefährte, ein großer Hund, der lebhaften Anteil an meinen Zwirnrollen nahm. Wenn auch seine zwei Arme bepelzt waren und keine Finger hatten, eine Tatsache, die mich mit großer Trauer erfüllte, so verstand er es doch, äußerst geschickt mit ihnen zu spielen, indem er mit den Vorderpfoten durchs Gitter langte. Die großen, weißen Rollen machten ihm besondere Freude, und sowie eine quer über den Hof rollte, sprang er hinter ihr her, Laute des Entzückens ausstoßend, und brachte sie schwanzwedelnd zurück.

Doch eines Tages kam mein vierbeiniger Freund nicht mehr, und nach etlicher Zeit merkte ich, dass er nicht mehr mit mir zusammensein durfte. Wenn ich ihn sah, tat er, als sähe er mich nicht, heuchelte Beschäftigung und stellte sich, als hätte er etwas Neuartiges gefunden, was tiefsinnig berochen werden musste. Er strich dabei an der gegenüberliegenden Wand entlang, in einem großen Bogen meinem Fenster ausweichend. Doch als er mich eines Tages weinen sah, kam er vorsichtig und leise die Wand entlanggeschlichen und leckte schwanzwedelnd meine Hand.«

In ihrer grenzenlosen Eigenliebe bemerkte Camilla nicht einmal, dass ihr Sohn mehr und mehr vereinsamte. Sie wollte ihn nicht hergeben, wollte ihn ganz für sich haben. So weigerte sie sich auch, ihn zur Schule anzumelden. Doch in dieser Beziehung verstehen die Behörden keinen Spaß. Als die Schulbehörde damit drohte, den Jungen zwangsweise holen zu lassen, ließ sie ihn doch gehen. Die obligatorische Untersuchung der ABC-Schützen brachte jedoch ans Licht, dass Calistros nicht die vorgeschriebenen Schutzimpfungen erhalten hatte. Somit war er für den Schulbesuch ungeeignet. Camilla war entzückt. Sie weigerte sich, ihr Kind impfen zu lassen, und nahm den Jungen wieder mit nach Hause. Doch die Schulbehörde ließ sich nicht so leicht überlisten, drohte erneute Zwangsmaßnahmen an, und so schickte sie ihn schließlich doch zur Schule, allerdings nur für drei Wochen. Bis zu seinem achten Lebensjahr unterrichtete sie ihn im Lesen und Schreiben selbst. Rechnen hielt sie für unwichtig.

Letztendlich ging die allgemeine Schulpflicht auch an Calistros nicht vorbei. Für den in völliger Isolation aufgewachsenen Jungen hatte die Schule etwas Unheimliches, ja Bedrohliches. Nie zuvor war er mit anderen Kindern zusammengekommen. Die Welt außerhalb seines engen Umfeldes steckte für ihn voller unbegreiflicher Rätsel und unergründlicher Geheimnisse.

»Ich hatte noch nie so viele Menschen in einem Raum gesehen«, bekundete er, »und wagte kaum zu atmen, geschweige aufzusehen. Als Fräulein Zumbusch, die Klassenlehrerin, in den Raum trat, stand ich ohne aufzusehen auf und setzte mich ebenso wieder hin. Als die Stunde beendet war, mussten wir wieder aufstehen und ein Gebet im Chor sagen. Es handelte von einem Herrn, der freundlich wäre und dessen Gnade ewiglich dauerte, etwas, was ich nicht verstand, wovon ich jedoch annahm, dass damit wohl der Rektor gemeint wäre.«

Von Religion hatte Calistros also noch nie etwas gehört, was ihn in der Schule in eine äußerst peinliche Situation brachte:

»Schließlich kam doch die Sache heraus, und zwar in der Religionsstunde. Fräulein Zumbusch forderte uns auf zu erzählen, was wir vom lieben Gott, Jesus und den Engeln wüssten. Jeder erzählte etwas, nur ich schwieg. Die Lehrerin, im Glauben, es wäre Schüchternheit oder Verstocktheit, versuchte es erst im Guten, dann im Bösen und dann wieder im Guten aus mir herauszuziehen, vergeblich. Sie setzte sich unter atemlosem Schweigen der Klasse auf meine Bank und redete mir wie einem kranken Pferd zu. Vergeblich, denn ich wusste nichts. Die Lehrerin war verzweifelt: ›Weißt du denn nichts vom Lieben Gott und seinen Engeln?‹ Ich dachte angestrengt nach, wen sie wohl meinen könnte, ließ alle kinderreichen Nachbarn in meinem Gedächtnis Revue passieren und verneinte dann hilflos. Sie musterte mich scharf, und ich fing an zu weinen, denn ich meinte, sie wäre nun böse, weil ich nicht den Herrn Gott, seinen Sohn Jesus und die Engelkinder kannte.

Als ich verweint nach Hause kam, fragte mich meine Mutter, was es gäbe. Ich erzählte ihr alles und fragte sie, ob sie etwas von Jesus, seinem Papa Gott und den Engelkindern wüsste. Doch sie wurde böse und meinte abweisend: ›Geh spielen‹ und ging zu der Lehrerin, sich beschweren. Die Folge war, dass ich von nun an von der Lehrerin ignoriert wurde, was mich wiederum traurig machte.«

Calistros wies auf einigen Gebieten zwar große Wissenslücken auf, andererseits hatte er aber frühzeitig lesen gelernt und bald damit begonnen, die Bücherregale seiner Mutter zu durchstöbern. Vornehmlich suchte er sich Bücher aus der ersten Hälfte des neunzehnten Jahrhunderts heraus; nicht nur Belletristik, sondern auch Naturwissenschaften, Baukunst, Sagen und Märchen. Ihm fehlte zwar die klassische Schulbildung, dafür wusste er aber über andere Dinge umso mehr.

Als er neun Jahre alt war, reiste seine Mutter mit ihm nach Chamonix, wo er, da sie mehrere Monate blieben, mit den Dorfkindern sogar in die Schule ging und zur Verblüffung aller im Nu Französisch lernte. Camilla Zerneck war unendlich stolz auf ihr Wunderkind.

Sein leiblicher Vater, der immer für ihn gesorgt hatte und den er auch, nicht eben zur Freude Camillas, regelmäßig besuchte, schenkte ihm zu seinem zehnten Geburtstag eine wertvolle Geige. Calistros war begeistert. Ein Musikinstrument spielen lernen, das war sein Traum: »Restlos glücklich nahm ich meine Geige mit nach Hause. Ich fühlte mich ausgezeichnet, und mit der Erweckung meines Ehrgeizes zog ein Gefühl kindlichen Stolzes in mein Herz. Ich gelobte mir insgeheim, mich des Vertrauens meines Vaters würdig zu zeigen und ein zweiter Sarasate zu werden. [...] Doch meine Freude war nicht von langer Dauer. Als meine Mutter mich mit der Geige sah, ging sie wortlos hinaus, mich bestürzt zurücklassend. Dann, nach einer geraumen Weile, kam sie zurück und fragte mich, wieso ich die Frechheit hätte, eine Geige ohne ihre Erlaubnis anzunehmen, zumal von einem Verwandten, nahm die Geige, warf sie in den Kasten und befahl, sie mit einem schönen Gruß von ihr zurückzubringen. Ich weinte und sagte, ich hätte sie doch von meinem Papa, dem ich versprochen habe ... Doch meine Mutter ließ mich gar nicht zu Ende reden. Sie erklärte, dass der Lumpenhund von einem gewissenlosen Vater es nur darauf abgesehen hätte, sie zu ärgern und mich zu verderben, dass sie sich dies nicht gefallen lassen würde. Damit basta. Sie zwang mich zu gehen und ließ mich auftragen, dass sie ein Piano wünsche, das wäre etwas Solideres als solch ein Stück Holz. Und im Übrigen, fügte sie hinzu, sei eine Mundharmonika gut genug für mich. So kam es, dass ich nie ein Instrument erlernte.«

Inzwischen ging Calistros, ein zartes, kränkliches Kind, zwar zur Schule, versäumte wegen Krankheit aber mehr als die Hälfte des Unterrichts. Im sogenannten Kohlrübenwinter 1916/17 erkrankte er, wie so viele andere Kinder auch, an Skorbut und wurde deshalb im Sommer 1917 mit einem Kindertransport nach Ostpreußen auf einen Gutshof verschickt. Hier war er, nach eigenem Bekunden, das erste Mal in seinem Leben wirklich glücklich. Er lernte mit Pferden und Vieh umzugehen, erfuhr viel über den Anbau und das Ernten von Getreide und den Umgang mit landwirtschaftlichen Maschinen. Der schmächtige blasse Junge blühte förmlich auf und entwickelte sich in kurzer Zeit zu einem ganz normalen Kind. Im Spätherbst kam er zurück nach Berlin.

»Als ich nach Hause kam und meine Mutter mein sonnenverbranntes, selbstzufriedenes Gesicht sah, verzichtete sie kurzerhand auf meine enthusiastischen Berichte, die ich ihr aufgeregt, voll brennender Erwartung, was sie wohl zu allem sagen würde, mitteilen wollte, konstatierte, dass ich nicht mehr ihr hübsches, blasses Kind wäre, das auf alle Leute solchen Eindruck gemacht hatte, nannte mich einen zu einem Flegel entwickelten Rotzjungen und ließ mich verdutzt und geschlagen ob solchen Empfangs in das Wohnzimmer gehen. Als ich dort all die Herrlichkeiten auszupacken begann, die jeden Großstädter der Kriegszeit erfreuen mussten, und schüchtern meine Erlebnisse mit der Hamsterpolizei erzählte, die mir meine Butter wegnehmen wollte, worauf ich zu lamentieren begann und von meiner hungernden Mutter erzählte, wurde sie milder gestimmt und strich mir über den Kopf.«

1917 legte sich dann ein dunkler Schatten auf Calistros Leben: Seine Mutter verkündete ihm, dass sie heiraten wolle. Calistros weinte und schrie. Er wollte seine Mutter ganz für sich allein haben, sie mit keinem anderen teilen müssen. Doch das Problem löste sich von selbst. Camillas Ehemann musste in den Krieg und kehrte nicht zurück. Die Urne mit seiner Asche stellte sie sich aufs Büfett.

Camilla Zerneck war, wie bereits gesagt, Schneiderin und arbeitete für ein renommiertes Modehaus, in dem sich die Damen der Berliner Gesellschaft die Klinke in die Hand gaben. Auch privat, also auf eigene Rechnung, arbeitete sie für eine illustre Kundschaft. Schenkt man Dr. Weimann Glauben, dann ließen sogar die Frau des Dichters Gerhart Hauptmann und die des Regisseurs Max Reinhardt bei ihr arbeiten. Einmal, so erzählt Weimann, nahm Camilla ihren Sohn mit, als sie ins Hotel Adlon fuhr, um

Frau Hauptmann ein Kleid zur Anprobe in ihr Appartement zu bringen. Calistros setzte sich in einen Sessel und las artig ein Buch. Als Gerhart Hauptmann, der zufällig anwesend war, fragte, was er da lese, zeigte der Junge ihm eine indianische Sprachlehre und fügte erklärend hinzu: »Ich lerne diese Sprache gerade.«

Hauptmann war so verblüfft, dass er den Jungen einem Professor für Völkerkunde vorstellte. Dieser fand heraus, dass der Dreizehnjährige zwei indianische Dialekte perfekt beherrschte. Also doch ein Wunderkind? Der Initiative Gerhart Hauptmanns soll es auch zu verdanken gewesen sein, dass Calistros in eine Schule kam, wo er seinen Begabungen gemäß gefördert wurde, nämlich in die Freie Schulgemeinde Wickersdorf bei Saalfeld, eines der seinerzeit fortschrittlichsten Internate Deutschlands, das im Übrigen auch der jüdische Gelehrte Ben Gurion besucht haben soll.

Calistros verließ die Schule jedoch ohne Abschluss. Das Sprachgenie hatte neben indianischen Sprachen und Französisch zwar noch Russisch, Hebräisch und Sanskrit gelernt, in allen anderen Fächern, vor allem in Mathematik, versagte er aber so kläglich, dass er kein Abitur machen konnte. Somit blieb ihm eine weiterführende akademische Ausbildung verwehrt.

Seiner Mutter konnte das nur recht sein. Nun hatte sie ihn wieder ganz für sich. Sie bevormundete ihn, nutzte ihn als Laufburschen aus. Eine Anstellung in einer Buchhandlung gab er bald wieder auf, und eine ihm angebotene Stellung als Schlafwagenschaffner anzunehmen untersagte ihm seine Mutter. Schlafwagenschaffner. Das war doch nicht standesgemäß! Was konnte ihr auch Besseres passieren, als ihren Sohn in völliger finanzieller Abhängigkeit zu sehen. So hatte sie ihn jederzeit unter Kontrolle und konnte dafür sorgen, dass er nicht etwa auf die dumme Idee kam zu heiraten.

Doch Calistros hatte so viel Streit mit seiner Mutter, sie tyrannisierte ihn in solchem Maße, dass er vorübergehend zu seinem Vater Otto Krüger, dem Besitzer einer kleinen Fabrik, nach Michendorf zog. Krüger hatte wieder geheiratet und hatte noch drei Töchter. Calistros verstand sich so gut mit den Stiefschwestern und der Stiefmutter, dass der Vater sogar eine Adoption Calistros vorschlug. Als Camilla dieser Vorschlag nahegebracht wurde, bekam sie einen Tobsuchtsanfall. Das Thema wurde nie wieder angeschnitten.

1925 hatte Camilla so viele Aufträge, dass sie eine Hilfe einstellen musste. So lernte Calistros, der gerade wieder aus Michendorf in die Wohnung der Mutter zurückgekehrt war, die vierundzwanzigjährige Schneiderin Margarete Scholz kennen, ein belesenes Mädchen, mit dem er sich gut verstand.

Als seine Mutter im Winter des Jahres 1927 dann wieder heiraten wollte, erwachte in Calistros die Eifersucht seiner Kinderjahre, und er geriet mit seiner Mutter in heftigen Streit.

Margarete Scholz versuchte ihn immer wieder davon zu überzeugen, dass er endlich von seiner Mutter loskommen müsse, doch das konnte Calistros aus eigener Kraft nie und nimmer schaffen. Margarete, mit der er sich inzwischen in aller Heimlichkeit angefreundet hatte, tat alles, um sein Selbstbewusstsein zu stärken. So hatte er es letztlich auch ihr zu verdanken, dass er sich dazu aufraffte, Artikel über indianische Kultur für verschiedene Zeitschriften zu schreiben und sich somit ein wenig Taschengeld zu verdienen. In dieser Zeit änderte er auch seinen Namen und nannte sich fortan Calis Sujamani-Thieme. Als er einen neuen Pass beantragte, gab er diesen Namen einfach an. 1927 verschafften ihm seine prominenten Freunde schließlich ein Stipendium in Paris. Und als sich von Paris aus die Gelegenheit ergab, nach Kuba und Mexiko zu reisen, griff er, ohne seine Mutter in Berlin zu benachrichtigen, zu. In der mexikanischen Hochebene lebte er unter Indianern, studierte indianische Kultur und Lebensart, schrieb ihre Märchen und Sagen auf. Um Kontakt zu einem berühmten Sprachforscher aufzunehmen, mit dem er schon von Berlin aus korrespondiert hatte, reiste er in die USA, wo sich jener Professor um ein Stipendium für ihn bemühen wollte. Doch Calistros Thieme hatte kein Einreisevisum und wurde von der Fremdenpolizei aufgegriffen und ausgewiesen.

Zurück in Berlin, seine Mutter hatte sich inzwischen von ihrem Mann wieder getrennt, war er nun mehr und mehr mit Margarete zusammen, und sie beschlossen, heimlich zu heiraten. Als Margarete im achten Monat schwanger war, überwand sich Calistros und beichtete seiner Mutter die heimliche Heirat und dass das Kind, das Margarete erwartete, von ihm sei.

Camilla Zerneck erlitt einen Nervenzusammenbruch. Ein Kind. Das war das Schlimmste, was ihr Sohn ihr antun konnte.

Als sie sich einigermaßen beruhigt hatte, schlug sie allerdings überraschend vor, Calistros möge mit Frau und Kind zu ihr ziehen. Dann sei wenigstens immer jemand da, der auf das Kind aufpassen könne. Obwohl Margarete strikt dagegen war, gingen sie schließlich doch auf den Vorschlag ein.

Das Leben in der Joachim-Friedrich-Straße wurde für Calistros und Margarete zur Hölle. Camilla hasste ihr Enkelkind, drohte sogar mehrfach, »das Gör an die Wand zu klatschen«, oder wartete mit Sprüchen auf wie »alle Bälger müssten vernichtet werden«. Margarete bekam es mit der Angst zu tun und hielt sich fortan immer häufiger mit dem Kind bei ihren Eltern auf.

Calistros beabsichtigte, mit seiner Familie so bald wie möglich nach Amerika auszuwandern, ein schier unmögliches Vorhaben, weil er vor zwei Jahren schon einmal ausgewiesen worden war.

Als Calistros am Abend des 6. August 1930 nach Hause kam, seine Frau war mit dem Kind wieder bei ihren Eltern, fand er seine Mutter in der Badewanne vor. Sie rief ihn zu sich und erzählte ihm, dass sie am nächsten Tag zur Beerdigung ihrer Schwester, die Selbstmord verübt hatte, nach Chemnitz fahren wolle. Dann fing sie an, ihn zu beschimpfen, zog über seine Frau und sein Kind her, machte sich über ihn lustig, demütigte ihn. Da griff er zu seinem mexikanischen Dolchmesser und stach zu ...

Die Obduktion ergab, dass der Stich in den Rücken die große Körperschlagader durchtrennt hatte. Hätte Calistros seine Mutter zuerst in den Rücken gestochen, wäre sie auf der Stelle tot zusammengebrochen. Dann hätte es auch keine Abwehrverletzungen an ihren Armen gegeben. In Notwehr hatte Calistros, alias Calis Sujamani, zwar mit Sicherheit nicht gehandelt, aber er konnte auch nicht des überlegten Mordes angeklagt werden, allenfalls wegen Totschlags.

Die Obduktion brachte indes noch etwas anderes ans Licht: Camilla Zerneck hatte kurz vor ihrem Tod Geschlechtsverkehr. Dr. Weimann ahnte Böses. Es war wohl der erste Kriminalfall, in dem die Methode, die Blutgruppe auch in Speichel oder Sperma zu bestimmen, praktisch angewandt wurde. Das Ergebnis: Das Sperma konnte theoretisch vom Sohn der Toten stammen ...

Tatsächlich wurde Anklage wegen Totschlags, nicht aber wegen Mordes erhoben. Calistros Thieme, dem die Mutter als Vornamen den Markennamen einer Zigarette gegeben hatte, wurde zu zehn Jahren Zuchthaus verurteilt.

Mord um zwanzig Pfennig

Seit Jahren schon bewohnte Tischlermeister Paul Buchwald zusammen mit seiner Ehefrau Grete die Wohnung im Souterrain in der Stubenrauchstraße 47 in Berlin-Friedenau. Hier war es zwar nicht sehr hell, aber eine teure Wohnung in der Etage konnten sie sich nicht leisten. Andererseits war es aber praktisch, denn die Werkstatt schloss sich unmittelbar an die Wohnung an. In den letzten Jahren hatten die Buchwalds immer wieder finanzielle Probleme. Sie gehörten zu jenen, die während der Inflation alles verloren und sich nie wieder davon erholt hatten. Zudem war Buchwald vor einigen Jahren, nicht zuletzt wohl wegen der ständigen Sorgen um die Existenz, zum Trinker geworden. »Aber damit ist jetzt endgültig Schluss«, hatte er seiner Frau versprochen. Und wie es schien, hielt er sein Versprechen auch. Mitte der zwanziger Jahre jedenfalls ging es mit der Tischlerei wieder bergauf.

Als Tischlermeister Buchwald am 29. Dezember 1927 aus dem Fenster seiner Werkstatt schaute, wusste er noch nicht, dass er einem historischen Ereignis beiwohnte: Vor der Haustür standen, brav in Reih und Glied, als gäbe es hier etwas umsonst, einige Dutzend gutaussehende junge Männer.

»Schau dir das mal an, Egon«, sagte er zu seinem Gesellen, der gerade damit beschäftigt war, Sägespäne zusammenzukehren. »Hast du eine Ahnung, was diese Leute hier zu suchen haben?«

»Ick hab een' jefragt«, gab der Geselle Auskunft. »Det sind allet Sänger.«

»Sänger?« Skeptisch runzelte der Meister die Stirn. »Der hat dich sicher veräppeln wollen. Was haben hier Sänger zu suchen? Oder wollen die jemandem 'n Ständchen bringen?«

»Der Egon hat schon recht«, mischte sich Grete Buchwald ein, die ihrem Mann und dem Gesellen gerade den Morgenkaffee hereinbrachte. »Die wollen zu dem jungen Spinner, der da oben in der Mansarde wohnt. Die Portiersfrau hat's mir erzählt. Sie war nämlich schon oben, sich beschweren. Du wirst es kaum glauben, aber die stehen tatsächlich vom fünften Stock bis unten auf die Straße. Was meinst du, wieviel Dreck die ins Haus schleppen. Eine Schweinerei ist das.«

Buchwald schüttelte den Kopf. »Und was wollen die nun wirklich?«

»Angeblich sucht der junge Herr Sänger. Weiß der Teufel, was der vorhat.«

Der »junge Spinner«, von dem Grete Buchwald sprach, war der Schauspieler Harry Frommermann. Er hatte im *Berliner Lokal-Anzeiger* eine Annonce aufgegeben, denn er suchte Berufssänger, um ein Vokalensemble nach dem Vorbild des amerikanischen Gesangsquartetts »The Revelers« zu gründen. Zwar wusste Frommermann nur zu gut um die hohe Arbeitslosigkeit unter den Kunstschaffenden, aber mit dieser überwältigenden Resonanz hatte er nun doch nicht gerechnet. Am Montag, dem 16. Januar 1928, fand, nicht eben zur Freude der Mieter, in der Mansarde in der Stubenrauchstraße 47 die erste Probe statt. Das neue Vokalensemble hatte schon bald seine ersten öffentlichen Auftritte und machte unter dem Namen »Comedian Harmonists« Weltkarriere.

Für die Buchwalds hingegen waren die fetten Jahre bald wieder vorbei, was sie allerdings nicht allein der schlechten Auftragslage zuschreiben konnten. Buchwald hatte seine Misere zum Teil selbst verschuldet. Er trank wieder, war oft nicht fähig zu arbeiten, versetzte seine Kundschaft, und die Schulden wuchsen ihm langsam aber sicher über den Kopf. Der Betrieb stand kurz vor dem Konkurs; seinen Gesellen musste er entlassen. Zu allem Unglück brach bei den Buchwalds 1929 auch noch ein Feuer aus. Ein Unglück? Strenggenommen kam der Brand den Buchwalds nicht ungelegen, waren sie doch hoch versichert. Die Versicherung ging allerdings davon aus, dass der Brand vorsätzlich verursacht worden war, und die Buchwalds mussten sich sogar wegen schwerer Brandstiftung vor Gericht verantworten. Doch aus Mangel an Beweisen endete die Verhandlung mit einem Freispruch. Die Versicherung musste zahlen.

In der Stubenrauchstraße 47 wurden im Januar 1928 die »Comedian Harmonists« gegründet.

Mit der Tischlerei ging es dennoch nicht bergauf. Ganz im Gegenteil. Diesmal jedoch war es nicht die Schuld der Buchwalds. Der Tischlermeister trank nicht mehr und versuchte seine Werkstatt, in der er jetzt ganz alleine arbeitete, mehr schlecht als recht über die Runden zu bringen.

Die Wirtschaftskrise, ausgelöst vom New Yorker Börsenkrach, hatte auch Berlin fest im Griff und machte besonders dem Handwerk schwer zu schaffen. Der Pleitegeier kreiste über dem Mittelstand und fand täglich reiche Beute. Die Tischlerei hatte so gut wie keine lukrativen Aufträge mehr, und nur von Reparaturen konnte kein Handwerksbetrieb leben. Wer verfügte schon noch über die finanziellen Mittel, sich teure Einbauten oder auch nur Heizkörperverkleidungen zu leisten? Auch die Geschäftsleute hielten sich mit kostspieligen Investitionen zurück und ließen ihre Geschäfte nicht mehr für viel Geld vom Tischler ausbauen. Sie waren froh, wenn sie ihre Läden halten konnten, denn täglich gingen einige pleite.

Grete Buchwald machte sich ernste Sorgen um die Zukunft. Sie hatte schon Putzstellen angenommen, damit wenigstens die laufenden Kosten gedeckt waren. Aber dennoch reichte es nicht vorne und nicht hinten. So schlug sie ihrem Mann vor, er solle doch regelmäßig in den *Berliner Lokal-Anzeiger* oder die *Berliner Morgenpost* schauen und sich um eine Hauswartsstelle bewerben. Es sei doch ohnehin sinnlos, die Tischlerei noch halten zu wollen. Die Eheleute gerieten immer häufiger in Streit, denn Buchwald sah die Entwicklung weniger pessimistisch. Er meinte, es werde schon wieder aufwärts gehen. Die Krise könne schließlich nicht ewig dauern. Er wollte die Tischlerei unbedingt halten, beugte sich aber, um seine Ruhe zu haben, dem Willen seiner Frau und bewarb sich, wenn auch nur halbherzig, um Hauswartsstellen.

Am Sonnabend, dem 21. März 1931, kurz nach Mitternacht, erschien Tischlermeister Paul Buchwald auf dem Polizeirevier 177 in Berlin-Friedenau. Er mache sich Sorgen um seine Frau, erklärte er. Sie sei noch immer nicht nach Hause gekommen, dabei warte er schon seit dem Nachmittag, und nun fürchte er, dass sie einen Unfall gehabt haben könnte. Vielleicht war sie ja unter ein Auto gekommen oder gar unter die Straßenbahn. Man höre doch immer wieder von solch schrecklichen Dingen. Ob es denn Meldungen über Unfälle gebe oder ob man nicht in den umliegenden Krankenhäusern nachfragen könne.

Der diensthabende Beamte schüttelte den Kopf.

»Bis jetzt liegen uns keine Unfallmeldungen vor. Wo wollte Ihre Frau denn hin?«

»Genau weiß ich es nicht. Sie wollte wohl zu einer Freundin, etwas abholen.«

Grinsend winkte der Beamte ab. »Na, dann machen Sie sich mal keine Sorgen. Wenn Weiber zusammensitzen, dann quatschen sie und finden kein Ende.« Er fügte noch ein paar beruhigende Worte hinzu und schickte Buchwald wieder nach Hause.

Doch Buchwald wollte sich mit dieser Auskunft nicht zufriedengeben und fuhr zum Polizeipräsidium am Alexanderplatz, wo er seine Befürchtung noch einmal vortrug. Aber auch hier schickte man ihn mit dem Hinweis, dass die Polizeireviere Meldungen von etwaigen Unfällen ohnehin früher bekämen als das Präsidium, wieder fort.

Zurück in der Stubenrauchstraße, klopfte er noch einmal an der Wohnungstür, aber nichts rührte sich. Da er am Nachmittag davon ausgegangen war, dass seine Frau zu Hause sein werde, wenn er von seinem Spaziergang zurückkehrte, hatte er weder Wohnungs- noch Werkstattschlüssel mitgenommen. Nun blieb ihm also nichts anderes übrig, als zu warten. Um nicht zu frieren, ging er vor dem Haus auf und ab. Es war bereits 4.30 Uhr, als ein Wachmann der Wach- und Schließgesellschaft vom Südwestkorso in die Stubenrauchstraße einbog. Buchwald sprach ihn an, erklärte ihm seine Malaise und fragte, ob er ihm nicht die Wohnung aufschließen könne. Der Wachmann zeigte Verständnis und war gerne bereit, dem Mann zu helfen. Es fand sich auch tatsächlich ein Schlüssel, der passte, doch irgendetwas stimmte mit dem Schloss nicht. Mit seiner Taschenlampe leuchtete der Wachmann hinein.

»Tut mir leid«, bedauerte er. »Da müssen Sie wohl einen Schlosser holen. Da steckt ein Schlüssel von innen.«

Erschrocken starrte der Tischlermeister den Wachmann an.

»Um Himmels willen! Aber das bedeutet ja, dass meine Frau gar nicht ausgegangen ist«, stammelte er. »Das ist ja furchtbar. Ihr muss etwas zugestoßen sein. Was soll ich denn jetzt machen?«

Dem Wachmann tat der Mann leid. »Vielleicht schläft sie ja auch längst und hat Ihr Klopfen nicht gehört«, versuchte er Buchwald zu beruhigen. »Kommen Sie, wir schauen mal nach, ob wir durchs Fenster was sehen können.«

Durch die Stores, und noch dazu in der Dunkelheit, war nicht viel zu erkennen. Doch das, was Buchwald sah, reichte ihm, um das Schlimmste zu befürchten: Die Schubkästen des Schreibtisches, der ziemlich nah am Fenster stand, waren aufgezogen, und der Inhalt lag auf dem Boden.

»Diese Unordnung, das ist nicht die Art meiner Frau«, sagte Buchwald. »Wir sollten vielleicht ein Fenster einschlagen und nachsehen, was passiert ist.«

»Gehen Sie lieber zur Polizei, das ist besser. An Ihrer Stelle würde ich nichts auf eigene Faust unternehmen. Man kann gar nicht vorsichtig genug sein.«

Buchwald hörte auf den Rat des Fachmannes und ging noch einmal zum Polizeirevier. Diesmal erklärte sich der Polizist sofort bereit, Buchwald zu begleiten. Ohne viel Umstände zu machen, schlug der Beamte die Scheibe des Wohnzimmerfensters ein, riegelte es von innen auf, kletterte in die Wohnung und riet Buchwald, zunächst noch draußen zu bleiben. Mit seiner Taschenlampe leuchtete er das Zimmer ab und seine böse Vorahnung sollte bestätigt werden. Am Boden neben dem Sofa lag, mit dem Gesicht nach unten, eine Frau. Grete Buchwald war also tatsächlich einem Raubmord zum Opfer gefallen.

Der Revierpolizist nahm Buchwald mit zurück aufs Revier, wo letzterer vernommen und von wo aus schließlich das Polizeipräsidium verständigt wurde.

Eine halbe Stunde später traf die 2. Reservemordkommission, deren Leitung Kommissar Kurt Draeger innehatte, in der Stubenrauchstraße ein. Ein klassischer Raubmord, konstatierten die Beamten: Alle Schränke standen offen, alle Fächer und Schubladen waren durchwühlt, ihr Inhalt lag auf dem Boden verstreut. Das Opfer, Grete Buchwald, war, wie der Gerichtsmediziner feststellte, mit einem hammerähnlichen Gegenstand erschlagen worden. Er ging davon aus, dass die Frau schon seit einigen Stunden tot war. Näheres würde die Obduktion ergeben. Während die Leute von der Spurensicherung ihrer Arbeit nachgingen, wandte sich Draeger dem Revierbeamten zu.

»Wo ist eigentlich der Ehemann des Opfers?«, wollte er wissen.

»Sicherheitshalber haben wir ihn gleich auf dem Revier behalten«, erklärte der Kollege.

Draeger runzelte missbilligend die Stirn.

»Sie wissen hoffentlich, dass Sie dafür eine triftige Begründung haben müssen«, murmelte er.

»Und ob ich die hab!«, gab der Beamte verärgert zurück. »Buchwald hat uns eine Geschichte aufgetischt, die jeglicher Logik entbehrt. Zudem kenne ich den Mann. Vor knapp zwei Jahren stand er zusammen mit seiner Frau in Moabit vor Gericht. Seine Wohnung und die Werkstatt waren ausgebrannt. Man ging davon aus, dass er, um die Versicherungssumme zu kassieren, das Feuer selbst gelegt hatte. Aus Mangel an Beweisen wurden beide freigesprochen. Ein Freispruch zweiter Klasse, wenn Sie mich fragen. Buchwald ist im Übrigen mehrfach vorbestraft und hat vor etlichen Jahren sogar schon mal im Zuchthaus gesessen. Fragen Sie mich aber nicht, weshalb.«

Nachdem die Spurensicherung ihre Arbeit beendet hatte, schaute sich Draeger sowohl in der Wohnung als auch in der

Werkstatt noch einmal gründlich um: Die Wohnung hatte zwei Eingänge. Einen vom Flur und einen von der Werkstatt aus. Die Wohnungstür war abgeschlossen, der Schlüssel steckte von innen. Also konnte der Täter nur durch die Werkstatt geflüchtet sein. Aber auch hier war die Tür verschlossen. Die einzige Erklärung: Der Mörder hatte den Schlüssel an sich genommen und von außen zugeschlossen. In der Wohnung wurde jedenfalls kein weiterer Schlüssel gefunden. Gestohlen wurde angeblich nichts. Der Täter habe wohl nach Geld gesucht, meinte Buchwald. Aber Geld sei keines in der Wohnung gewesen ...

Auch Draeger hatte die unbestimmte Ahnung, dass hier etwas nicht stimmte, und ließ Buchwald ins Gefängnis des Polizeipräsidiums bringen. Der Kommissar sagte ihm nicht, was gegen ihn vorlag, und seltsamerweise fragte Buchwald auch nicht danach.

Die Vernehmungen der Hausbewohner brachten keine weiteren Erkenntnisse, denn seit dem Brand mieden die Nachbarn die Buchwalds. Als umso interessanter erwies sich dagegen die Aussage der Portiersfrau.

»Ich verstehe nur nicht«, sagte sie, »weshalb Buchwald, wenn er seinen Schlüssel vergessen hatte, nicht zu mir gekommen ist und sich meinen geholt hat.«

Erstaunt schaute Kommissar Draeger die Frau an. »Sie haben einen Zweitschlüssel zur Wohnung der Buchwalds?«

»Ja, natürlich«, antwortete sie, als sei nichts auf der Welt selbstverständlicher. »Ich muss doch einen haben. In der Toilette der Buchwalds ist schließlich der Haupthahn der Wasserleitung. Da muss ich im Notfall immer ran können. Auch wenn bei den Buchwalds mal keiner zu Hause ist.«

Zurück in seinem Büro im Polizeipräsidium, wartete auf Kommissar Draeger eine weitere Überraschung: der vorläufige Bericht der Spurensicherung. Das Mordwerkzeug konnte zwar noch nicht gefunden werden, aber sowohl an einer Strickjacke als auch an einer Schürze und an den Pantoffeln Buchwalds, die in der Wohnung sichergestellt worden waren, hatte man frische Blutspuren entdeckt. Ein Gutachten des Gerichtsmedizinischen Instituts, das feststellen sollte, ob es sich dabei um das Blut des Mordopfers handelte, stand allerdings noch aus.

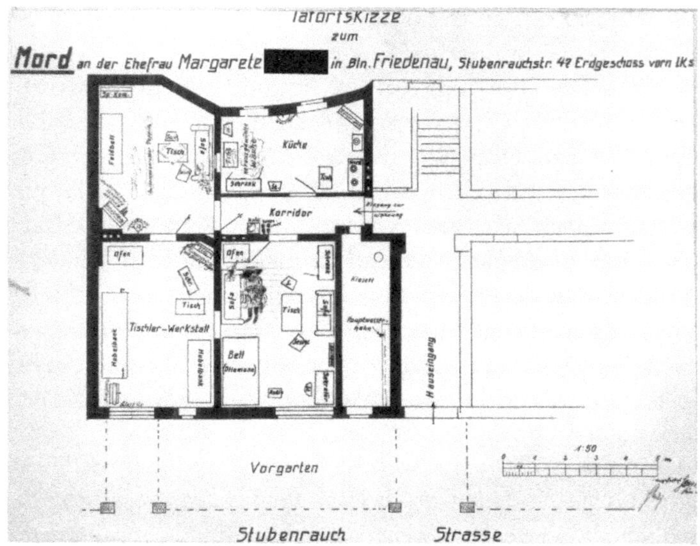

Der Grundriß von Wohnung und Werkstatt des Tischlermeisters Buchwald.

Draeger erledigte noch den unvermeidlichen Papierkram und ließ dann den Tischlermeister Paul Buchwald aus dem Polizeigefängnis in sein Büro bringen. Er forderte Buchwald auf, den Tag, an dem der Mord an seiner Frau geschehen war, möglichst genau zu schildern.

Er sei am Freitag, dem 20. März 1931, um Viertel vor acht aufgestanden und habe sich Frühstück gemacht, erzählte Buchwald. Seine Frau sei um diese Zeit schon aus dem Haus gewesen, denn freitags gehe sie immer putzen. Später habe er ihr dann beim Gardinenaufhängen geholfen und sich anschließend in seiner Werkstatt beschäftigt und einen Tisch repariert. Danach habe er, auf Drängen seiner Frau, auf eine Annonce im *Berliner Lokal-Anzeiger* geschrieben, in der eine Hauswartsstelle angeboten wurde. Um zwölf Uhr haben sie dann zu Mittag gegessen; es gab Bratfisch und Kartoffeln. Anschließend sei er, weil der Arzt ihm wegen seines kranken Beines verordnet habe, sich mittags möglichst in der Sonne aufzuhalten, spazieren gegangen. Eine Weile habe er am

Breitenbachplatz auf einer Bank gesessen und schließlich einen Spaziergang zum Botanischen Garten gemacht.

»Als ich gegen drei Uhr zurück in die Stubenrauchstraße kam«, fuhr Buchwald fort, »bemerkte ich, dass ich meine Schlüssel vergessen hatte. Ich wollte durch die Werkstatt gehen, denn die schließen wir, wenn einer von uns zu Hause ist, nie ab. Sie war aber abgeschlossen. Ich nahm an, dass meine Frau einen kurzen Einkauf erledigt und gleich wiederkommt. Deshalb bin ich dann noch bis zum Schillerplatz geschlendert. Doch als ich nach vielleicht zwanzig Minuten zurückkam, war immer noch alles verschlossen. Weil meine Frau letzte Woche gewaschen hat, dachte ich, sie sei zum Mangeln gegangen. Doch in der Wäscherei war die Grete auch nicht.«

»Eines verstehe ich nicht«, wandte Draeger an dieser Stelle ein. »Warum sind Sie denn nicht einfach zur Portiersfrau gegangen? Sie wissen doch, dass sie einen Zweitschlüssel zu Ihrer Wohnung hat.«

Buchwald zuckte mit den Schultern. »Da hab ich überhaupt nicht mehr dran gedacht. Außerdem bin ich davon ausgegangen, dass meine Frau gleich wiederkommt.«

Draeger insistierte nicht weiter und ließ Buchwald seinen Bericht fortsetzen.

»Ich habe dann also alle Läden abgeklappert, in denen meine Frau normalerweise einkaufen geht. Aber niemand hatte sie gesehen. Dann ist mir eingefallen, dass sie ja zu einer Freundin, einem gewissen Fräulein Luft, die in der Carmerstraße in Charlottenburg wohnt, gefahren sein könnte. Von ihr wollte sich die Grete eine Kuchenform ausleihen. Sie hatte nämlich vor, zu meinem Geburtstag Kuchen zu backen. Von einem Freund in der Nachbarschaft habe ich mir Geld geliehen, um einen Fahrschein kaufen zu können, und bin nach Charlottenburg gefahren. Aber bei Fräulein Luft war meine Frau auch nicht.«

»Haben Sie denn wenigstens die Kuchenform gleich mitgenommen, die Ihre Frau sowieso holen wollte?«, unterbrach Draeger ihn erneut.

»Nein. Warum hätte ich das tun sollen?«

»Um Ihrer Frau den Weg nach Charlottenburg zu ersparen.«

»Ich hatte aber keine Lust, die Kuchenform mitzuschleppen. Mit meinem kranken Bein kann ich so etwas nicht.«

»Aber ich bitte Sie, so eine Kuchenform ist doch nicht schwer.«

»Trotzdem hatte ich dazu keine Lust.«

»Na schön. Wie dem auch sei. Und was haben Sie anschließend gemacht?«

»Ich bin ins Logenhaus in der Paretzer Straße 15 gegangen, denn meine Frau und ich, wir gehören dem Guttemplerorden an. Als ich gegen acht Uhr abends wieder vor unserer Wohnungstür stand, reagierte auf mein Klopfen noch immer niemand. Ich bin danach kurz zu einem Bekannten gegangen und anschließend noch einmal ins Logenhaus, wo ich mit zwei Ordensbrüdern Karten gespielt habe. Als mir dann, es war schon nach Mitternacht, immer noch niemand öffnete, bekam ich es mit der Angst zu tun, und als der Wachmann von der Wachgesellschaft vorbeikam, sprach ich ihn einfach an ...«

Buchwald blieb zunächst in Haft, denn Draeger wollte erst einmal alle Leute vernehmen, bei denen Buchwald am Freitagnachmittag und -abend angeblich gewesen sein wollte. Ein Grund für seine Inhaftierung wurde ihm noch immer nicht genannt, aber er fragte auch nicht danach.

Die Befragungen ergaben, dass Buchwald, was seinen Tagesablauf betraf, weitgehend die Wahrheit gesagt hatte. Alle Personen, die er genannt hatte, bestätigten seine Aussage. Dennoch war Draeger fest davon überzeugt, dass an der Sache etwas nicht stimmte.

Völlig überraschend bat Buchwald am nächsten Tag darum, umgehend zu Kommissar Draeger gebracht zu werden. Er müsse eine wichtige Aussage machen. Der Kommissar war gespannt.

Er wisse, wer der Täter sei, erklärte Buchwald, als er im Büro des Kommissars saß. In der Nacht sei ihm folgendes wieder eingefallen: Vor etwa drei Wochen habe er, zusammen mit seiner Frau, am Sonntagvormittag einen Kunden am Südwestkorso aufgesucht. Es handelte sich um den Ausbau eines Ladengeschäftes, und Grete habe ihm beim Ausmessen geholfen.

»Also es war auf dem Nachhauseweg«, berichtete Buchwald weiter. »Nach hundert Metern etwa sprach uns ein junger Mann an. Er hatte ein Ränzel auf dem Rücken und ein fadenscheiniges Militärjackett an. Seine Schuhe waren mit Bindfäden zugebun-

Grete Buchwald scheint in ihrer Wohnung einem Raubmord zum Opfer gefallen zu sein.

den. Der junge Mann war wirklich ein jammervoller Anblick, und er wollte wissen, ob es noch weit bis in die Fröbelstraße, ins städtische Obdachlosenasyl, sei. Die Frage, ob er da jetzt noch hinwolle, bejahte er. Meine Frau hatte Mitleid mit dem Jungen, und da es so stark schneite und der Weg noch weit war, nahm sie ihn mit zu uns nach Hause. Sie gab ihm alte Sachen von mir, Wäsche, einen alten Anzug und einen Paletot. Waschen durfte er sich auch bei uns, und er bekam zu essen. Meine Frau ließ ihn dann sogar in unserer Wohnung auf dem Sofa übernachten. Am nächsten Tag gab sie ihm 30 Pfennig und sagte, er solle ruhig wiederkommen, wenn er in der Nähe sei oder wenn er Hunger habe.«

Draeger stieß einen tiefen Seufzer aus. »Das war sehr leichtsinnig von Ihrer Frau. Ist der junge Mann denn wiedergekommen?«

»Ja. Mehrmals sogar. Meine Frau unterhielt sich dann immer mit ihm und gab ihm auch zu essen. Einmal, so kann ich mich erinnern, war er gerade da, als ich vom Arzt kam, und in seiner Gegenwart fragte mich meine Frau, was der Doktor gesagt habe. Ich antwortete, dass er mir verordnet habe, mittags in der Sonne spazieren zu gehen. Das hatte sich der junge Mann wohl gemerkt und die Gelegenheit wahrgenommen.«

Alle Bemühungen der Kriminalpolizei, den Obdachlosen ausfindig zu machen, schlugen fehl. Doch inzwischen lag auch das Ergebnis des Gerichtsmedizinischen Instituts vor: Bei dem Blut, das an der Strickjacke, der Schürze und den Pantoffeln Buchwalds gefunden worden war, handelte es sich um das Blut des Opfers.

Zudem hatte Kommissar Draeger durch eine erneute Befragung der Hauswartsfrau herausgefunden, dass Buchwalds Alibi doch nicht so lückenlos war, wie es anfänglich schien. Seine Behauptung, er habe die Wohnung gegen zwölf Uhr verlassen, war offenbar falsch, denn die Portiersfrau war sich sicher, gesehen zu haben, dass der Tischlermeister zwischen 13.15 Uhr und 13.30 Uhr in seine Werkstatt gegangen war, und zwar in den Kleidern, an denen das Blut nachgewiesen wurde. Das durfte als Beweis gegen Buchwald bereits ausreichen. Doch Kurt Draeger wollte sich damit nicht zufrieden geben. Er wollte ein Geständnis.

Inzwischen wusste Buchwald, dass er unter dem dringenden Verdacht stand, seine Ehefrau erschlagen und, um von seiner Täterschaft abzulenken, einen Raubmord vorgetäuscht zu haben. Buchwald leugnete die Vorwürfe energisch. Er wisse doch gar nicht, was er ohne seine Frau anfangen solle. Ihm bliebe jetzt nur noch, »sich einen Strick zu nehmen«. Buchwald räumte zwar ein, dass sie hin und wieder Streit gehabt hätten, zu Zwistigkeiten ernsterer Art sei es zwischen ihnen allerdings nie gekommen.

Am elften Tag nach dem Mord, es war der 31. März 1931, saß Buchwald wieder in Draegers Büro. Langsam verlor der Kommissar die Geduld.

»Es hat doch keinen Sinn, weiter zu leugnen. Alles spricht gegen Sie. Sie sollten Ihrem Herzen endlich Luft machen und ein Geständnis ablegen.«

Eine Weile saß Buchwald reglos da, fing schließlich bitterlich an zu weinen und stammelte: »Ja. Ich bin's gewesen.«

Einige Minuten vergingen, bis Buchwald sich wieder einigermaßen beruhigte und erzählen konnte:

»Es war am Freitagnachmittag gegen zwei oder viertel drei Uhr, als ich spazieren gehen wollte«, begann er. »Ich sagte zu meiner Frau: ›Mama, ich möchte etwas raus an die frische Luft gehen.‹ Darauf sagte sie zu mir in ihrem verächtlichen Tonfall: ›Mach doch die Tür auf, dann hast du auch genug Luft.‹ Hierauf setzte ich mich wieder an den Tisch und begann ein Buch zu lesen. Zeitung lesen durfte ich nämlich in ihrer Gegenwart nicht, weil sie das Umblättern störte. Doch ich hatte ohnehin keinen Gedanken zum Lesen, wo ich doch das schöne Wetter durch das Fenster sah. Ich wollte so gerne nach draußen und sagte: ›Ach Mama, nun lass mich doch gehen. Was ist denn schon dabei? Das kostet doch nichts, ob ich hier sitze, oder ich gehe spazieren.‹ Ich sagte: ›Ich gehe nach dem Breitenbachplatz, setze mich da eine Weile auf eine Bank und trinke ein Glas Milch.‹ Ich sagte dann noch: ›Zwanzig Pfennig werden doch für mich noch übrig sein.‹ Daraufhin wurde meine Frau sehr böse und fing an zu schimpfen. ›Du bist wohl verrückt‹, fuhr sie mich an, ›keine Arbeit in der Werkstatt, aber spazieren gehen. Stell dich lieber hin und mach den Tisch fertig, das wär' gescheiter.‹ Sie schimpfte weiter und weiter und wurde immer gemeiner und sagte: ›Ich habe mit dir faulem Lumpen nur Arbeit, du willst spazieren gehen, den großen Mann machen, es wäre besser gewesen, wenn ich dich gar nicht kennengelernt hätte und allein geblieben wäre. Du kostest nur Geld. Wenn wir in die Loge gehen, dann brauch' ich vielleicht zwanzig Pfennig, für dich muss ich eine Mark ausgeben. Putzen gehen muss ich sogar. Und was tust du? Willst unbedingt die Werkstatt halten. Und wenn du Unterstützung beantragen sollst, dann muss ich dich erst mit dem Knüppel raustreiben, sonst traust du dich nirgends hin.‹ So schimpfte sie dann immer weiter. Ich weiß nicht mehr, wie es auf einmal dazu kam. Es müssen Sekunden gewesen sein. Neben dem Ofen hatte sie immer einen Hammer zu stehen, mit dem sie beim Feuermachen die Briketts entzweischlug. Mich packte eine derartige Wut, dass ich den Hammer nahm und zuschlug. Ob ich zweimal oder dreimal zugeschlagen habe, weiß ich nicht mehr.«

»Wo befand sich Ihre Frau, als Sie zuschlugen?«, wollte Draeger wissen.

»Sie lag auf dem Sofa. Doch gleich nach dem ersten Schlag fiel sie runter auf den Boden.«

»Schlugen Sie dann noch weiter auf sie ein?«

»Das weiß ich nicht mehr.«

»Und dann machten Sie sich daran, den Raubmord vorzutäuschen.«

»Nein, ich habe Strickjacke, Schürze und Pantoffeln ausgezogen. Ich glaube, ich habe dann die Hose angezogen, die ich jetzt noch anhabe. Was ich anschließend gemacht habe, weiß ich nicht mehr. Ich bin wie ein Irrsinniger umhergeirrt, bin aber noch einmal zurückgegangen und habe den Hammer geholt.«

»Und was haben Sie mit dem Hammer gemacht?«

»Den habe ich irgendwo auf ein Feld geworfen. Aber wo das war, weiß ich nicht mehr.«

»Nun haben Sie mir aber immer noch nicht gesagt, wann Sie den Raubmord vorgetäuscht haben. Unmittelbar, nachdem Sie Ihre Frau erschlagen hatten, oder erst später?«

»Diese Idee kam mir erst viel später. Erst gegen Abend, so gegen sieben Uhr, ging ich noch einmal zurück in die Wohnung und richtete eine Unordnung an, die nach einem Einbruch aussehen sollte. Ich verließ die Wohnung durch die Werkstatt, schloss ab und warf die Schlüssel irgendwo weg.«

In einer weiteren Vernehmung fiel Buchwald dann doch wieder ein, dass er den Hammer in der Nähe der Landwirtschaftlichen Hochschule auf ein Feld geworfen hatte, wo er wenig später auch gefunden wurde …

Am 15. Oktober 1931 begann vor dem Schwurgericht II des Landgerichts der Prozess gegen Paul Buchwald. Die Staatsanwaltschaft beantragte neun Jahre Zuchthaus, doch das Gericht verurteilte Buchwald wegen Totschlags zu sechs Jahren Zuchthaus und fünf Jahren Ehrverlust.

Der Weihnachtsmord

Der Polizeireporter Franz von Schmidt, er schrieb unter anderem für die *BZ am Mittag*, gehörte zu den wenigen Journalisten, die das Privileg genossen in den Büros der Kriminalpolizei ein und aus gehen zu dürfen. Niemand kannte sich besser aus als er. Schon als Schuljunge hatte von Schmidt sich an Tatorten herumgetrieben und den Kommissaren über die Schulter geschaut. Später, als Polizeireporter, war er der am besten informierte in der Stadt. Mit einigen Kommissaren hatte er im Laufe der Jahre Freundschaft geschlossen, und auch zu dem Chef der Mordinspektion, dem legendären Ernst Gennat, hatte er einen guten Draht. So manche Nacht haben die beiden auf dem grünen Sofa in Gennats Büro bei einem – oder mehreren – Gläsern Portwein verplaudert.

In einem dieser nächtlichen Gespräche erzählte Gennat: »Wenn man einen großen Apfel herunterschüttelt, fallen auch viele kleine mit ab. Sehen Sie, es ist tatsächlich so: Wenn wir unsern Scheinwerfer mal aufblenden, werden oft die überraschendsten menschlichen Charakterzüge, Bindungen, Zusammenhänge und Gemeinheiten sichtbar. Die Schwierigkeit der Ermittlungen liegt ja häufig nicht im Fehlen, sondern im Übermaß von Spuren und Verdachtsmomenten. Es ist doch leider selten so, wie es sich der Kriminalromane lesende Laie vorstellt, dass wir gleich eine positive Spur haben, die hübsch deutlich und allein dasteht. Meistens muss man erst einen Haufen Dreck wegräumen. Man stößt auf eine Kette von Vergehen, Verbrechen und moralischen Entgleisungen, die mit dem Fall an sich nichts zu tun haben, ehe die Spur des Täters und zum Täter klar liegt.«

Mit solch einem Fall hatte es die Mordinspektion zu Weihnachten 1931 zu tun:

Das Weihnachtsfest im Kreise der Familie unter einem festlich geschmückten Weihnachtsbaum zu verbringen, anstatt am Tatort eines Verbrechens, war der Wunsch eines jeden Kriminalbeamten. Doch meistens ging er nicht in Erfüllung. Jedes Jahr, spätestens ab November, war auf den Gängen und in den Büros der Mordinspektion zu hören: »Hoffentlich jibt det nich wieda 'n Weihnachtsmord!«

Meistens blieb es bei dem Wunsch, denn es verging kaum ein Jahr, in dem die Mordinspektion kurz vor dem Fest nicht doch noch an den Tatort eines Raubmordes, eines Eifersuchtsdramas oder eines Sexualmordes gerufen wurde.

Das Weihnachtsfest 1931 stand unmittelbar vor der Tür. Trotz der desolaten wirtschaftlichen Lage rannten sich die mit Paketen beladenen Passanten auf den großen Einkaufsstraßen, sei es der Kurfürstendamm oder die Leipziger Straße, gegenseitig fast um. Kinder standen mit glänzenden Augen vor den festlich mit Spielsachen geschmückten Schaufenstern Wertheims oder des KaDeWe.

Auch am Polizeipräsidium am Alexanderplatz ging Weihnachten nicht spurlos vorüber. Seit dem ersten Advent schmückte wie jedes Jahr ein großer, mit Lametta und bunten Kugeln behangener Weihnachtsbaum die Halle. Auch die Sekretärinnen in den Büros waren darauf bedacht, weihnachtliche Heimeligkeit zu vermitteln. Auf so manchem Schreibtisch stand ein Adventskranz mit vier dicken roten Kerzen und im Büro von Ernst Gennats Mordinspektion lud immer ein bunter Teller mit Weihnachtsgebäck zum Zugreifen ein.

In der Nacht vom 23. auf den 24. Dezember 1931 bereitete sich die Reservemordkommission schon auf den Feierabend vor. »Also ick sach dir, Otto, da kommt nüscht mehr. Dit Weihnachten bleibt's ma ruhig. Lass uns ma Feierabend machen.«

Kriminalassistent Meyer nickte zustimmend: »Sicher haste recht. Lass uns nach Hause jehn. – Wat machste denn mit deine Familie?«

»Also vor der Bescherung woll'n wa noch in de Kirche jehn. Mein Ältester wird doch nächstet Jahr einjesegnet. Na ja, die Kleene is ooch schon janz uffjeregt.«

»Wat kricht 'se denn?«

»'Ne Puppe mit echten Haaren und von den Jroßeltern 'n Puppenwagen.«

»Mensch Meyer, ihr verwöhnt det Jör aba janz schön. Mein Jroßer kriegt 'ne Dampfmaschine und die Kleene een ...«

Das Klingeln des Telefons unterbrach ihn. Er nahm den Hörer ab und meldete sich unwillig. Es war die Zentrale. In der Mohren-/Ecke Mauerstraße in einem Zigarrengeschäft war eine leblose Person aufgefunden worden. Vermutlich Mord.

»Dit war's dann wohl mit die fröhliche Weihnachten«, brummte Meyer.

In dem lebhaften Geschäftsviertel mit zahlreichen Hotels waren auch am Weihnachtstag viele Menschen unterwegs. Die Fahrzeuge der Schutzpolizei hatten die Passanten neugierig gemacht, und so hatte sich bereits eine Menschentraube vor dem Geschäft an der Mohrenstraße 63–64 an der Ecke Mauerstraße angesammelt, als der schwarze Kastenwagen der Kriminalpolizei vorfuhr. Aus dem Fahrzeug stiegen die beiden Kriminalassistenten und der Kommissar Hans Lobbes, der die Ermittlungen leitete. Wenig später traf ein zweiter schwarzer Wagen ein. Er brachte den Gerichtsmediziner, den Fotografen und die Männer von der Spurensicherung an den Tatort.

Die Schutzpolizei musste den ankommenden Beamten eine Gasse durch die gaffenden Schaulustigen bahnen. Die Beamten inspizierten die Zigarrenhandlung Loeser & Wolff zunächst von außen. Sie kannten das Geschäft. Der eine oder andere von ihnen hatte hier schon die eine oder andere Zigarre oder Zigaretten gekauft. Es war ein schöner Laden schräg gegenüber vom Hotel Kaiserhof. Es musste ein gut gehendes Geschäft sein, denn es lag äußerst günstig. Viele Gäste des Hotels kamen hier herüber und versorgten sich mit Zigarren.

Der Rollladen vor der Tür war etwa zu zwei Dritteln heruntergelassen, die Ladentür, das konnte man sehen, stand offen. Einer der Schutzpolizisten kam mit einem uniformierten Wachmann der Wach- und Schließgesellschaft auf die Kommissare zu: »Das ist der Herr Kowalski. Er hat den Toten auf seinem Kontrollgang entdeckt.«

Dem Wachmann, einem schmächtigen Fünfzigjährigen mit schütterem Haar, war der Schreck noch anzusehen. Nervös drehte er seine Mütze in den Händen. »Ich hab mir gleich gedacht, dass da was nicht stimmt«, begann er und räusperte sich. »Auf meiner ersten Tour ist es mir auch schon aufgefallen. Der Rollladen war nicht ganz runtergelassen und dahinter stand die Ladentür noch offen. Erst hab ich angenommen, der Herr Huth hat noch was zu tun und mir nichts weiter dabei gedacht. Es kam nämlich öfter vor, dass er noch nach Geschäftsschluss im Landen war. Dann hat er meistens seine Buchführung erledigt und die Bestellungen. Als ich dann meinen zweiten Kontrollgang gemacht habe, war der Rollladen immer noch nicht zu und die Tür auch noch offen. Dafür war es doch aber viel zu kalt. Ich habe dann geklopft und Herrn Huth gerufen. Als niemand geantwortet hat, habe ich dann versucht, den Rollladen hochzuschieben, das ging aber nur ein kleines Stück. Ich bin dann also drunter durch und hab noch mal nach Herrn Huth gerufen. Dann sah ich ihn hinterm Ladentisch liegen.«

Die Polizei öffnete den Rollladen und ließ die Männer von der Spurensicherung und den Gerichtsarzt hinein. Der 66-jährige Huth war mit drei Schüssen aus nächster Nähe niedergeschossen worden. Nach dem Projektil zu urteilen, das in einer Zigarrenkiste steckengeblieben war, handelte es sich bei der Tatwaffe um eine kleinkalibrige Pistole. Auch die Hülsen konnten sichergestellt werden. Auf den ersten Blick hätte man von einem Raubmord ausgehen können, aber es war offensichtlich nichts gestohlen worden. Nichts war durchwühlt oder in Unordnung, die Kasse zwar geöffnet, die Tageseinnahmen aber unangetastet. Auch seine goldene Uhr trug Huth noch am Handgelenk. Bei der näheren Untersuchung der Leiche fanden die Ermittler in der Innentasche von Huths Jackett einen goldenen Ring mit einem bemerkenswert großen Rubin. Der Ring gab zu Spekulationen Anlass. Ein Weihnachtsgeschenk? Doch Huth war nicht verheiratet. Offenbar hatte er auch keine Freundin, der er ein so wertvolles Geschenk hätte machen können.

Der Ring schien eine erste, vielversprechende Spur zu sein. Eine Routinenachfrage bei den Kollegen vom Raubdezernat brachte Klarheit. Der Ring stammte aus einem Einbruch in ein Juweliergeschäft in der Leipziger Straße, denn er entsprach, da waren sich die Ermittler sicher, der Beschreibung eines Gegenstandes auf der Liste der geraubten Schmuckstücke.

Dass der 66-jährige zu den Tätern gehört hatte, war unwahrscheinlich. Aber war er etwa der Hehler? War sein Zigarrenladen eine Hehlerzentrale? Eine Haussuchung brachte keinerlei Hinweise, aber das sollte nichts heißen. Dem Zigarrenhändler jedenfalls, das war offensichtlich, ging es finanziell sehr gut. Konnte er tatsächlich viel Geld mit Zigarren verdienen?

Die Ermittlungen konzentrierten sich ganz in diese Richtung. Die Kommissare schlugen sich die Nächte in den einschlägigen Kaschemmen um die Ohren, hörten sich in Hehlerkreisen um, schickten ihre Spitzel aus und durchkämmten die bekannten Hehlertreffpunkte. Der Erfolg ließ auf sich warten.

Es gab aber noch eine andere verheißungsvolle Spur. In Huths Jacketttasche hatte man neben dem Ring die Rechnung eines übel beleumdeten Lokals in der Friedrichstraße gefunden. Auf der Rückseite hatte Huth Namen und Zahlenreihen notiert. Decknamen aus Hehlerkreisen? Irgendwelche geheimen Botschaften?

Des Rätsels ernüchternde Lösung ließ allerdings nicht lange auf sich warten. Gustav Huth war ein Freund von Pferderennen. Die mysteriösen Zahlen waren Aufzeichnungen von Pferdewetten. Huth hatte recht viel Geld auf der Rennbahn gewonnen. Eine Spur ergab sich aus dieser Erkenntnis jedoch nicht.

Die Recherchen in den üblichen Hehlerkneipen rund um die Rosenthaler Straße und in den Stadtbahnbögen gingen indes weiter. Die Hartnäckigkeit sollte belohnt werden.

Allerdings nicht für die Ermittler der Mordkommission. In einer der Hehlerkaschemmen trafen die Kommissare vom Raubdezernat auf einen guten alten Bekannten. Dieser stritt die Mittäterschaft an dem Juwelenraub jedoch vehement ab. Als sie ihm aber mitteilten, dass es um Raubmord gehe und er wegen Mordverdachts festgenommen werden könnte, begann er zu zittern und schließlich zu »singen«: Ja, er kenne die Jungs, die den Juwelier in der Leipziger Straße überfallen hatten. Sie wollten ihn anheuern, aber er habe mit der Begründung abgelehnt, das Ding sei ihm zu heiß. Um nicht selbst in Verdacht zu geraten, nannte er tatsächlich die Namen der Betreffenden. Alle Bandenmitglieder konnten kurze Zeit später festgenommen werden.

Die Mordkommission war sich nun sicher, auch den Mörder von Gustav Huth ganz schnell fassen zu können, denn sie glaubte noch immer, er müsse mit dem Raub in irgendeiner Verbindung stehen oder zumindest der Hehler gewesen sein. Doch keines der festgenommenen Mitglieder wollte Huth gekannt haben. Ein Rubinring sei zwar ein Teil der Beute gewesen, den hätten sie aber nicht an diesen ominösen Zigarrenhändler verkauft.

Die Mordermittler aber ließen sich nicht beirren und legten den bei Huth gefundenen Ring nun endlich dem bestohlenen Juwelier vor. Dieser schüttelte jedoch bedauernd den Kopf. Dieser Ring stamme ganz gewiss nicht aus seinem Geschäft.

In weiteren Vernehmungen kam dann endlich ans Licht, dass es eine Frau Neurath, Inhaberin eines »Massagesalons« in der Zimmerstraße, gewesen war, die die Beute gekauft hatte. Der Schmuck aus dem Raub konnte bis auf einige wenige Stücke tatsächlich bei ihr sichergestellt werden. Bei dieser Gelegenheit bekam »die Sitte«, wie man die Sittenpolizei kurz nannte, ebenfalls etwas zu tun. Der Massagesalon erwies sich nämlich als ein mit allen Schikanen ausgestattetes Sadomaso-Etablissement. Das Inventar wurde beschlagnahmt, der Salon geschlossen und Frau Neurath in Untersuchungshaft genommen.

Ein schöner Erfolg sowohl für das Raubdezernat als auch für die Sittenpolizei, doch die Mordkommission stand wieder am Anfang. Alle bisher so verheißungsvollen Spuren hatten sich für sie in Luft aufgelöst.

Doch nähere Recherchen in Gustav Huths persönlichem Umfeld, besonders im Hinblick auf seine Finanzen, brachten die Ermittler auf eine neue, vielversprechende Spur: Regelmäßig alle drei Monate ging auf Huths Konto eine größere Summe ein. Woher stammte dieses Geld? Um Wettgewinne konnte es sich kaum handeln. Die wären nicht so regelmäßig und vor allem nicht immer in derselben Höhe eingegangen. Wer überwies also diesen Betrag? Huth hatte den Laden in der Mohrenstraße erst vor zwei Jahren übernommen. Mehrere tausend Mark Abstand soll er dafür bezahlt haben. Aus welcher Quelle hatte er das Geld? Bis er seinen eigenen Laden hatte, war er bei einem Großhändler beschäftigt gewesen.

Endlich gab es eine neue Spur: Huths früherer Chef war homosexuell und wegen diverser Vergehen aktenkundig. Endlich kam Licht ins Dunkel. Handelte es sich etwa um eine Erpressung? Das Szenario hätte so aussehen können: Huth kommt hinter die Homosexualität seines Chefs und wird von ihm vielleicht sogar bedrängt. Huth erpresst ihn und aus Angst, seine Veranlagung könnte ans Licht kommen, zahlt dieser lieber.

Der Großhändler leugnete nicht, mit Huth ein Verhältnis gehabt zu haben und von ihm erpresst worden zu sein. Für die Tatzeit hatte er allerdings ein Alibi. Wie es wirklich war, sollte die Polizei allerdings nie erfahren. Vor der nächsten Vernehmung jagte er sich eine Kugel in den Kopf.

Die ballistische Untersuchung ergab, dass es sich nicht um die Waffe handelte, mit der Huth erschossen worden war.

Insgesamt gab es 21 Verdächtige. Jede Spur war im ersten Augenblick vielversprechend. Doch wenig später stellte sich heraus, dass sie ins Leere führte.

Die Aussage des Portiers eines Nachbarhauses schien dann aber doch recht verheißungsvoll. Er hatte beobachtet, dass regelmäßig eine sehr attraktive junge Dame im schicken Sportwagen vor dem Haus vorgefahren war, um in Huths Laden zu gehen. Sie war auch immer eine Weile geblieben. Das Kennzeichen des Wagens hatte er sich allerdings nicht gemerkt. Der Kripo blieb also nichts anderes übrig, als sich auf die Lauer zu legen und das erneute Erscheinen der Blondine in dem auffälligen Sportwagen abzuwarten.

Sie hatten Glück. Die Schöne kam tatsächlich. Es handelte sich um eine gewisse Gräfin T. Deren Vater war ein italienischer Graf, die Mutter eine deutsche Zirkusprinzessin, eine ehemalige Kunstreiterin.

Die Vernehmung gestaltete sich äußerst kompliziert, denn die Gräfin zeigte alle Attituden einer verzogenen Tochter aus besseren Kreisen, war schnippisch und arrogant. Nun aber kam endlich die Herkunft des mysteriösen Rubinrings ans Licht. Auf einem Fest im Hause des Grafen hatte ein Gast den Ring nach dem Händewaschen auf dem Waschbecken liegenlassen. Die junge Gräfin fand ihn und steckte ihn in ihr Seidentäschchen. Obwohl der Gast sein Schmuckstück verzweifelt suchte, behauptete sie, es nicht gesehen zu haben. Der Gast erstattete, mit Unterstützung des Grafen, Anzeige. So jedenfalls kolportiert Franz von Schmidt die Ereignisse.

Unter Tränen gestand die diebische Gräfin noch weitere Klauereien und Unterschlagungen: bei ihren Eltern, den Gästen des Hauses und in Geschäften am Kurfürstendamm, wo man Kummer mit kleptomanischen Damen aus der besseren Gesellschaft schon gewohnt war.

Die Gräfin aber war keine Kleptomanin: Sie brauchte dringend Geld, um Rauschgift für ihren süchtigen »Bräutigam« zu beschaffen. Deshalb suchte sie auch regelmäßig den Laden von Gustav Huth auf, der einen regen Kokainhandel betrieb. Mit dem Rubinring hatte sie ihre Schulden bei ihm bezahlt.

Eine gründliche Durchsuchung des Zigarrengeschäftes brachte die Wahrheit ans Licht: Huth hatte mit Drogen gehandelt. In Zigarrenkisten, gut versteckt unter der obersten Lage, fanden sich Morphium-Ampullen und zahlreiche Kokain-Briefchen.

Der »Bräutigam« ahnte von den Diebstählen seiner Angebeteten nichts, denn sie hatte ihm von einer Erbschaft erzählt, die sie angeblich gemacht hatte. Er soll sich wenige Tage später im Grunewald erschossen haben.

Sogar der Wachmann der Wach- und Schließgesellschaft geriet in Verdacht, denn er hatte auf einen Journalisten während seiner Vernehmung einen nervösen und unsicheren Eindruck gemacht. Der Reporter hatte nämlich herausgefunden, dass man die Kontrolluhren so geschickt manipulieren konnte, dass das Kontrollband nicht die tatsächliche, sondern die gewünschte Zeit angab. Der Wachmann war von ihm bei seinen Rundgängen beobachtet worden und dabei hatte er gesehen, wie dieser die Stechuhr manipuliert hatte und in einem Haus außerhalb seines Reviers verschwunden war.

Daraufhin wurde der Wachmann vorgeladen. Er räumte den Betrug kleinlaut ein. Mit dem Mord wollte er aber nichts zu tun haben. Erst druckste er herum, angesichts des Mordvorwurfs rückte er dann aber doch mit der Sprache heraus. Er sei doch verheiratet, seine Ehe funktioniere aber schon lange nicht mehr. Seit einigen Monaten habe er nun eine Freundin in der Zimmerstraße. Zu der gehe er regelmäßig. Damit es nicht auffällt, musste er natürlich die Stechuhr manipulieren. Letztlich nannte er auch den Namen der Geliebten. Sie bestätigte seine Angaben spontan. Damit war wieder einer der 21 Verdächtigten ausgeschieden.

Die Kripo arbeitete auf Hochtouren. Sie befragte Hauswartsleute, Geschäftsinhaber und Geschäftsführer. Auch Portiers und Pagen der umliegenden Hotels wurden vernommen und gebeten, sich bei Stammgästen zu erkundigen, ob ihnen etwas Verdächtiges am Weihnachtsvorabend rund um das Zigarrengeschäft aufgefallen sei.

Ein Stammgast des »Kaiserhofs« hatte das Hotel am Abend der Tat verlassen, übernachtete aber einige Wochen später wieder dort. Er wunderte sich, warum das Zigarrengeschäft, in dem er doch noch vor ein paar Wochen eingekauft hatte, geschlossen war. Als er von dem Verbrechen erfuhr, begab er sich sofort zum Polizeipräsidium am Alexanderplatz.

Er habe oft noch abends, kurz vor Geschäftsschluss, den Laden von Gustv Huth aufgesucht. Auch kurz vor Weihnachten. »Da fiel mir immer wieder ein junger Mann auf, der vor dem Laden herumlungerte und das Geschäft ganz offensichtlich beobachtete. Einmal ist er sogar im Laden gewesen. Aber als ich hineinkam, ist er dann gleich wieder gegangen.«

Der Gast konnte von dem jungen Mann eine äußerst gute Beschreibung geben. Jetzt waren die Kripoleute alarmiert. War das endlich die lang ersehnte »heiße Spur?« Es sah jedenfalls ganz so aus.

Wenig später prangte die Zeichnung des Mordverdächtigen auf den berühmten roten Mordplakaten an den Litfaßsäulen und in den Bahnhofshallen. Sie hingen noch keine zwölf Stunden, als eine Pensionswirtin im Büro der Mordinspektion erschien und erzählte, einer ihrer Pensionsgäste sei seit Weihnachten spurlos verschwunden. Den Großteil seiner Sachen habe er in seinem Zimmer gelassen. Was die Polizei befürchtete, bewahrheitete sich: Der junge Mann hatte sich unter falschem Namen in der Pension angemeldet. Erst die Etiketten der Wäscherei, die noch an seiner Wäsche waren, führten die Ermittler auf seine Spur.

Der Journalist Franz von Schmidt beschreibt, dass auch hier die Polizei erst über Umwege zur gesuchten Person fand. Die Wäschezeichen deuteten auf einen wohlhabenden jungen

Mann. Dieser hatte einer Bekannten, die ihn um abgelegte Wäsche für ihren mittellosen Bruder gebeten hatte, einige Hemden geschenkt. Der Bruder war allerdings kein Bruder, sondern der Freund des Mädchens. Beide konnten in einer sächsischen Kleinstadt schnell ermittelt werden.

Der 23-jährige Karl F. wurde festgenommen und gestand die Tat sofort. Er hatte das Geschäft einige Tage beobachtet und gesehen, dass Huth relativ viel Bargeld sowohl in der Kasse als auch in seiner Brieftasche hatte. Am Tatabend war er in den Laden gestürmt, hatte Huth mit seiner Pistole bedroht und Geld gefordert. Der Geschäftsinhaber aber hatte sich nicht vor dem schmächtigen jungen Mann gefürchtet. Trotz seines Alters noch immer sehr wendig, hatte er zu einem kühnen Satz über den Ladentisch angesetzt, um sich auf Karl zu stürzen, dabei hatte dieser die Nerven verloren und auf Huth geschossen. Als Karl den Zigarrenhändler tot zusammenbrechen sah, war er in Panik geraten und ohne Beute davongelaufen.

Die Tatsache, dass Karl flüchtete, ohne etwas geraubt zu haben, verschleierte das Motiv. So kam es zu Spekulationen und Fehlschlüssen, dank derer eine ganze Reihe anderer, noch nicht geklärter Fälle endlich mit dem Vermerk »erledigt« zu den Akten gelegt werden konnten.

Wirtschaftskrise und Verbrechen: »Die Mordkurve«

»Es wird zur Zeit in Berlin viel gemordet, und das Bewusstsein von der Kostbarkeit des Lebens scheint in weiten Kreisen geschwunden zu sein«, schreibt Siegfried Krakauer anlässlich eines Mordprozesses gegen drei Jugendliche am 31. Januar 1931 in der *Frankfurter Zeitung*. Und tatsächlich steigt die Zahl der Tötungsdelikte ständig.

Der Kriminalschriftsteller Hans Hyan nimmt die Veröffentlichung der Reichsstatistik für Kriminalität der Jahre 1914 bis 1927 im Spätsommer 1931 zum Anlass, die Entwicklung der Kriminalität in Deutschland einer etwas genaueren Betrachtung zu unterziehen. In der *Weltbühne* vom 15. September 1931 kritisiert er unter der Überschrift »Die Mordkurve« die Unzulänglichkeit

	Wegen Mordes Angeklagte	Verurteilte Erwachsene	Verurteilte Jugendliche	Freigesprochene Erwachsene	Freigesprochene Jugendliche	Zum Tode Verurteilte
1914	109	85	13	27	4	41
1915	114	68	19	46	4	18
1916	88	74	29	14	1	23
1917	92	71	28	21	2	28
1918	101	87	32	18	1	30
1919	22	14	6	8	3	6
1920	272	209	12	63	3	113
1921	330	243	23	87	3	49
1922	247	200	14	47	1	123
1923	187	139	9	48	1	76
1924	235	193	17	42	3	110
1925	225	185	9	40	-	92
1926	209	170	8	39	2	89
1927	160	124	12	36	1	64

Quelle: »Die Weltbühne«, 15. September 1931, S. 398–401

der veröffentlichten Zahlen, denn die Statistik beinhaltet lediglich die Zahl der wegen Mordes angeklagten, verurteilten und freigesprochenen Personen, nicht aber die Zahl der wirklich verübten Mordtaten.

Angesichts dieser Zahlen äußert Hyan die Vermutung, dass das Reichsministerium durchaus im Besitz der realen Zahlen sei, sie aber bewusst zurückhalte. Zudem stellt er die nicht von der Hand zu weisende These auf, dass der überwiegende Teil sämtlicher Verbrechen nicht nur nicht aufgedeckt und gesühnt, sondern eine unendliche Zahl von Mordtaten nicht einmal bekannt würden. In diesem Zusammenhang weist er auf die immer häufiger vorkommenden Fememorde hin, deren Entdeckung, so sie überhaupt erfolgt, allein dem Zufall zu danken sei und zudem geheim gehalten oder vertuscht werde. Die wirkliche Zahl der verübten Mordtaten dürfte, so Hyan, die bekannt gewordene um das Zehnfache übersteigen.

Doch ungeachtet all ihrer Mängel glaubt Hyan, anhand der Statistik den Zusammenhang zwischen wirtschaftlichem Niedergang und Anstieg der Kriminalität beweisen zu können: Mit dem Ende der Inflation ging der Anstieg der Kriminalität tatsächlich zurück. 1925 ist die Zahl der zum Tode Verurteilten mit 92 noch sehr hoch, 1926 sinkt sie dann aber auf 89 und im Jahre 1927 auf 64, was deutlich für eine Befriedung der Bevölkerung und für eine mit der zunehmenden Entfernung von der Kriegspsychose gleichlaufenden Rückkehr zu geordneten Verhältnissen spricht. Für die in der Reichsstatistik noch fehlenden Jahre hat Hyan nach den von ihm gesammelten Zeitungsberichten seine ganz persönliche Statistik aufgestellt. Danach steigt die Zahl der Mordverbrechen in Deutschland erschreckend an.

Frappierend ist dabei die gewaltige Zunahme der Tötungsdelikte im Jahre 1930. Mit der sich verschärfenden Wirtschaftskrise steigt auch die Zahl der Morde wieder an. Die Zahlen sprechen

Quelle: »Die Weltbühne«, 15. September 1931, S. 398–401

Mordart	1928	1929	1930
Frauenmorde	6	12	16
Giftmorde	-	14	4
von Ärzten begangene Morde	2	1	1
Kindermorde	15	12	10
Raubmorde und andere Morde	47	65	45
Familienmorde	55	77	117
Gattenmorde	13	24	32
Politische Morde	11	9	27
Sexualmorde	8	13	23
Gesamt	157	227	275

für eine schreckenerregende seelische Zerrüttung, was besonders die Familienmorde zeigen.

Der Kern der Sache ist für Hyan das Gleichlaufen der Mordkurve mit der wirtschaftlichen Entwicklung.

»Es scheint noch immer nicht die Erkenntnis aufgegangen zu sein, daß die Kriminalität eines Staates das wesentlichste Material zu seiner vollkommenen Beurteilung bietet. Und daß Kriminalität durchaus nicht nur der Kampf zwischen Dieb und Diebesfängern ist, sondern daß das gesamte Volksleben von der Kriminalität, wie der Waldboden von einem unendlich verzweigten Wurzelgeflecht, durchzogen wird. Wir sind heute noch nicht so weit, zum Beispiel die wucherische Ausbeutung eines Volkes, wenn sie von Banken, Großindustriellen et cetera betrieben wird, zum Verbrechen zu erklären und durch ein Strafgesetz zu bekämpfen. Aber die Erkenntnis, daß solch ein Kampf die Vorbedingung zur glücklichen Gesundung der Nation ist, setzt sich mit einer gefährlichen Schnelligkeit durch – gefährlich für die Verüber solcher Verbrechen, die allerdings bisher das, was ihnen in Zukunft droht, noch nicht erkannt haben. Aber der Tag wird kommen, wo das Sprichwort: ›Die großen Diebe läßt man laufen, die kleinen hängt man‹ seine Gültigkeit verliert. Die Erkenntnis der Asozialität und ihre allgemein richtige Wertung verbirgt sich auch im Anfange des zwanzigsten Jahrhunderts noch hinter den Schleiern jener ›gottgewollten Abhängigkeit‹, die Thron und Altar seit Jahrtausenden als oberstes Gesetz stabilisiert haben und für die sie beide mit letzter Zähigkeit bis zu ihrem Untergang kämpfen werden.«

Nach Hans Hyan ist das Verbrechen letztlich »das Endresultat des auf- und niedersteigenden Wohlstandes«. Die Jahre zwischen 1929 und 1933 zeigen dies nur allzu deutlich: Das ständig wachsende Heer der Arbeitslosen, allein in Berlin war ihre Zahl bis Dezember 1929 auf 271 330 gestiegen, hat drastische Sparmaßnahmen des Kabinetts Brüning zur Folge. Im sozialen Bereich gehen die Kürzungen so weit, dass die Unterstützungssätze jetzt weit unter dem Existenzminimum liegen, und ab 1932 erhalten verheiratete Frauen und Jugendliche unter 21 Jahren generell keinerlei Unterstützung mehr. Auch wer noch Arbeit hat, kann von einem Tag zum anderen von Kurzarbeit und Lohnkürzungen betroffen sein. Der Berliner Mieterstreik, der mit der Parole: »Erst Essen, dann Miete« in der Ackerstraße seinen Ausgang nahm, wird somit verständlich.

Der Lebensstandard fast aller Bevölkerungsschichten sinkt merklich ab, was wiederum zu dramatischen Umsatzeinbußen in Handel und Handwerk führt. Der Mittelstand, der von gleichbleibenden Mietforderungen und ständig steigenden Steuern betroffen ist, wird ein drittes Mal seit Ausbruch des Ersten Weltkrieges an den Rand des Ruins getrieben.

»Der Mittelstand steht vor der völligen Vernichtung«, schreibt Heinz Rein in seinem Roman »Berlin 1932«. »Die unaufhörliche Ausdehnung der Warenhäuser und Kettenläden raubt den kleinen Geschäftsleuten jede Existenzmöglichkeit. Die Umsätze im Lebensmittelhandel betragen 1932 nur 64,8 %, im Textilhandel sogar nur 44,6 % gegenüber dem Jahre 1928, die allgemeinen Unkosten aber sind stabil geblieben, die Steuern sogar erhöht worden. Die hohe Zahl der öffentlichen Konkursverfahren wird noch von der mangels Masse abgelehnten übertroffen, in den Gerichten werden Offenbarungseide am laufenden Bande abgeleistet. [...] Das Kleinbürgertum, zwischen Angst und Hoffnung schwankend, ist völlig proletarisiert und den Versprechungen und Lockungen gewissenloser Demagogen erlegen, es ist das Sprungbrett des Nationalsozialismus geworden.«

Die Lebenshaltungskosten, besonders die Preise für Lebensmittel und Heizmaterial, steigen ständig. Viele Menschen sind gezwungen, Wertgegenstände wie Schmuck oder Tafelsilber, aber auch Möbel oder Kleidungsstücke zu verkaufen, um nicht hungern zu müssen. Am Ende steht nicht selten die Aufgabe der Wohnung und der Weg ins Obdachlosenasyl. Immer mehr Menschen suchen in Abrisshäusern, in Kellern oder auf Dachböden Unterschlupf. Viele hausen in Lauben oder in selbstgebauten Bretterverschlägen am Rande der Stadt. Doch trotz der Wohnungsnot stehen mehr als 30.000 Wohnungen leer, weil sie unerschwinglich sind.

Die Zahl der Arbeitslosen steigt in atemberaubendem Tempo; im Dezember 1930 sind es bereits 440.548, und bis 1932 wird ihre Zahl auf mehr als 630.000 steigen. Insgesamt leben 25 % aller

Menschen von Arbeitslosenunterstützung oder von der Fürsorge, das heißt von der städtischen Wohlfahrt.

Die Aggressivität besonders der Jugendlichen nimmt erschreckende Ausmaße an; die Hemmschwelle sinkt immer mehr. Allenthalben wird ein »erschreckender moralischer Tiefstand« konstatiert. Fast täglich kommt es zu Akten sinnloser Gewalt.

So hat es in der Nacht vom 24. auf den 25. Dezember 1929, in der Nacht des Heiligen Abends, gleich zwei schwere Schießereien in der Stadt gegeben.

Eines der großen Lokale am Nollendorfplatz hat vor der Tür einen Weihnachtsbaum, eine mit elektrischen Kerzen geschmückte Fichte aufgestellt. Gegen vier Uhr morgens macht sich eine Gruppe Jugendlicher daran, die Ketten herunterzureißen und die Glühlampen auf dem Pflaster zu zerschlagen. Angestellte des Lokals, die das bemerken, gehen hinaus und wollen den Jugendlichen Einhalt gebieten. Dabei kommt es zu einem Handgemenge. Plötzlich zieht einer der Jungen eine Waffe und schießt den dreiunddreißigjährigen Zapfer des Lokals nieder. Die Täter flüchten zwar, doch couragierten Passanten gelingt es, sie zu verfolgen und festzuhalten.

In der Wilsnacker Straße in Moabit wird in derselben Nacht ein Kaufmann, der gerade mit seiner Familie auf dem Heimweg von einer Feier ist, von fünf Halbwüchsigen angerempelt. Als sich der Mann wehrt, stürzen sich die Jugendlichen auf ihn und reißen auch seine Frau zu Boden. Der Kaufmann fühlt sich bedroht, zieht einen Revolver und verletzt zwei der Jugendlichen schwer. Der Mann stellt sich anschließend der Polizei, die zunächst prüft, ob der Mann tatsächlich in Notwehr gehandelt hat.

Eine einfühlsame Schilderung gab der amerikanische Journalist H. R. Knickerbocker, der 1932 Berlin besucht hatte: »... diese Stadt mit ihren strahlend erleuchteten Straßen, mit den Theatern und Vergnügungslokalen, die die Pariser Etablissements in den Schatten stellten [...] zeigte zunehmend ihre Schattenseiten. Mit der Wirtschaftskrise wuchs das allgemeine Elend. In Berlin wurde gehungert. Nicht einmal mehr das billige Pferdefleisch konnten sich die Arbeitslosen leisten. Das Elend war im Osten ungleich größer als im Westen. Ein großer Teil der 660.000 Arbeitslosen in Berlin waren nur noch in Lumpen gekleidet. Die 50 Pfennige für eine Übernachtung in einem Männerheim konnte sich kaum noch jemand leisten.«

Knickerbocker beobachtete, wie in der Nähe des Polizeipräsidiums ein Polizist einem Mann auf die Beine half, der gerade zusammengebrochen war. Auf die Frage eines Passanten, was er denn habe, erwiderte der Polizist nur: »Hunger«. Rund drei Milliarden Reichsmark musste die Reichsregierung allein für Unterstützung ausgeben.

Der Reichsdurchschnitt der Unterstützung, die 1932 ein beschäftigungsloser Arbeiter mit Frau und Kind erhielt, betrug 51 Reichsmark im Monat. Die Kosten für Miete, Licht und Heizung beliefen sich allein schon auf wenigstens 32,50 RM. Blieben 18,50 RM für die Ernährung, Kleidung usw.

Knickerbocker beließ es nicht dabei, Zahlen zu notieren, er machte auch die Probe aufs Exempel und kam zu folgendem aufschlussreichen Ergebnis: »Aufgrund dieser Berechnung habe ich in meiner eigenen Küche die Tagesverpflegung einer Person ausgewogen. Das Rohmaterial für die drei Mahlzeiten findet auf einem Fleischteller bequem Platz. Es besteht aus sechs kleinen Kartoffeln, fünf mitteldicken Scheiben Brot, einem kleinen Stück Kohl, das ungefähr faustgroß ist, und einem Stückchen Margarine von etwa 16 Kubikzentimetern. Das ist die Wochentagsration, und an drei Sonntagen im Monat kann jeder Erwachsene außerdem noch einen Hering essen, während ein Kind jeden Sonntag einen Hering und wohl täglich einen halben Liter Milch bekommen kann. [...] Die hier geschilderte Ration, die für den arbeitslosen Deutschen erhältlich ist, reicht gerade für eine armselige Mahlzeit aus. In gewissem Sinne lässt sich von ihr leben; man braucht nämlich zehn Jahre, um bei dieser Verpflegung zu sterben ...«

Quellen- und Literaturverzeichnis

Archivbestände:

Die hier benutzten Ermittlungsakten befinden sich im Landesarchiv Berlin.

Folgender Archivbestand wurde benutzt: Polizeipräsidium Berlin: Pr. Br. Rep 30, Berlin C, Tit. 198 B (Mordinspektion):
Lfd. Nr.: 84, 130, 409, 442, 443, 477, 486, 487, 523, 594, 595, 596, 597, 598, 612, 954, 1155, 1182, 1206, 1391, 1432, 1433, 1519, 1525, 1526, 1527, 1528, 1531, 1551, 1754, 1799, 1829, 1830.

Literatur:

Böss, Gustav: Die Not in Berlin. Tatsachen und Zahlen. Berlin 1923.

Carius, Frank: Die Unterwelt von Berlin W. In: Kurfürstendamm. Die Wochenschrift der Berliner, 20.7.1929.

Dokumente aus geheimen Archiven. Band 4: Berichte des Berliner Polizeipräsidenten zur Stimmung und Lage der Bevölkerung in Berlin 1914–1918. Bearbeitet von Ingo Materna und Hans-Joachim Schreckenbach unter Mitarbeit von Bärbel Holtz. Weimar 1987.

Elster, Alexander/Lingemann, Heinrich (Hg.): Handwörterbuch der Kriminologie und der anderen strafrechtlichen Hilfswissenschaften. Band 1, Berlin 1933; Band 2, Berlin, Leipzig 1936.

Elwenspoek, Curt: Mord und Totschlag. Polizei greift ein. So kämpft die Kriminalpolizei! Ein Buch vom Kampf der Kriminalpolizei mit einem Vorwort von Polizeipräsident Rudolf Klaiber und einem Bilderanhang. Stuttgart 1930.

Engelbrecht, Ernst: Fünfzehn Jahre Kriminalkommissar. Ernstes und Heiteres aus meiner kriminalistischen Berufsarbeit. Mit 20 Originalphotos und 2 Zeichnungen von Elek Barna. Berlin-Schöneberg o. J. (um 1926).

Engelbrecht, Ernst: In den Spuren des Verbrechertums. Ein Streifzug durch das großstädtische Verbrechertum und seine Schlupfwinkel. Berlin-Schöneberg o. J. (um 1930).

Engelbrecht, Ernst/Heller, Leo: Berliner Razzien. Neu-Finkenkrug bei Berlin o. J. (um 1924).

Engelbrecht, Ernst/Heller, Leo: Kinder der Nacht. Bilder aus dem Verbrecherleben. Neu-Finkenkrug bei Berlin o. J. (um 1926).

Engelbrecht, Ernst/Heller, Leo: Verbrecher. Bilder und Skizzen aus dem Verbrecherleben. Neu-Finkenkrug bei Berlin 1926.

Engelmann, Bernt: Berlin. Eine Stadt wie keine andere. Göttingen 1991.

Fahr, Margitta-Sybille: Pitaval Scheunenviertel. Berlin 1995.

Frey, Erich: Ich beantrage Freispruch. Aus den Erinnerungen des Strafverteidigers Dr. Dr. Erich Frey. Hamburg 1959.

Heinrich, Wolfgang: Meister der Kriminalistik. Berlin 1955.

Hildenbrandt, Fred: ... ich soll dich grüßen von Berlin 1922–1932. Berliner Erinnerungen ganz und gar unpolitisch. München 1990.

Hyan, Hans: Die Mordkurve. In: Die Weltbühne, 27. Jg., Nr. 37 (15.9.1931), S. 398 ff; Nr. 38 (22.9.1931), S. 439 ff.

Jäkl, Reingard (u. a.): Vergnügungsgewerbe rund um den Bülowbogen. Schöneberg auf dem Weg nach Berlin. Berlin (Bezirksamt Schöneberg von Berlin) 1987.

Jameson, Egon: Augen auf! Streifzüge durch das Berlin der zwanziger Jahre. Hrsg. von Walther von La Roche. Frankfurt am Main, Berlin, Wien 1982.

Kessler, Harry Graf: Die Kinderhölle. In: Die deutsche Nation. Eine Zeitschrift für Politik. Berlin 1920.

Knickerbocker, H(ubert). R(enfro).: Deutschland so oder so? Berlin 1932.

Kossak, Ernst Ludwig: Berlin und die Berliner. Humoresken, Skizzen und Charakteristiken. Berlin 1851.

Liang, Hsi-Huey: Die Berliner Polizei in der Weimarer Republik. Aus dem Amerikanischen übersetzt von Brigitte und Wolfgang Behn. (Veröffentlichungen der Historischen Kommission zu Berlin, Band 47). Berlin, New York 1977.

Liebermann von Sonnenberg, Erich/Trettin, Otto: Kriminalfälle. Mit 12 Bildern und 1 Faksimile. Berlin 1934.

Malzacher, Werner W.: Berliner Gaunergeschichten. Aus der Unterwelt 1918–1933. (Berlinische Reminiszenzen 28). Berlin 1970.

Moreck, Curt: Führer durch das »lasterhafte« Berlin. Leipzig 1931. (Faksimile der Erstausgabe von 1931). Berlin 1987.

Pollak, Hans: Tatort Mulackritze. Berliner Unterwelt in den zwanziger Jahren. Berlin 1993.

Pröger, Willy (siehe WEKA).

Rein, Heinz: Berlin 1932. Ein Roman aus der großen Arbeitslosigkeit. Berlin 1946.

Roth, Joseph: Berliner Saisonbericht. Unbekannte Reportagen und journalistische Arbeiten. 1920–39. Herausgegeben und mit einem Vorwort von Klaus Westermann. Köln 1984.

Roth, Joseph: Joseph Roth in Berlin. Ein Lesebuch für Spaziergänger. Herausgegeben von Michael Bienert. Köln 1996.

Schmidt, Franz von: Mord im Zwielicht. Erlebte Kriminalgeschichte. Stuttgart 1961.

Schmidt, Franz von: Vorgeführt erscheint. Erlebte Kriminalistik. Stuttgart 1955.

Sling (= Schlesinger, Paul Felix): Der Fassadenkletterer vom »Kaiserhof«. Berliner Kriminalfälle aus den zwanziger Jahren. Herausgegeben und mit einem Nachwort von Ruth Greuner. Berlin 1990.

Stürickow, Regina: Der Kurfürstendamm. Gesichter einer Straße. Berlin 1995.

Stürickow, Regina: Der Kommissar vom Alexanderplatz. Berlin 1998.

Südekum, Albert: Großstädtisches Wohnungselend. In: Großstadtdokumente, Band 45, hrsg. von Hans Ostwald. Berlin/Leipzig o. J.

Szatmari, Eugen: Das Buch von Berlin. (Was nicht im »Baedecker« steht, Band 1). Mit Originalzeichnungen von Rudolf Großmann, Erich Godal, Dolbin, Derso, Heinrich Zille. München 1927.
Tresckow, Hans von: Von Fürsten und anderen Sterblichen. Erinnerungen eines Kriminalkommissars. Berlin 1922.
Wagner, Patrick: Volksgemeinschaft ohne Verbrecher. Konzeptionen und Praxis der Kriminalpolizei in der Zeit der Weimarer Republik und des Nationalsozialismus. (Hamburger Beiträge zur Sozial- und Zeitgeschichte. Herausgegeben von der Forschungsstelle für die Geschichte des Nationalsozialismus in Hamburg; Band 34). Hamburg 1996.
Weimann, Waldemar: Diagnose Mord. Die Memoiren eines Gerichtsmediziners. Aufgezeichnet von Gerhard Jaeckel. Bayreuth 1964.
WEKA (= Pröger, Willy): Stätten der Berliner Prostitution. Von den Elends-Absteigequartieren am Schlesischen Bahnhof und Alexanderplatz zur Luxus-Prostitution der Friedrichstraße und des Kurfürstendamms. Eine Reportage. Berlin 1930.

Zeitungen:

8-Uhr-Abendblatt
Berliner Lokal-Anzeiger
Berliner Morgenpost
Berliner Tageblatt
BZ am Mittag
Vossische Zeitung

Bildnachweis:

Umschlagabbildungen: © istockphoto (2) / Pugovica88 (Ornament) und krodere (Porträt)
istockfoto: Seite 5 und 36: stockfotoart; 9: jennifermasi; 61: stockfotoart und Vadim_Orlov (Frau)

Alle übrigen Abbildungen stammen aus den genannten Akten: Mit freundlicher Genehmigung des Landesarchivs Berlin.